Kohlhammer

Die Herausgeberinnen

Prof. Dr. Eva Büschi, Dipl. Sozialarbeiterin und Dipl. Verbands-/NPO-Managerin, ist seit 2004 Dozentin an der Hochschule für Soziale Arbeit der Fachhochschule Nordwestschweiz (FHNW). Sie hat an der Universität Fribourg Sozialarbeit, Ethnologie und Journalistik/Kommunikationswissenschaften studiert und an der Universität Zürich in Erziehungswissenschaft promoviert. Ihre Arbeitsschwerpunkte in Lehre, Forschung und Weiterbildung umfassen herausfordernde Verhaltensweisen von Erwachsenen mit kognitiven Beeinträchtigungen, Gewalt, Trauma und Kooperative Prozessgestaltung sowie Projektmanagement.

Dr. Stefania Calabrese, Erziehungswissenschaftlerin, ist seit 2016 Dozentin an der Hochschule Luzern – Soziale Arbeit. Sie hat an der Universität Zürich Sozial- und Sonderpädagogik, Pädagogische Psychologie und Kriminologie studiert und in Erziehungswissenschaft promoviert. Ihre Schwerpunkte in Forschung, Lehre und Weiterbildung sind: Herausfordernde Verhaltensweisen von Menschen mit Beeinträchtigungen, agogische Aspekte bei schwerer und mehrfacher Beeinträchtigung sowie Lebensqualität und Bildung im Kontext von Behinderung.

Eva Büschi, Stefania Calabrese (Hrsg.)

Herausfordernde Verhaltensweisen in der Sozialen Arbeit

Verlag W. Kohlhammer

Dieses Werk einschließlich aller seiner Teile ist urheberrechtlich geschützt. Jede Verwendung außerhalb der engen Grenzen des Urheberrechts ist ohne Zustimmung des Verlags unzulässig und strafbar. Das gilt insbesondere für Vervielfältigungen, Übersetzungen, Mikroverfilmungen und für die Einspeicherung und Verarbeitung in elektronischen Systemen.

Die Wiedergabe von Warenbezeichnungen, Handelsnamen und sonstigen Kennzeichen in diesem Buch berechtigt nicht zu der Annahme, dass diese von jedermann frei benutzt werden dürfen. Vielmehr kann es sich auch dann um eingetragene Warenzeichen oder sonstige geschützte Kennzeichen handeln, wenn sie nicht eigens als solche gekennzeichnet sind.

Es konnten nicht alle Rechtsinhaber von Abbildungen ermittelt werden. Sollte dem Verlag gegenüber der Nachweis der Rechtsinhaberschaft geführt werden, wird das branchenübliche Honorar nachträglich gezahlt.

Dieses Werk enthält Hinweise/Links zu externen Websites Dritter, auf deren Inhalt der Verlag keinen Einfluss hat und die der Haftung der jeweiligen Seitenanbieter oder -betreiber unterliegen. Zum Zeitpunkt der Verlinkung wurden die externen Websites auf mögliche Rechtsverstöße überprüft und dabei keine Rechtsverletzung festgestellt. Ohne konkrete Hinweise auf eine solche Rechtsverletzung ist eine permanente inhaltliche Kontrolle der verlinkten Seiten nicht zumutbar. Sollten jedoch Rechtsverletzungen bekannt werden, werden die betroffenen externen Links soweit möglich unverzüglich entfernt.

1. Auflage 2019

Alle Rechte vorbehalten
© W. Kohlhammer GmbH, Stuttgart
Gesamtherstellung: W. Kohlhammer GmbH, Stuttgart

Print:
ISBN 978-3-17-033816-6

E-Book-Formate:
pdf: ISBN 978-3-17-033817-3
epub: ISBN 978-3-17-033818-0
mobi: ISBN 978-3-17-033819-7

Vorwort zur Reihe

Mit dem so genannten »Bologna-Prozess« galt es neu auszutarieren, welches Wissen Studierende der Sozialen Arbeit benötigen, um trotz erheblich verkürzter Ausbildungszeiten auch weiterhin »berufliche Handlungsfähigkeit« zu erlangen. Die Ergebnisse dieses nicht ganz schmerzfreien Abstimmungs- und Anpassungsprozesses lassen sich heute allerorten in großvolumigen Handbüchern nachlesen, in denen die neu entwickelten Module detailliert nach Lernzielen, Lehrinhalten, Lehrmethoden und Prüfungsformen beschrieben sind. Eine diskursive Selbstvergewisserung dieses Ausmaßes und dieser Präzision hat es vor Bologna allenfalls im Ausnahmefall gegeben.

Für Studierende bedeutet die Beschränkung der akademischen Grundausbildung auf sechs Semester, eine annähernd gleich große Stofffülle in deutlich verringerter Lernzeit bewältigen zu müssen. Die Erwartungen an das selbstständige Lernen und Vertiefen des Stoffs in den eigenen vier Wänden sind deshalb deutlich gestiegen. Bologna hat das eigene Arbeitszimmer als Lernort gewissermaßen rekultiviert.

Die Idee zu der Reihe, in der das vorliegende Buch erscheint, ist vor dem Hintergrund dieser bildungspolitisch veränderten Rahmenbedingungen entstanden. Die nach und nach erscheinenden Bände sollen in kompakter Form nicht nur unabdingbares Grundwissen für das Studium der Sozialen Arbeit bereitstellen, sondern sich durch ihre Leserfreundlichkeit auch für das Selbststudium Studierender besonders eignen. Die Autor/innen der Reihe verpflichten sich diesem Ziel auf unterschiedliche Weise: durch die lernzielorientierte Begründung der ausgewählten Inhalte, durch die Begrenzung der Stoffmenge auf ein überschaubares Volumen, durch die Verständlichkeit ihrer Sprache, durch Anschaulichkeit und gezielte Theorie-Praxis-Verknüpfungen, nicht zuletzt aber auch durch lese(r)-freundliche Gestaltungselemente wie Schaubilder, Unterlegungen und andere Elemente.

Das vorliegende Buch ist ein Beitrag schweizerischer Fachexpert/innen zu der Lehrbuchreihe. Es nimmt selbstredend Bezug (auch) auf Schweizer Recht und Schweizer Institutionen. Die landestypische Orthografie weicht gelegentlich leicht von den deutschen Regeln ab (z. B. Gebrauch des Doppel-s statt des ß).

Prof. Dr. Rudolf Bieker, Köln

Zu diesem Buch

Eva Büschi & Stefania Calabrese

In der Praxis wie auch in der Theorie werden für das Phänomen der herausfordernden Verhaltensweisen vielfältige Parallelbegriffe verwendet: Verhaltensauffälligkeiten, -probleme oder -störungen; auffälliges, abweichendes, aggressives oder originelles Verhalten, (psycho-)soziale Auffälligkeiten, bedrohliches sowie festgefahrenes Verhalten (vgl. Heijkoop 2014; Theunissen 2011; Schanze/Sappok/Kehrle 2014; Wüllenweber 2001). Die genannten Begriffe bringen rein vom Wortsinn her betrachtet zum Ausdruck, dass die damit gemeinten Verhaltensweisen als lästig, störend oder problematisch definiert und somit negativ gewertet werden. Zugleich werden die Verhaltensweisen stark personenbezogen betrachtet, über Zuschreibungsprozesse individualisiert und oft pathologisiert (Büschi/Calabrese 2018: 34).

Zwar sind Verhaltensweisen tatsächlich personengebunden, dennoch sind sie nicht als individuelles, personeninhärentes Problem zu bezeichnen. Vielmehr gilt es, sie als multifaktoriell bedingt zu verstehen und systemökologisch zu betrachten. Dabei sind besonders die Wechselwirkungen und Interaktionen zwischen Individuum und Umwelt zu fokussieren. Um tendenziell personenzentrierte Negativzuschreibungen zu vermeiden, wird daher nachfolgend auf die oben genannten älteren Begriffe verzichtet. Mit Störmer (vgl. 2014: 257) wird eine Flexibilisierung der starren Begrifflichkeiten postuliert, um kontextuelle, situative und interaktive Aspekte stärker zu berücksichtigen.

Im internationalen Fachdiskurs hat sich seit den 1990er-Jahren der Begriff »Herausfordernde Verhaltensweisen« (challenging behavior) durchgesetzt. Dieser Ausdruck ist jedoch bisher im deutschsprachigen Raum erst wenig etabliert, obwohl er die geforderte begriffliche Flexibilisierung und Dynamik zumindest in Ansätzen beinhaltet (vgl. Calabrese 2017: 22). Um die Terminologie im vorliegenden Band einheitlich zu handhaben, wurden alle Autorinnen und Autoren gebeten, den Begriff »herausfordernde Verhaltensweisen« zu verwenden. Nachfolgend wird erläutert, wie dieser Begriff verstanden wird.

Herausfordernde Verhaltensweisen können sehr unterschiedlich ausgestaltet sein und sich in vielfältigen Formen und Situationen manifestieren. Sie werden folgendermassen definiert:

- Sie umfassen externalisierende (z. B. selbst- und/oder fremdverletzende oder sachbeschädigende, sexualisierte, verweigernde Verhaltensweisen, Bedrohungen, Provokationen) und internalisierende (z. B. Antriebslosigkeit, Passivität oder Rückzug) Verhaltensweisen.

- Sie können sowohl verbal als auch nonverbal erfolgen und sich gegen die eigene Person, gegen andere begleitete Personen, gegen Mitarbeitende, Angehörige oder unbeteiligte Dritte richten.
- Sie können sich mittels spezifischer Anzeichen ankündigen oder (scheinbar) abrupt und plötzlich eintreffen.
- Sie können gezielt ausgeübt und gerichtet wirken oder aber eher impulsiv, unkontrolliert und unberechenbar (im Sinne eines Kontrollverlusts) (vgl. Büschi et al. 2015).

Laut Wüllenweber weisen diese Verhaltensweisen eine bestimmte Intensität auf, wiederholen sich regelmässig und über eine gewisse Dauer hinweg. Sie sind kritisch für die Personen selbst (durch Folgen wie Isolation, Einschränkungen in der Teilhabe und Partizipation an der Gesellschaft, Ablehnung, Ausschluss aus Institutionen) wie auch für das Umfeld (durch physische und psychische Belastung und Überforderung), woraus sich ein Unterstützungsbedarf auf beiden Seiten ergibt (vgl. Wüllenweber 2003; Wüllenweber 2009).

In der Praxis der Sozialen Arbeit werden gerade *externalisierende* Verhaltensweisen vielfach als besonders herausfordernd erlebt, da diese in der Regel eine unmittelbare (Krisen-)Intervention verlangen. Neben der Klientel sind Professionelle der Sozialen Arbeit oft direkt involviert (sei es als Opfer von Verletzungen, als Bedrohte oder als in der Situation Mitbeteiligte), und das wiederholte Erleben von herausfordernden Verhaltensweisen kann zu psychischen und physischen Belastungen führen. Nach Hastings (2002: 462) besteht einige Evidenz, wonach herausfordernde Verhaltensweisen mit Stress für die Begleitpersonen verbunden sind. Auch Habermann-Horstmeier und Limbeck (2016: 517), die Begleitpersonen in der stationären Behindertenhilfe in Deutschland befragten, stellten fest, dass herausfordernde Verhaltensweisen für gut einen Drittel der Begleitpersonen einen Belastungsfaktor darstellen. Gleichwohl gilt es, neben den oft fokussierten externalisierenden auch *internalisierenden* Verhaltensweisen in den Blick zu nehmen, sie zu verstehen und Interventionsmöglichkeiten zu deren Minimierung zu eruieren.

Die oben genannten Verhaltensweisen werden als *herausfordernd* bezeichnet, weil sie einerseits Ausdruck der subjektiv erlebten Herausforderung der Person selbst sind. Andererseits fordern solche Verhaltensweisen aber auch die soziale Umwelt (Mitarbeitende, Mitbewohnende, Angehörige und ganze Systeme) heraus – es handelt sich also um eine doppelte Herausforderung. Der Begriff eignet sich insbesondere, weil er die Vorstellung stützt, dass herausfordernde Verhaltensweisen nicht als individuelle Eigenschaften zu betrachten sind, sondern vielmehr multifaktoriell bedingt sind. In der Sozialen Arbeit appelliert diese Bezeichnung somit an die Professionellen, Fach- und Begleitpersonen, die eine Verhaltensweise als herausfordernd wahrnehmen, sich selber, das eigene Handeln und den Kontext, in dem die herausfordernden Verhaltensweisen gezeigt werden, zu reflektieren. Sie sind gefordert, Lern- und Bildungsprozesse der begleiteten Personen zu unterstützen, indem sie Bedingungen modifizieren, Strukturen verändern, Angebote anpassen etc. Herausfordernde Verhaltensweisen als ›neuer Begriff‹ bedeutet somit eine Veränderung der Sichtweise auf das Problem (vgl. Hennicke 2003: 71 f.):

»(Der Begriff verdeutlicht), dass für einige Menschen die verfügbaren Dienste für ihre Bedürfnisse nicht ausreichen. (…) Es geht um eine Herausforderung an die Gesellschaft und insbesondere an die Helfer, und nicht einfach um ein Problem, das jemand mit sich herumträgt. Es ist unsere Herausforderung, hilfreiche Wege für Menschen zu finden, sich in sozial akzeptabler Weise auszudrücken und zu verhalten« (Russell 1997, zit. in Hennicke 2003: 72).

Damit wird deutlich, dass es Aufgabe der professionellen Fachpersonen ist, die begleiteten Personen zu unterstützen, deren Lebensraum so zu modifizieren, dass sie alternative Verhaltensstrategien entwickeln können, die nicht als herausfordernd wahrgenommen werden. Der Begriff bringt die Notwendigkeit zum Ausdruck, den Blick nicht nur auf die Menschen mit herausfordernden Verhaltensweisen zu richten, sondern vielmehr zu berücksichtigen, dass die zur Verfügung stehenden Angebote offenbar ihren Bedürfnissen und Möglichkeiten nicht gerecht werden. Durch diese Herangehensweise werden herausfordernde Verhaltensweisen zur Herausforderung, die an die Mitarbeitenden und die Institution gerichtet ist.

Da der Begriff Verhalten eher stabile, persönliche Eigenschaften einer Person meint, wird der Begriff *Verhaltensweisen* bevorzugt. Damit lässt sich stärker auf die Rahmenbedingungen und das Umfeld fokussieren, auf das sich das Verhalten bezieht. Zudem wird deutlich, dass Verhaltensweisen sinnvolle und in Bezug auf den spezifischen Kontext bedeutungsvolle Handlungsoptionen sind. Sie sind keineswegs als habituell per se zu bezeichnen, sondern vielmehr funktional zu betrachten (vgl. Feuser, 2008: 34).

Wie oben erläutert wird davon ausgegangen, dass herausfordernde Verhaltensweisen nicht als individuelle Eigenschaften von Personen zu betrachten, sondern multifaktoriell (und damit oft auch kontextuell) bedingt sind. Došen et al. (2010: 14) fordern, herausfordernde Verhaltensweisen grundsätzlich »als Ereignis einer ungünstigen Wechselwirkung zwischen Person (mit ihrem biologischen und psychologischen Substrat) und ihrer physischen und sozialen Umwelt« zu sehen. Um einen professionellen Umgang mit allen Formen von herausfordernden Verhaltensweisen etablieren zu können, ist fundiertes Erklärungswissen für Professionelle der Sozialen Arbeit unabdingbar.

In der Vergangenheit dominierten als Erklärungsansätze von herausfordernden Verhaltensweisen personenzentrierte, medizinische oder psychiatrische Modelle. Für pädagogische Bemühungen waren derartige, ausschliesslich personenbezogene Ansätze wenig dienlich, da sich daraus kaum Handlungsmöglichkeiten ableiten liessen und Umfeld spezifische Aspekte missachtet wurden (vgl. Calabrese 2017; Hejlskov Elvén 2015; Palmowski 2015; Theunissen 2011).

Theunissen (2001: 51) hält fest, dass eine rein personenbezogene Sichtweise »zu einer Vernachlässigung ›krankmachender‹ sozialer Faktoren« und zu Symptombehandlungen verleitet, die oft mit Einschränkungen von Freiheits- und Persönlichkeitsrechten einhergehen. Der Blick darf nicht nur auf die Verhaltensweisen einer Person gerichtet sein, sondern muss immer deren gesamte Lebenssituation berücksichtigen. Von zentraler Bedeutung sind die Wechselbeziehungen zwischen Individuum und Umwelt, denn diese Verhaltensweisen sind nicht »an einer Person festzumachen, sondern immer Ausdruck einer Störung des Verhältnisses zwischen Individuum und Umwelt« (Theunissen 2011: 61). Unter dieser systemökologischen

Perspektive werden herausfordernde Verhaltensweisen als Ausdruck einer Individuum-Umwelt-Relation verstanden. Eine systemökologische Sicht von herausfordernden Verhaltensweisen ist in Bezug auf Veränderungspotenziale von Menschen optimistischer (vgl. Palmowski 2015: 67). Sie bietet im Gegensatz zur personenzentrierten Sicht Handlungsalternativen an (vgl. Theunissen 2001: 51). Sie ist dadurch charakterisiert, dass

a) Beobachtungen und Zuschreibungen nicht nur auf Personen bezogen, sondern im dynamischen Beziehungs- und Situationskontext gesehen werden,
b) die Funktionalität der herausfordernden Verhaltensweisen ergründet wird und
c) nicht die Ursachen per se wichtig sind, sondern aufrechterhaltende Bedingungen und Zusammenhänge beleuchtet werden (vgl. Calabrese 2017: 32).

Systemökologisch werden herausfordernde Verhaltensweisen als multifaktoriell, kontextabhängig und relational verstanden. Diese Sicht wird auch im vorliegenden Band eingenommen. Entsprechend wird neben der Perspektive des Individuums auch dessen Umfeld fokussiert, so dass das Mikrosystem (Tätigkeiten, zwischenmenschliche Beziehungen und Rollen), das Mesosystem (Eltern/Familie/Angehörige, Arbeits-/Beschäftigungsbereich, Wohnbereich und Bekanntenkreis) und das Exosystem (Institution mit ihren Rahmenbedingungen als System höherer Ordnung, die den Lebensbereich des Individuums prägt) mitberücksichtigt werden (vgl. Bronfenbrenner 1981: 19–42).

In vorliegendem Sammelband wird in insgesamt acht Beiträgen der professionelle Umgang mit herausfordernden Verhaltensweisen, die von Klientinnen und Klienten aus unterschiedlichen Praxisfeldern der Sozialen Arbeit gezeigt werden, fokussiert.

Die Beiträge sind allesamt einheitlich aufgebaut: In einer Fallvignette wird zunächst ein anschauliches Praxisbeispiel dargestellt, indem eine konkrete Situation geschildert und die fallspezifischen herausfordernden Verhaltensweisen in einem spezifischen Kontext erörtert werden. Diese Fallvignetten haben nicht den Anspruch, für die jeweilige Zielgruppe repräsentativ zu sein, sondern dienen als exemplarischer Einstieg in die Thematik. Im Anschluss daran werden in einem diagnostischen Prozess unterschiedliche theoretische Erklärungsansätze für deren Entstehung aufgezeigt – dies mit dem Ziel, den Fall wissensbasiert genauer zu verstehen. Unter Beizug der Erkenntnisse aus diesem verstehenden Zugang heraus, werden zum Schluss des Beitrags konkrete Überlegungen oder Empfehlungen für einen professionellen Umgang mit herausfordernden Verhaltensweisen für das spezifische Praxisfeld formuliert. Um einen praxisnahen Einblick in den konkreten Umgang mit herausfordernden Verhaltensweisen von Klientel der Sozialen Arbeit zu erhalten, folgt jedem Beitrag ein Interview mit einer Fachperson aus dem jeweiligen Praxisfeld. Die Fachpersonen äussern sich jeweils zur Entstehung von herausfordernden Verhaltensweisen, zum Umgang damit und den Folgen davon auf Ebenen der Klientel, der Professionellen der Sozialen Arbeit und der Institution.

Damit eignet sich vorliegender Sammelband insbesondere für Studierende der Sozialen Arbeit, der Sozial- und Erziehungswissenschaft mit Schwerpunkt Sozialpädagogik (Bachelor- und Masterstudiengänge), die sich einen Einblick in unterschiedliche Praxisfelder verschaffen möchten. Er ist aber auch an interessierte Fachpersonen aus der Sozialen Arbeit gerichtet, die sich besonders mit dem Phänomen der herausfordernden Verhaltensweisen und deren Diagnostik befassen. Weiter eröffnet er Fachpersonen einen Einblick in unterschiedliche Praxisfelder und kann daher Orientierung bieten beim Neueinstieg in ein spezifisches Praxisfeld. Auch Dozierende in Studiengängen für pädagogische und soziale Berufe an Berufsschulen, Hochschulen oder sonstigen Ausbildungseinrichtungen werden als Zielgruppe angesprochen.

Da das Praxisfeld der Sozialen Arbeit vielfältig und die Klientel bezüglich Lebensphase und Lebenslage sehr heterogen ist, wird nachfolgend auf acht spezifische Zielgruppen der Sozialen Arbeit eingegangen, die herausfordernde Verhaltensweisen im professionellen Setting zeigen können: Kinder und Jugendliche im Schulalter, Jugendliche in stationären Einrichtungen, Menschen mit Suchterkrankungen in der Sozialhilfe, Menschen im Asylwesen, Menschen mit kognitiven Beeinträchtigungen, Menschen mit psychischen Störungen sowie Menschen mit Demenz.

In ihrem Artikel zu herausfordernden Verhaltensweisen von *Kindern und Jugendlichen im Kontext Schule* beschreiben *Uri Ziegele und Martina Good* die Situation des Primarschülers Mori. Sie sehen Schule als ein verhaltens- und verhältnisorientiertes Handlungsfeld der Sozialen Arbeit mit dem Ziel, die gesellschaftliche Inklusion, Sozialisation und Kohäsion ihrer Anspruchsgruppen zu unterstützen. In ihrem Beitrag zeigen sie auf, wie Soziale Arbeit in der Schule mithilfe von Fallbeschreibung, Fallverstehen und theoretischen Grundlagen auf komplexe Ausgangslagen reagieren kann.

Sven Huber und Peter A. Schmid betrachten herausfordernde Verhaltensweisen von *Jugendlichen in institutionellen Kontexten der Jugendhilfe*. Sie stellen die Fallvignette des jungen Erwachsenen Nino ins Zentrum ihrer Überlegungen und greifen einige Themen aus der Vignette auf, reflektieren sie und stellen sie in einen grösseren Diskussionszusammenhang. Die gewählte Heuristik umfasst zentrale sozialpädagogische Zugänge und fokussiert auf die Fragen, wie es den Professionellen der Sozialen Arbeit gelingen kann, Öffnungsprozesse zu initiieren, die herausfordernden Verhaltensweisen in ihrer intersubjektiven und strukturell gerahmten Bewältigungsdynamik zu verstehen und dem problematischen Verhalten im Rahmen einer vertrauensvollen Beziehung Grenzen zu setzen. Sie nehmen neben individuellen auch die teamspezifische und die institutionelle Ebene in den Blick, da diese im Hinblick auf Interventionsmöglichkeiten eine grosse Rolle spielen.

Um herausfordernde Verhaltensweisen von *suchtmittelabhängigen Menschen* geht es im Beitrag von *Heike Güdel*. Am Beispiel des Falls von Frau Kieslig zeigt sie auf, wie mithilfe von Wissen und Methoden die Komplexität des Falls aufgeschlüsselt werden kann, um das Ganze zu erfassen. Als theoretische Rahmung greift sie auf den Ansatz »Integration und Lebensführung« nach Sommerfeld, Hollenstein und Calzaferri (2011) zurück und zeigt auf, wie »das Soziale« operationalisiert werden kann. Mithilfe von Systemmodellierungen stellt sie konkrete Problemdynamiken dar und nutzt diese als diagnostische Grundlage für die Planung des Weiteren Hilfsprozesses.

Luzia Jurt thematisiert herausfordernde Verhaltensweisen von *Asylsuchenden*. Am Beispiel von Familie Ylaz zeigt sie auf, mit welchen gesellschaftlichen Anforderungen und Erwartungen Asylsuchende oft konfrontiert sind und wie diese ihren Handlungsspielraum einschränken. Sie legt dar, wie diese begrenzten Handlungsmöglichkeiten neben der unsicheren Zukunft und den strukturellen Bedingungen sowie unterschiedlichen Wertvorstellungen einen möglichen Erklärungsansatz für herausfordernde Verhaltensweisen bilden.

Auch in der *justiziellen Straffälligenhilfe* sind herausfordernde Verhaltensweisen ein Thema. *Patrick Zobrist* erläutert in seinem Beitrag diesen Zwangskontext, der mit Beschränkungen der Handlungsspielräume aller Beteiligten einhergeht. Als Handlungsrahmen für den Fall von Herrn Müller wählt er eine Justizvollzugsanstalt, in der sich herausfordernde Verhaltensweisen aufgrund der strukturellen Rahmenbedingungen zeigen können. Anschaulich erörtert er zunächst die im Fallbeispiel bestehende psychopathologische Diagnose und deren Auswirkungen, bevor er sozialwissenschaftliche Erklärungsansätze beizieht, um den Fall genauer zu erhellen und zu verstehen. Gestützt auf die Erkenntnisse leitet er daraus konkrete Handlungsempfehlungen ab.

Stefania Calabrese und Eva Büschi fokussieren herausfordernde Verhaltensweisen von *Menschen mit kognitiven Beeinträchtigungen*, die in Institutionen der Behindertenhilfe leben. Sie zeigen am Beispiel von Frau Berger sechs ausgewählte Ansätze auf, die mögliche Erklärungen für ihre herausfordernden Verhaltensweisen bieten. Neben den eher personenbezogenen Individual- und Lerntheorien, wird besonders auf die Wechselwirkungen zwischen Individuum und Umwelt fokussiert, indem Ansätze aus Konflikt-, Trauma- und Interaktionstheorien sowie aus der Systemökologie beigezogen werden, um den diagnostischen Prozess zu vollziehen.

Um herausfordernde Verhaltensweisen von Menschen mit *psychischen Beeinträchtigungen* geht es im Beitrag von *Marlis Baumeler und Pablo Philipp*. Sie zeigen am Beispiel von Frau Kern anschaulich auf, wie schwierige Lebensereignisse und Umstände die Entstehung von herausfordernden Verhaltensweisen in Verbindung mit einer psychischen Störung fördern können. Anschliessend erläutern sie anhand unterschiedlicher Modelle die Entstehung einer psychischen Störung durch Wechselwirkungen zwischen Person und Umwelt. Dabei liegt der Fokus auf der stationären psychiatrischen Versorgung und der klinischen Sozialen Arbeit.

Nicole Gadient, Ingrid Cretegny, Regina Fischlin und Stefanie Becker erörtern herausfordernde Verhaltensweisen von *Menschen mit Demenz*. Am Beispiel der 75-jährigen Frau Heiniger legen sie jene krankheitsbedingten Verhaltensweisen dar, die eine Demenzerkrankung am häufigsten begleiten und zeigen die Umgangsweisen damit auf. Dabei orientieren sie sich an den fünf Schritten der Serial Trial Intervention, woraus sie Empfehlungen für die Praxis ableiten.

An dieser Stelle möchten wir uns bei allen Autorinnen und Autoren und Interviewpartnerinnen und -partnern bedanken, die mit ihrer fachlichen Perspektive zum Gelingen dieses Sammelbandes beigetragen haben. Wir hoffen, dass der vorliegende Sammelband einen verstehenden Zugang zu herausfordernden Verhaltensweisen von Menschen mit Unterstützungsbedarf in der Sozialen Arbeit eröffnet und wünschen den Leserinnen und Lesern eine anregende Lektüre.

📖 Literatur

Bronfenbrenner, Urie (1981): Die Ökologie der menschlichen Entwicklung, Stuttgart: Klett-Cotta.

Büschi, Eva et al. (2015): Schlussbericht zum Projekt HEVE, [online] https://www.fhnw.ch/ppt/content/prj/T999-0378/schlussbericht-zum-forschungsprojekt-zu-erwachsenen-mit-schweren-und-oder-mehrfachen-beeintraechtigungen-und-herausfordernden-verhaltens weisen-heve-im-bereich-wohnen [20.04.2018].

Büschi, Eva/Calabrese, Stefania (2018): Projekt HEVE: Eine qualitative Studie zu herausfordernden Verhaltensweisen von Menschen mit schweren Beeinträchtigungen. In: Dagmar Domenig/Urs Schäfer (Hrsg.), Auffallend herausfordernd! Begleitung zwischen Selbstbestimmung und Überforderung, Zürich: Seismo Verlag, S. 33–56.

Calabrese, Stefania (2017): Herausfordernde Verhaltensweisen – herausfordernde Situationen: Ein Perspektivenwechsel. Eine qualitativ-videoanalytische Studie über die Gestaltung von Arbeitssituationen von Menschen mit schweren Beeinträchtigungen und herausfordernden Verhaltensweisen, Bad Heilbrunn: Klinkhardt.

Došen, Anton et al. (2010): Praxisleitlinien und Prinzipien Assessment, Diagnostik, Behandlung und Unterstützung für Menschen mit geistiger Behinderung und Problemverhalten – Europäische Edition, Berlin: Eigenverlag der DGSGB.

Feuser, Georg (2008): Intensiv, herausfordernd, aggressiv? Auffälliges Verhalten von behinderten Menschen verstehen. In: Evangelisches Diakoniewerk (Hrsg.), 36. Martinstift-Symposium. An Grenzen kommen. Begleitung von behinderten Menschen mit herausforderndem Verhalten, Gallneukirchen: Evangelisches Diakoniewerk, S. 34–44.

Habermann-Horstmeier, Lotte/Limbeck, Kira (2016): Arbeitsbelastung: Welchen Belastungen sind die Beschäftigten in der Behindertenbetreuung ausgesetzt? In: Zeitschrift für Medizinische Prävention, Jg. o. A., Nr. 7, S. 517–525.

Hastings, Richard P. (2002): Do Challenging Behaviors Affect Staff Psychological Well-Being? Issues of Causality and Mechanism. In: American Journal on Mental Retardation, Jg. 107, Nr. 6, S. 455–467.

Heijkoop, Jacques (2014): Herausforderndes Verhalten von Menschen mit geistiger Behinderung. Neue Wege der Begleitung und Förderung, 6. Auflage. Weinheim/Basel: Beltz Juventa.

Hejlskov Elvén, Bo (2015): Herausforderndes Verhalten vermeiden. Menschen mit Autismus und psychischen oder geistigen Einschränkungen positives Verhalten ermöglichen, Tübingen: dgvt-Verlag.

Hennicke, Klaus (2003): Psychische Störung und aggressives Verhalten bei Menschen mit geistiger Behinderung. In: Martha Furger/Doris Kehl (Hrsg.), »... und bist du nicht willig, so brauch ich Gewalt«. Zum Umgang mit Aggression und Gewalt in der Betreuung von Menschen mit geistiger Behinderung, Luzern: Edition SZH, S. 67–84.

Palmowski, Winfried (2015): Nichts ist ohne Kontext. Systemische Pädagogik bei »Verhaltensauffälligkeiten«. 3. Auflage, Dortmund: Verlag Modernes Lernen.

Schanze, Christian/Sappok, Tanja/Kehrle, Martina (2014): Verhaltensauffälligkeiten. In: Christian Schanze (Hrsg.), Psychiatrische Diagnostik und Therapie bei Menschen mit Intelligenzminderung. Ein Arbeits- und Praxisbuch für Ärzte, Psychologen, Heilerziehungspfleger und -pädagogen, Stuttgart: Schattauer, S. 233–256.

Sommerfeld, Peter/Hollenstein, Lea/Calzaferri, Raphael (2011): Integration und Lebensführung. Ein forschungsgestützter Beitrag zur Theoriebildung der Sozialen Arbeit, Wiesbaden: VS Verlag für Sozialwissenschaften.

Störmer, Norbert (2014): Herausfordernde Handlungsweisen. In: Georg Feuser/Birgit Herz/Wolfgang Jantzen (Hrsg.), Emotion und Persönlichkeit. Behinderung, Bildung, Partizipation. Enzyklopädisches Handbuch der Behindertenpädagogik. Band 10. Stuttgart: Kohlhammer, S. 257–261.

Theunissen, Georg (2011): Geistige Behinderung und Verhaltensauffälligkeiten, Bad Heilbrunn: Klinkhardt.

Theunissen, Georg (2001): Krisenintervention – Herausforderungen für einen interdisziplinären Ansatz. In: Ernst Wüllenweber/Georg Theunissen (Hrsg.), Handbuch Krisenintervention, Band 1: Hilfen für Menschen mit geistiger Behinderung. Theorie, Praxis, Vernetzung, Stuttgart: Kohlhammer, S. 49–75.

Wüllenweber, Ernst (2009): Handlungskonzepte und Methoden in Heilpädagogik und Behindertenhilfe und ihre Bedeutung für die Professionalität. In: Teilhabe, Jg. 48, Nr. 2, S. 75–81.

Wüllenweber, Ernst (2003): Krisen und Verhaltensauffälligkeiten. In: Georg Theunissen (Hrsg.), Krisen und Verhaltensauffälligkeiten bei geistiger Behinderung und Autismus, Stuttgart: Kohlhammer, S. 1–16.

Wüllenweber, Ernst (2001): Reaktanz und Problemverhalten bei Menschen mit geistiger Behinderung unter besonderer Berücksichtigung der Selbstbestimmung. In: Georg Theunissen (Hrsg.), Verhaltensauffälligkeiten – Ausdruck von Selbstbestimmung? Bad Heilbrunn: Klinkhardt, S. 105–114.

Inhalt

Vorwort zur Reihe 5

Zu diesem Buch 6
Eva Büschi & Stefania Calabrese

1 Herausfordernde Verhaltensweisen von Kindern und Jugendlichen im Kontext Schule 19
   Uri Ziegele & Martina Good

   1.1 Fallvignette 19
   1.2 Erklärungsansätze und Fallverstehen 21
   1.3 Soziale Arbeit in der Schule 24
   1.4 Empfehlungen zur Fallarbeit 33
   1.5 Interview mit Fachperson 37

2 Herausfordernde Verhaltensweisen von Jugendlichen in institutionellen Kontexten der Jugendhilfe 44
   Sven Huber & Peter A. Schmid

   2.1 Fallvignette 44
   2.2 Erste Orientierung 45
   2.3 Öffnungen und Anfänge 45
   2.4 Verstehen 49
   2.5 Grenzsetzung 53
   2.6 Schlussfolgerungen für die Interventionsebene 56
   2.7 Interview mit Fachperson 57

3 Herausfordernde Verhaltensweisen von suchtmittelabhängigen Menschen 64
   Heike Güdel

   3.1 Fallvignette 64
   3.2 Erklärungen für das komplexe Zusammenspiel im Fall 66
   3.3 Verschiedene fallspezifische Phänomene 73
   3.4 Lebensbewältigung und Selbstverletzung 78
   3.5 Beschreibung der Dynamiken, die die herausfordernden Verhaltensweisen im Fall von Frau Kieslig antreiben 79

3.6	Die Dynamiken im Fall von Frau Kieslig, die zu herausfordernden Verhaltensweisen führen	80
3.7	Handlungsleitende Überlegungen	83
3.8	Interview mit Fachperson	85

4 Herausfordernde Verhaltensweisen von Asylsuchenden 91
Luzia Jurt

4.1	Fallvignette	91
4.2	Erklärungen	93
4.3	Empfehlungen	100
4.4	Interview mit Fachperson	104

5 Herausfordernde Verhaltensweisen in der justiziellen Straffälligenhilfe 109
Patrick Zobrist

5.1	Fallvignette	109
5.2	Erklärungsansätze und theoriegestützte Handlungsempfehlungen	110
5.3	Erkenntnisse und Empfehlungen für die Soziale Arbeit	120
5.4	Interview mit Fachperson	122

6 Herausfordernde Verhaltensweisen von Menschen mit kognitiven Beeinträchtigungen 128
Stefania Calabrese & Eva Büschi

6.1	Fallvignette	128
6.2	Herausfordernde Verhaltensweisen im institutionellen Kontext	130
6.3	Theoretische Zugänge zu herausfordernden Verhaltensweisen	131
6.4	Empfehlungen für die Praxis der Sozialen Arbeit	141
6.5	Interview mit Fachperson	145

7 Herausfordernde Verhaltensweisen von Menschen mit psychischen Beeinträchtigungen 151
Marlis Baumeler & Pablo Philipp

7.1	Fallvignette	151
7.2	Erklärungsansätze zu psychischen Störungen und herausfordernden Verhaltensweisen	153
7.3	Handlungsempfehlungen im Umgang mit herausfordernden Verhaltensweisen	166
7.4	Interview mit Fachperson	169

| 8 | Herausfordernde Verhaltensweisen von Menschen mit Demenz ... | 174 |

Nicole Gadient, Ingrid Cretegny, Regina Fischlin & Stefanie Becker

8.1	Fallvignette	174
8.2	Was ist Demenz?	176
8.3	Verhaltens- und psychische Begleitsymptome bei Demenz	176
8.4	Ursachen herausfordernder Verhaltensweisen bei Demenz	177
8.5	Behandlungsmöglichkeiten	184
8.6	Hilfe für Betreuende	186
8.7	Konkrete Überlegungen und Empfehlungen für die Praxis der Sozialen Arbeit	189
8.8	Schlusswort	190
8.9	Interview mit Fachperson	191

Autorinnen- und Autorenverzeichnis ... **196**

1 Herausfordernde Verhaltensweisen von Kindern und Jugendlichen im Kontext Schule

Uri Ziegele & Martina Good

Die Soziale Arbeit in der Schule muss als ein verhaltens- und verhältnisorientiertes Handlungsfeld der Sozialen Arbeit verstanden werden. Innerhalb des Funktionssystems Erziehung hat sie – in transdisziplinärer Kooperation mit der Schule – zum Ziel, die gesellschaftliche Inklusion, Sozialisation und Kohäsion ihrer Anspruchsgruppen zu unterstützen. Es ist davon auszugehen, dass auch der Schüler Mori, der in der folgenden Fallvignette vorgestellt wird, in der Schule lernen, Freunde bzw. Freundinnen haben und stärkende Selbstwirksamkeit erleben möchte. Der nachfolgende Beitrag zeigt auf, wie die Soziale Arbeit in der Schule mithilfe von Fallbeschreibung, Fallverstehen und theoretischen Grundlagen auf diese komplexe Ausgangslage mit Unterstützung der direkt Betroffenen und professionell Beteiligten reagieren kann.

1.1 Fallvignette

Der Sozialarbeiter des Asylzentrums Herr Diethelm informiert die Schulsozialarbeiterin Frau Hess, dass mehrere Familien mit Asylstatus innerhalb kurzer Zeit der Gemeinde Dengdorf zugewiesen werden. Dies veranlasst die beiden, an einer Teamsitzung der Lehrpersonen im Schulhaus Höchi, in dessen unmittelbarer Nähe eine Asylunterkunft steht, das Thema aufzugreifen und mit diesen über Befürchtungen und Herangehensweisen zu diskutieren. Anschliessend wird gemeinsam ein kurzer informativer Text für die regelmässige schriftliche Elterninformation verfasst, in welchem die Familien willkommen geheissen werden. Unter anderen wird Familie Marun Segab in der Asylunterkunft einquartiert. Am ersten Morgen begrüssen die Schulleitung und Frau Hess Herrn Marun Segab und seine vier Kinder und informieren sie soweit wie möglich über den Schulbetrieb. Der Aufenthaltsort der Mutter ist unbekannt. Alle vier Kinder sind im schulpflichtigen Alter, wobei der jüngste Sohn Mori Marun die erste Klasse besucht und die drei weiteren Mädchen in der 3. und 6. Primarklasse sowie in der 2. Oberstufe eingeschult werden. Das älteste Mädchen wird im Anschluss an die Einführung in der Primarschule (in Deutschland mit der Grundschule vergleichbar) zusammen mit ihrem Vater im Oberstufenschulhaus der Gemeinde begrüsst.

Die Mädchen zeigen sich im Verlauf des Schuljahrs zurückhaltend und beobachten den Schulalltag, während Mori nach kurzer Zeit deutlich herausfordernde

Verhaltensweisen zeigt. Er kneift und boxt Mitschülerinnen und Mitschüler auch aus den höheren Klassen und stört sie während des Unterrichts und in der Pause bei ihren Tätigkeiten. Er randaliert im Schulhaus, stiehlt und demoliert persönliche Dinge und Kleidung der anderen Kinder und provoziert die Mitarbeitenden des gesamten Schulhauses mit wiederkehrenden Regelverstössen. In direkter Konfrontation gesteht Mori sein Fehlverhalten zwar jeweils ein, vermittelt jedoch nicht den Eindruck des Bedauerns. Während des Unterrichts in der Regelklasse und im Deutsch-Förderunterricht kann Mori sich kaum konzentrieren. Die Hausaufgaben erledigt er selten, und obwohl die Familie nur wenige Meter vom Schulhaus entfernt wohnt, hat er oft keine Pausenverpflegung dabei und vergisst seine Turn- bzw. Schwimmsachen. Manche Kinder sind etwas verängstigt oder verärgert und fangen an, sich von ihm zu distanzieren. Versuche, sein Verhalten durch pädagogische Massnahmen direkt zu beeinflussen, zeigen kaum Veränderungen.

Die Lehrerin von Mori, Frau Keller, ersucht nach kurzer Zeit um eine Klassenintervention durch die Schulsozialarbeiterin Frau Hess, um die Beziehungen in der Klasse zu stärken. Frau Keller informiert Moris Vater darüber. Dieser ist erst etwas skeptisch, zeigt sich dann jedoch dankbar für die Unterstützung. Die sprachlichen Schwierigkeiten erschweren das vorgängige Einzelgespräch von Mori bei Frau Hess. In diesem wird jedoch deutlich, dass er in der bisherigen Schulzeit in seinem Heimatland körperliche Gewalt durch die Lehrpersonen erleiden musste. Die initiierte Hausaufgabenhilfe verweigert Mori konsequent. Es erfolgen mehrere Gruppeninterventionen mit kooperativem Spielcharakter in unterschiedlichen Settings (jungenspezifisch, geschlechtergemischt, aktuell befreundete Kinder etc.). Frau Hess organisiert ein Familiengespräch zu Hause mit allen beteiligten Fachpersonen und einem Übersetzer. In diesem Gespräch zeigt sich Mori äusserst angepasst und gehorcht sehr gut. Der Vater und auch die Schwestern zeigen sich besorgt und überfordert mit seinem Verhalten in der Schule. Das Familienleben klappt gut, verständlicherweise kann ihm jedoch niemand bei den Hausaufgaben helfen. Ebenso finden gleichzeitig medizinische Abklärungen statt, da er an Enuresis leidet und eher unterernährt zu sein scheint. Es wird vereinbart, dass die Abklärungsergebnisse der Schule kommuniziert und danach über weitere, beispielsweise schulpsychologische Abklärungen entschieden werden sollte.

Ein Regel- und Informationskonzept wird festgehalten, bei welchem Mori, seine Familie, die Schule und die Asylorganisation involviert sind. Unter anderem wird vereinbart, dass Frau Hess und Frau Keller berechtigt sind, Mori nach Hause zu schicken, wenn er den Schulbetrieb zu sehr stört, sofern sein Vater oder eine der Schwestern zu Hause ist. Er wird aufgefordert, die Hausaufgabenhilfe in der Schule regelmässig zu besuchen und stimmt dem zu. Die Gruppenaktivitäten werden weitergeführt und zweimal wöchentlich ein kurzes Einzelsetting von Frau Hess mit Mori in der Schule oder zu Hause gemeinsam mit seiner Familie vereinbart. Frau Hess nimmt regelmässig am wöchentlichen Klassenrat teil, um die Veränderungen mitverfolgen zu können. Sie versucht, möglichst häufig die Klasse und Mori im Schulalltag zu begleiten.

Sein Verhalten gegenüber den Erwachsenen verbessert sich leicht. Die Beschwerden über Mori seitens der Mitschüler und Mitschülerinnen bleiben konstant hoch. Häufig argumentiert er, dass die anderen angefangen hätten, ihn zu provozieren, was diese jedoch verneinen und häufig nicht rekonstruiert werden kann. In der Hausaufgabenhilfe zeigt sich, dass Mori nur langsam Lernfortschritte macht und ihm offensichtlich enorm viel Schulstoff fehlt. Frau Keller und Frau Hess gewinnen zudem den Eindruck, dass Mori sich absichtlich grenzüberschreitend verhält, um bei seinem Vater zu Hause sein zu können.

Als Frau Hess ihn dabei beobachtet, wie er in der Pause zornig und fluchend Steine vom Boden aufnimmt, um seine Mitschülerinnen und Mitschüler damit zu bewerfen, begleitet sie ihn nach Hause. Mori berichtete nach kurzem Zögern, dass er und seine Familie von Mitschülern und Mitschülerinnen und deren Familien abschätzig behandelt werden und sich unerwünscht fühlen. Ebenso spricht er erstmals darüber, wie sehr er seine Mutter vermisst und dass er sich Sorgen um sie macht, da noch immer niemand weiss, wo sie sich aufhält, wie es ihr geht und wann er sie wieder sehen wird.

Die älteste Schwester, welche mittlerweile über einige Deutschkenntnisse verfügt, berichtet von einer geplanten Unterschriftensammlung einer ihrer Mitschülerinnen und deren Eltern zur Schliessung der Asylunterkunft. Die Familie Segab Marun wirkt gedemütigt und resigniert. Die medizinischen Abklärungen von Mori ergeben, dass er deutlich traumatisiert und eine Familientherapie dringend angezeigt ist. Die Abklärungen zur Finanzierung dieser Therapie stellen sich jedoch bei Kindern mit Asylstatus als komplex heraus. Aufgrund dessen ersucht der Kinderarzt Frau Hess, die bisherigen Bemühungen der Einzel-, Gruppen- und Klassengespräche und den Kontakt zur Familie beizubehalten und wenn möglich zu intensivieren, bis ein therapeutisches Setting veranlasst ist. Frau Hess, Frau Keller und Herr Diethelm sind sich einig, dass die herausfordernden Verhaltensweisen von Mori aufgrund der vielschichtigen Problematik bestehen und es intensivere und umfassendere Massnahmen braucht, um ihn und seine Familie zu unterstützen, damit sich sein Verhalten weiterhin positiv verändern kann.

1.2 Erklärungsansätze und Fallverstehen

Moris Situation wird in Anlehnung an das Lebenslagenmodell (vgl. Meier Kressig 2017: 4) dargestellt. Die individuelle wie familiäre Situation, die aktuellen und zukunftsgerichteten Perspektiven werden gemäss den jeweiligen Aussagen der Familienmitglieder und der Einschätzung der involvierten Fachpersonen differenziert betrachtet. Zudem erfolgen Überlegungen zu weiteren möglichen Hintergründen der Problematik. Aussagen über kausale Zusammenhänge von Ursachen- oder Wirkfaktoren können nicht gemacht werden, denn offensichtlich leiden Mori und seine Familie unter komplexen Belastungen. Um die Situation und Moris Verhalten verstehen zu können, muss die Komplexität des Bedingungsgefüges möglichst erfasst werden, um entsprechende und gelingende Lösungswege erarbeiten zu können.

1.2.1 Individuelle und familiäre Belastungsfaktoren

Mori und seine Familie haben aufgrund traumatischer Erlebnisse in ihrem Heimatland entschieden, in die Schweiz zu flüchten und ihre sozialen und familiären Kontakte zurückzulassen. Die fehlenden Sprachkenntnisse und die unterschiedlichen kulturellen Grundlagen, wie beispielsweise das Bildungssystem, sowie die finanzielle Notlage belasten die Familie. Die Unterbringung in der Asylunterkunft mit anderen Familien mit Asylstatus und das erschwerte Zusammenleben durch die kulturellen Unterschiede lassen kein Wohlbefinden aufkommen. Die Familie verfügt über keinerlei materielle Mittel oder persönliche Kontakte in der Gemeinde. Durch die Unterschriftensammlung zur Schliessung der Asylunterkunft fühlen sie sich abgelehnt und gedemütigt und sehen sich ausser Stande, sich dieser unangenehmen Situation zu entziehen, da sie ihren Wohnort nicht frei wählen dürfen. Während der Begleitung und durch die professionelle Beziehungsarbeit wird klar, dass sie in ihrem Heimatland eine angesehene Familie waren, Haushaltsangestellte beschäftigten und über gute Bildungschancen verfügten. Die Ausbildung und berufliche Erfahrung des Vaters werden nicht anerkannt und die älteste Tochter steht unter Druck, eine Anschlusslösung nach der obligatorischen Schulzeit zu finden. Die fehlende Zugehörigkeit und die grosse Unsicherheit über den Verbleib der Mutter belasten die Lebenssituation der Familie. Das komplexe Asylverfahren verunmöglicht es den Familienmitgliedern, zur Ruhe zu kommen und Stabilität zu entwickeln.

Moris Bewältigung der veränderten Lebenssituation zeigt sich nach aussen gerichtet. Ob seine Schwestern und sein Vater weniger belastet sind oder andere, weniger offensichtliche Strategien zur Bewältigung anwenden, kann nicht abschliessend beantwortet werden. Die schulischen Schwierigkeiten deuten darauf hin, dass Moris kognitiven Fähigkeiten zumindest momentan eingeschränkt sind. Die Flucht und das Zurücklassen der leiblichen Mutter haben bei Mori deutliche Unsicherheiten und Ängste hervorgerufen. Seine Befindlichkeit ist stark geschwächt und er zeigt psychosomatische Reaktionen. Die Anpassungs- bzw. Bewältigungskompetenzen seiner Schwestern oder seines Vaters können aufgrund des Alters oder der fortgeschrittenen Identitätsbildung weiterentwickelt sein und unterstützend wirken. Die älteren Schwestern können mehr Aufgaben in der Haushaltsführung übernehmen, womit sie den Vater entlasten und sich selbstständiger ein soziales Umfeld aufbauen. Anstehende Entwicklungsaufgaben und die Integration in die neue Lebenswelt stellen für Mori entsprechend grosse Herausforderungen dar, da er sich nach einer mütterlichen Bezugsperson sehnt. Sein familiäres Wohlbefinden ist gestört und die Sozialisation in die fremde Klassen- bzw. Schulgemeinschaft fällt ihm schwer. Auch die Rückmeldung, dass Moris Verhalten zu Hause weniger problematisch ist, kann ein Hinweis darauf sein, dass er unter schulischem, sozialem und gesellschaftlichem Druck ausserhalb des familiären Zusammenlebens leidet. Zudem scheint die Aufnahme einer regelmässigen Freizeitaktivität in einer Peergruppe aufgrund seiner herausfordernden Verhaltensweisen momentan nicht oder nur mit professioneller Begleitung möglich. Hinzu kommt, dass Moris bisherige Schulerfahrung gemäss seinen Äusserungen im Einzelgespräch von physischem und psychischem Druck geprägt waren und das kooperative Lernen eine völlig neue Erfahrung für ihn darstellt, was sein bisheriges Schulbild irritiert.

1.2.2 Aktuelle und zukunftsgerichtete Perspektiven der Beteiligten

Die Familienmitglieder müssen sich mit ihrer persönlichen, schulischen und beruflichen Weiterentwicklung auseinandersetzen, wobei im laufenden Asylverfahren jederzeit die Möglichkeit besteht, den Aufenthaltsstatus zu verlieren und ausreisen zu müssen. Die Familie äussert ihre Bedürfnisse nach Sicherheit und einem friedlichen Zusammenleben und dem Ziel, in der Schweiz eine gute Schul- und Ausbildung zu erhalten, um einer Erwerbstätigkeit nachgehen zu können. Dies ist hauptsächlich für den Vater zentral, der sich eine gute Zukunft für seine Kinder wünscht. Im Gespräch mit Mori wird klar, dass er die Rückkehr in sein Heimatland bevorzugt, in der Hoffnung, sein früheres Familienleben wieder pflegen zu können. Da er vermutlich unter einer eingeschränkten Aufnahme- bzw. Lernfähigkeit und unter anderen belastenden Faktoren leidet, kann er die schulisch geforderten Leistungen nicht erfüllen. Er ist aufgefordert, selbstständig zu lernen, Lerndefizite und Sprachkenntnisse zu verbessern, sein Schulmaterial selbstständig zu organisieren, sich mit den kulturellen und institutionellen Normen und Werten vertraut zu machen, diese einzuhalten und Konflikte mit Gleichaltrigen und Erwachsenen trotz sprachlicher Hürden konstruktiv zu lösen. Aufgrund seiner dunklen Hautfarbe verstärkt sich sein Selbstbild als Aussenseiter. Die laufenden medizinischen Abklärungen können weitere gesundheitliche Schwierigkeiten aufzeigen. Die Unterstützung eines positiven Selbstwertes ist für sein Wohlbefinden zentral, wird jedoch durch eingeschränkte Erfolgsmöglichkeiten und fremdenfeindliches Verhalten des Umfeldes erschwert. Für den Vater und die Schwestern wird klar, dass Mori für die Bewältigung dieser Belastungen professionelle Hilfestellungen braucht. Ihre eigenen Handlungs- und Entscheidungsspielräume sind äusserst eingeschränkt, da sie nicht über die Möglichkeiten verfügen, beispielsweise über ihren Wohnort zu entscheiden, und die Hemmschwelle hoch ist, sich persönlich zu wehren oder sogar rechtliche Schritte einzuleiten. Die eingeschränkten Ressourcen von Mori und seiner Familie auf der psychischen, physischen, familiären und sozialen Ebene stehen im Spannungsfeld zu den anspruchsvollen Entwicklungsaufgaben, emotionalen Belastungen und Anforderungen, welche schulisch und im sozialen Umfeld an ihn und seine Familie gestellt werden. Diese Diskrepanzen und die daraus resultierende Überforderung und Frustration kann ursächlich für sein herausforderndes Verhalten sein.

1.2.3 Überlegungen zu weiteren Hintergründen der Problematik

Herausfordernde Verhaltensweisen wirken sich auf die Beziehungsgestaltung im zwischenmenschlichen Bereich aus. Dadurch können sich Unstimmigkeiten und Konflikte innerhalb von Gruppen (z. B. Klassen) entwickeln und es können

Dynamiken entstehen, welche diese verstärken. Gruppenkonstellationen werden nicht durchwegs einheitlich wahrgenommen. Missverständnisse bezüglich normativer Umgangsformen bzw. gesellschaftliche Konventionen stellen erschwerende Faktoren dar und können falsche Eindrücke vermitteln. Durch die Wissensvermittlung und -generierung in Gruppen wird gleichzeitig auch das Bedürfnis von Zugehörigkeit und Gemeinschaft erfüllt sowie die Selbst- und Sozialkompetenzen der Beteiligten gestärkt. Dies gilt sowohl für Kinder- wie auch Eltern- und Lehrpersonengruppen. In einem Wohngebiet, in dem sich neben dem Wohnraum für einheimische Bewohner und Bewohnerinnen auch eine Asylunterkunft befindet, können sich Gruppen formieren. Es entstehen allenfalls Abgrenzungsmechanismen oder Ablehnungs- und Konkurrenzverhalten, wodurch sich möglicherweise Hierarchien und Diskriminierung entwickeln. Der Zusammenschluss von Einzelnen zu Gruppen mit gleichem Status oder Anliegen verstärkt das eigene Gefühl der Bedeutsamkeit. Durch die gesetzliche Schulpflicht in der Schweiz treffen auf der gesellschaftlichen Ebene unterschiedliche Schul- und Bildungsverständnisse aufeinander. Kinder aus verschiedenen Kulturen sind aufgefordert, unterschiedliche Bildungs- und Erziehungspraktiken einzuordnen und ihr Verhalten entsprechend anzupassen. Die schulischen Fachpersonen sind aufgefordert, sich den wechselnden gesellschaftlichen Anforderungen zu stellen und ihre pädagogischen Konzepte und professionellen Haltungen permanent zu reflektieren. Die Schule als gewaltfreier Lern- und Begegnungsort steht im Fokus von öffentlichem Interesse, da auch die Gemeindepolitik daran interessiert ist, den ›sozialen Frieden‹ zu fördern und zu erhalten. Auseinandersetzungen zwischen Gruppen von Mitschülern und Mitschülerinnen auch ausserhalb des Schulgeländes lassen auf ein konfliktbehaftetes Schulhausklima schliessen. Elternarbeit und -partizipation sowie demokratische Prozesse im Schulalltag verdeutlichen die gesellschaftlichen Werte und Normen, welche für Eltern und Kinder aus anderen Kulturen nicht selbstverständlich als bekannt vorausgesetzt werden können. So sollen Kinder und Jugendlichen gleichsam dazu befähigt werden, soziale Verantwortung in der Gesellschaft zu übernehmen, selbst wenn die Grundvoraussetzungen dazu heterogener nicht sein könnten. Das Zusammenleben der einheimischen Bevölkerung mit den Bewohnenden einer Asylunterkunft ist sorgfältig zu betrachten, da Fremdenfeindlichkeiten und Diskriminierungen zu vermeiden sind. Der Umgang mit Heterogenität, welche wie erwähnt mit der Schulpflicht bereits den Kindern nahegelegt wird, soll auch auf der Gemeindeebene gepflegt werden und erhalten bleiben.

1.3   Soziale Arbeit in der Schule

Basierend auf den Prinzipien der Menschenrechte und der sozialen Gerechtigkeit sowie der gemeinschaftlichen Verantwortung und der Akzeptanz von Verschiedenheit unter grösstmöglicher Berücksichtigung der Bedürfnisse ihrer Anspruchsgruppen fördert die Soziale Arbeit sowohl den gesellschaftlichen Wandel als auch die Lösung potenzieller bzw. manifester Probleme in zwischenmenschlichen Beziehungen und die Befähigung bzw. Befreiung von Menschen für ihr eigenes Wohlergehen. Soziale Arbeit wirkt auf soziale Strukturen und unterstützt Menschen so, dass sie die Herausforderungen des Lebens bewältigen bzw. gestalten und eigenes Wohlbefinden erreichen können. Sie bezieht sich dabei auf Theorien der eigenen Disziplin, der Human- und Sozialwissenschaften sowie auf das Erfahrungswissen innerhalb des beruflichen Kontextes (vgl. AvenirSocial 2014: 1). Demzufolge intendiert sie im Spannungsfeld ihrer Mandatierung von Hilfe und Kontrolle die Prävention, Früherkennung und Behandlung sozialer Probleme (vgl. Hafen 2007: 37) und anderseits die Förderung von sozialen Potenzialen zur Ermöglichung gelingenden (Zusammen-)Lebens (vgl. Husi/Villiger 2012: 55).

Auch wenn im theoretischen Diskurs vermehrt nur noch von ›Sozialer Arbeit‹ die Rede ist, lassen sich in ihrer Praxis die nicht immer trennscharf differenzierbaren Berufsfelder Sozialarbeit, Sozialpädagogik und Soziokulturelle Animation mit divergierenden gesellschaftlichen Aufgaben zur Problemverhinderung und -bewältigung bzw. Potenzialförderung festlegen. Bei der Sozialarbeit steht vor allem die problembewältigende Inklusionshilfe für äussere Lebenslagen ihres Klientels im Zentrum. Die Sozialpädagogik bezweckt hingegen in unterschiedlichen Kontexten hauptsächlich die problemverhindernde bzw. problembewältigende Sozialisationshilfe für innere Lebenslagen ihrer Anspruchsgruppen. Die Soziokulturelle Animation schlussendlich kennzeichnet die problemverhindernde bzw. potenzialfördernde Kohäsionshilfe für ein wirksames Zusammenleben im Sozialraum (vgl. Husi/Villiger 2012: 55 und ▶ Abb. 1.1).

Abb. 1.1: Sozialarbeit – Sozialpädagogik – Soziokulturelle Animation (eigene Darstellung in Anlehnung an Husi/Villiger 2012: 46)

Innerhalb der drei Berufsfelder Sozialarbeit, Sozialpädagogik und Soziokulturelle Animation zeigen sich wiederum unterschiedliche Handlungsfelder, die adressatenspezifische Aufgaben implizieren und an eigene strukturelle Rahmenbedingungen gebunden sind. Das Handlungsfeld Soziale Arbeit in der Schule lässt sich durchaus an der Schnittstelle der drei Berufsfelder Sozialarbeit, Sozialpädagogik und Soziokulturelle Animation (vgl. Husi/Villiger 2012: 46) mit entsprechenden Inklusions-, Sozialisations- und Kohäsionsbestimmungen verorten.

Soziale Arbeit in der Schule kann somit als ein an die Schule strukturell dynamisch gekoppeltes, eigenständiges und schulerweiterndes Handlungsfeld der Sozialen Arbeit definiert werden, das von beiden professionalisierten und organisierten Subsystemen der Sozialen Hilfe bzw. Erziehung – also von der Sozialen Arbeit und der Schule – gemeinsam gesteuert wird. Sie unterstützt die gesellschaftliche Sozialisation, Inklusion und Kohäsion ihrer Anspruchsgruppen und wirkt an einer nachhaltigen Schulentwicklung mit. Dabei bedient sich Soziale Arbeit in der Schule lebensweltnah und niederschwellig, systemisch-lösungsorientiert, diversitätssensibel und partizipativ innerhalb der verhaltens- und verhältnisbezogenen Funktionen Prävention, Früherkennung und Behandlung (bio)psychosozialer Probleme ihrer personen-, gruppen-, organisations- und sozialraumspezifischen Methoden der Sozialen Arbeit (vgl. Ziegele 2014: 24).

1.3.1 Ziele der Sozialen Arbeit in der Schule

Inklusion meint den Zugang zu Systemen mittels systemrelevanter Verhaltensweisen und Äusserungen und bedeutet eine hohe individuelle Eigenleistung und somit Kompetenzen bezüglich systemspezifischer Regeln und Erwartungen (vgl. Miller 2012: 52; Scherr 2012: 175). Dabei sind Individuen »als Adressaten (und Adressatinnen) jeweiliger systeminterner Festlegungen« (Scherr 2012: 176) nur als Personen mit einer bestimmten (Leistungs-)Rolle relevant. Nachrangige bzw. subsidiäre Inklusionshilfe der Sozialarbeit impliziert somit die Inklusionsförderung bzw. Exklusionsverwaltung ihrer Adressatenschaft bezüglich gesellschaftsrelevanter Systeme (vgl. Husi 2013: o. S.). Soziale Arbeit in der Schule unterstützt diesbezüglich bei Bedarf ihre Adressaten bzw. Adressatinnen bei Inklusionsprozessen und fördert die Verhinderung von Exklusionen mittels verhaltens- und verhältnisbezogener Präventions- und Interventionsarbeit.

Sozialisation ist ein lebenslanger Prozess, während dessen sich der menschliche Organismus mit seinen (biologischen) Anlagen in der Auseinandersetzung mit seinen Lebensbedingungen zu einer sozial handlungskompetenten Persönlichkeit entwickelt. Dabei bilden die körperlichen und psychischen Grundstrukturen die innere Realität und die sozialen sowie physikalischen Umweltbedingungen die äussere Realität (vgl. Hurrelmann 2006: 15 f.). Aus systemtheoretischer Sicht ist Sozialisation immer Selbstsozialisation, da psychische und soziale Systeme nur »innerhalb ihrer eigenen Grenzen mit Gedanken und (…) *Kommunikationen* operieren« (Sutter 2012: 386). Psychische und soziale Systeme können sich jedoch trotz operativer Geschlossenheit mittels struktureller Kopplungen wechselseitig anregen bzw. irritieren (vgl. Sutter 2012: 386 f.). Die nachrangige bzw. subsidiäre Sozialisationshilfe der Sozialpädagogik intendiert mithilfe von Bildung und Erziehung Lernprozesse für die individuelle Lebensbewältigung bzw. Lebensgestaltung (vgl. Husi 2013: o. S.). Im Gegensatz zur formalen (Schul-) Bildung fördert die Soziale Arbeit in der Schule ausschliesslich die nicht-formale und informelle Bildung. Sie bedient sich wo nötig einer lernförderlichen Erziehung, die jeweils das Empowerment von Kindern und Jugendlichen ins Zentrum stellt.

Soziale Kohäsion bezieht sich auf Konzepte wie Solidarität und Sozialintegration (vgl. Chiesi 2005: 240) und meint den gesellschaftlichen Zusammenhalt »zwischen konkreten Menschen (…) *im demokratischen, sozialintegrativen Sinne*« (Husi 2010: 100). Kohäsion bedeutet sowohl die auf Ethnizität, Alter, Geschlecht, Territorium und Region basierende individuelle Anerkennung als auch die Notwendigkeit, die Vorzüge einer tiefgreifenden Integration (vgl. Chiesi 2005: 254) zu erleben und zu ermöglichen. Sie impliziert somit Beziehungsgestaltung, Interessensaustausch, Minimierung von Vorurteilen und Maximierung von Verständnis, konstruktive Konfliktbearbeitung, gemeinsame Aktivitäten und Zugehörigkeit (vgl. Husi 2010: 101). Nachrangige Kohäsionshilfe bedeutet die Ermöglichung von Partizipation und Vernetzung Einzelner und von Gruppen innerhalb der Zivilgesellschaft (vgl. Husi 2013: o. S.). Soziale Arbeit in der Schule ist somit bestrebt, eine Schul(haus)kultur bzw. Schul(haus)struktur zu unterstützen, die Partizipations- und Vernetzungsmöglichkeiten ihrer Anspruchsgruppen begünstigen.

Schulentwicklung bzw. Organisationsentwicklung kann als ein »reflexives Verfahren zur Veränderung des Sozialverhaltens von Organisationsmitgliedern, bei gleichzeitiger oder vorhergehender Veränderung der Organisationsstrukturen zum Zweck verbesserter Arbeitserfüllung« (Holtappels 2009: 588) verstanden werden. Dabei bedingt sie ein »offenes, planmässiges, zielorientiertes und langfristiges Vorgehen im Umgang mit Veränderungsforderungen und Veränderungsabsichten in sozialen Systemen« (Holtappels 2009: 588). Schulentwicklung strebt die Ermöglichung von personen-, gruppen- und systemspezifischen »Lernanlässen und -situationen« (Holtappels 2009: 588) an und verfährt entlang der Phasen von »Analyse, Zielklärung, Diagnose, Aktionsplanung/-umsetzung und Evaluation« (Holtappels 2009: 588). Je nach Bedarf unterstützt die Soziale Arbeit in der Schule in adäquater professioneller Art und Weise mit ihren berufsspezifischen Wissens- und Handlungskompetenzen die angestrebten Veränderungsprozesse der Schule.

1.3.2 Zielgruppen der Sozialen Arbeit in der Schule

Parallel zur Entstehungsgeschichte der Sozialen Arbeit in der Schule hat sich auch bezüglich Zielgruppen viel verändert. Standen in den Anfängen vor allem Schüler und Schülerinnen mit schulischen und privaten Problemen im Zentrum der Schulsozialarbeitenden (vgl. Drilling/Fabian 2010: 159; Seiterle 2014), lassen sich heute eine Vielzahl von Zielgruppen benennen (vgl. AvenirSocial/SSAV 2010: 7 f.). Eine umfassende, auf die Prävention, Früherkennung und Behandlung (bio)psychosozialer Probleme ausgerichtete Soziale Arbeit in der Schule richtet sich mit ihren spezifischen Methoden nicht mehr nur an problembelastete Schüler und Schülerinnen. Vielmehr steht sie allen Kindern, Jugendlichen, Erziehungsberechtigten und anderen relevanten Bezugspersonen zur Verfügung. Sie kooperiert je nach Bedarf inter- bzw. transdisziplinär mit der Schulleitung und den Lehrpersonen der Schule sowie mit den schulischen und schulnahen Diensten (wie schulische Heilpädagogik, schulische Tagesstrukturen, Offene Kinder- und Jugendarbeit, Schulpsychologischer Dienst, Kindes- und Erwachsenenschutzbehörde, Soziale Beratungsstellen der Gemeinde, Asylwesen, Präventionsfachstellen etc.).

1.3.3 Funktionen der Sozialen Arbeit in der Schule

Soziale Arbeit in der Schule verortet sich über die drei Funktionen Prävention, Früherkennung und Behandlung (bio)psychosozialer Probleme (vgl. Hafen 2005: 54 f.; Baier 2011: 61 ff. und ▶ Abb. 1.2). Analog zum Begriffspaar ›gesund und krank‹ bzw. ›problemfrei und problembehaftet‹ lassen sich Prävention und Behandlung als Kontinuum und nicht als sich wechselseitig ausschliessende Funktionen verstehen. Die Früherkennung hingegen zielt auf eine Strukturierung von Beobachtungen in einem sozialen System durch Fachpersonen der Schule ab (vgl. Hafen 2005: 54). Alle drei Funktionen richten sich dabei nicht nur an einzelne Personen (Verhalten), sondern auch an deren soziale Systeme mit ihren komplexen strukturellen Bedingungen (Verhältnis).

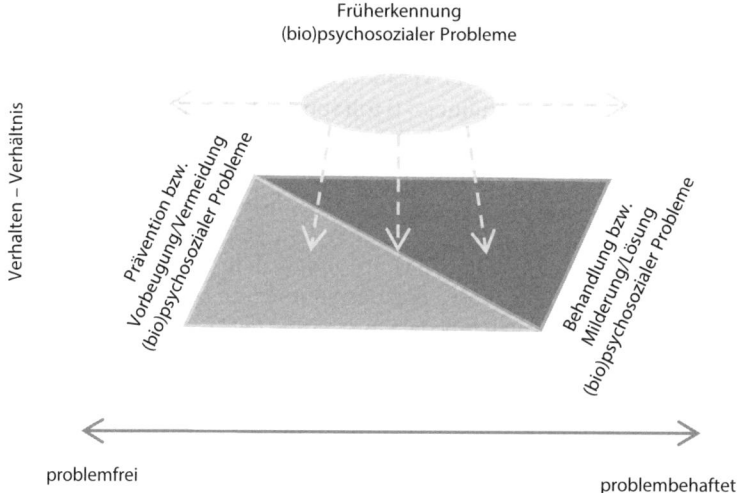

Abb. 1.2: Funktionen der Sozialen Arbeit in der Schule (eigene Darstellung in Anlehnung an Hafen 2007: 85; Staub-Bernasconi 2012: 271 ff.; Ziegele 2014: 37)

Verhaltensprävention meint somit eine personenorientierte Prävention, die bestrebt ist, Problemursachen direkt bei den Zielgruppen anzugehen. Verhältnisprävention bedeutet hingegen eine sozialsystemorientierte Prävention, die sich mit spezifischen Massnahmen an die sozialen Systeme in der Lebenswelt der Anspruchsgruppen richtet (vgl. Hafen 2007: 195 ff.). Sind beide Präventionsformen bestrebt, Ursachen bzw. Risiko- und Schutzfaktoren zu behandeln, zielt Verhaltensprävention auf die Verhinderung von unerwünschtem Verhalten der Individuen (z. B. Gewalt) und Verhältnisprävention auf die Veränderung von Verhältnissen (z. B. Pausenplatzgestaltung) bzw. Strukturen sozialer Systeme (z. B. Klassenregeln). Für die Soziale Arbeit in der Schule stellt sich bezüglich Prävention jedoch die Frage nach einer funktionalen Umorientierung, die vermehrt die Förderung von Lebenskompetenzen (vgl. Baier 2011: 72 f.) und weniger das Verhalten und die Verhältnisse der Anspruchsgruppen im Zeichen einer möglichen Gefährdung fokussiert (vgl. Kilb 2009: 128 ff.). Dies, um nicht als »konstitutives Moment in der Konstruktion von Risiken und Risikogruppen« (Voisard 2011: 34) dem Paradox der Prävention anheimzufallen. Dazu scheint sich eine unspezifische Prävention zu eignen, die sich nicht auf eine bestimmte Problematik oder eine bestimmte Zielgruppe bezieht, sondern sich auf grundsätzliche Entwicklung und Stärkung der Persönlichkeit richtet und jeweils auch die Verhältnisse der Anspruchsgruppen berücksichtigt (vgl. Schmitt 2009: 234). Indem die Soziale Arbeit in der Schule sowohl bei der spezifischen als auch bei der unspezifischen Prävention mitwirkt (vgl. Gschwind/Gabriel-Schärer/Hafen 2008: 46), arbeitet sie bei der Vorbeugung und Vermeidung (bio)psychosozialer Probleme mit den Fachpersonen der Schule eng zusammen.

Früherkennung (bio)psychosozialer Probleme bedeutet, »gefährdete Menschen rechtzeitig wahrzunehmen und zu unterstützen, um passende Hilfestellungen zu finden und ihnen eine gesunde Entwicklung zu ermöglichen« (Fabian/Müller 2010: 5). Sie intendiert somit eine Strukturierung von Beobachtungen in einem sozialen System, die auf drei Ebenen eine Systematisierung leisten möchte: die Systematisierung der Beobachtung von Anzeichen für die zu verhindernden Probleme, des kommunikativen Austausches dieser Beobachtungen und der Einleitung von allfälligen Massnahmen (vgl. Hafen 2007: 72). Um Früherkennung zu ermöglichen, braucht es in einem ersten Schritt sowohl die Bestimmung von Beobachtungsinstanzen und möglicher zu beobachtender Anzeichen als auch die Einrichtung von Austauschtreffen, damit Frühinterventionen erwartbar gemacht und interne bzw. externe problembehandelnde Schnittstellen kontaktiert werden können (vgl. Gschwind/Gabriel-Schärer/Hafen 2008: 45). Grundsätzlich lässt sich für die Soziale Arbeit in der Schule festhalten, dass bei der Früherkennung vor allem die Lehrpersonen als Beobachtungs- und Austauschinstanzen beteiligt sein sollen, da sie am häufigsten mit den Schülern und Schülerinnen in Kontakt stehen. Zudem dürfen die beobachtenden und zu reflektierenden Anzeichen sich nicht nur auf Probleme beschränken und Stigmatisierungen bzw. eine »Sozialkontrolle sowie Sozialdisziplinierung von Kindern und Jugendlichen« (Baier 2011: 74) zulassen. Die Beobachtungen und der Austausch sollen vielmehr bedürfnis- und ressourcengeleitet und immer auch in eine Verhalten-Verhältnis-Relation gestellt sein (vgl. Müller et al. 2013: 251 f.). Dabei ermöglicht die Systematisierung der Beobachtungen und des Austausches die Entscheidung, inwiefern präventiv oder (früh-) behandelnd bzw. zum gegebenen Zeitpunkt noch gar nicht interveniert werden soll.

Behandlung als Milderung bzw. Lösung (bio)psychosozialer Probleme meint, dass Probleme mittels professioneller Interventionsversuche beseitigt oder zumindest nicht schlimmer werden (vgl. Hafen 2005: 54). Dabei soll ein unerwünschter gegenwärtiger Zustand (z. B. Gewalt) in einen zukünftigen erwünschten Zustand (z. B. Gewaltlosigkeit) durch direkte Massnahmen (Beratung) oder indirekte Massnahmen (Veränderungen von (bio)psychosozialen Einflussfaktoren) transferiert werden. Die Soziale Arbeit in der Schule nimmt bei der Behandlung (bio)psychosozialer Probleme eine zentrale Rolle ein. Sie steht in direktem Kontakt mit ihren Anspruchsgruppen, sei es mit Kindern, Jugendlichen, Erziehungsberechtigten und anderen Personen als unmittelbare Problembetroffene. Für eine allfällige Kooperation bzw. Triage kooperiert sie mit der Schulleitung und den Lehrpersonen als wichtige Fachpersonen für die anstehenden Problemlösungsprozesse, aber auch mit den schulischen und schulnahen Diensten. Dabei muss auch bei den behandelnden Interventionen ein problembehaftetes Verhalten der Betroffenen immer mit den vorliegenden Verhältnissen in Zusammenhang gebracht werden.

1.3.4 Methoden der Sozialen Arbeit in der Schule

Methodisches Handeln der Sozialen Arbeit zeichnet sich – unter grösstmöglichem Einbezug der Betroffenen – durch die Analyse der Rahmenbedingungen, die Situations- oder Problemanalyse, die Zielentwicklung, Planung und Evaluation aus (vgl. von Spiegel 2011: 120 ff.). Wichtigste Primärmethode der Sozialen Arbeit in der Schule ist das Empowerment. In Abkehr von einer personenbezogenen »Defizitfixierung« (Galuske 2009: 262) und mehr als nur ein praxisrelevantes Handlungsprinzip orientiert sich Empowerment an den Ressourcen von Individuen, sozialen Gruppen bzw. Gemeinwesen und meint die Förderung gelingender Lebensbewältigung bzw. Lebensgestaltung (vgl. Galuske 2009: 261 ff.).

Nach wie vor bleibt die personenbezogene, systemisch-lösungsorientierte Beratung von Kindern, Jugendlichen, Erziehungsberechtigten und Fachpersonen der Schule eine zentrale Methode der Sozialen Arbeit in der Schule, welche mit spezifischen Gesprächstechniken und einer neutralen, respektvollen und offenen Haltung durch Irritationen und Anregungen ressourcen- und lösungsorientiert den Möglichkeitsspielraum der Anspruchsgruppen vergrössern möchte (vgl. Hafen 2007: 41 f.).

Zudem lassen Professionelle der Sozialen Arbeit in systemisch-lösungsorientierten Gruppeninterventionen mittels der Förderung von Autonomie und Eigensinn bzw. unterschiedlicher Perspektiven und Handlungsspielräume Schüler und Schülerinnen partizipativ gemeinsame Ziele suchen, sowie ausgehandelte Lösungen umsetzen und überprüfen (vgl. Geissler 2009: 8 ff.).

Als bedeutsame Methode der Prävention (bio)psychosozialer Probleme hat sich auf allen Interventionsebenen der Sozialen Arbeit in der Schule sicherlich die Projektarbeit zunehmend etabliert. Mit einer fundierten Projektbegründung wird eine intendierte Projektwirkung formuliert. Die benannten Ziele werden mithilfe gegebener Projektressourcen und unter maximaler Teilnahme und Teilhabe der Anspruchsgruppen umgesetzt, nicht ohne abschliessend die Prozesse und Ergebnisse mit den Beteiligten zu evaluieren (vgl. Willener 2007: 118–212, 216 ff.).

Ist die Früherkennung (bio)psychosozialer Probleme in der Schule einmal implementiert, können Schulsozialarbeitende in festgelegten Strukturen Praxisberatungen durchführen. Sie strukturieren Beobachtungen in einem sozialen System, moderieren unter den anwesenden Fachpersonen der Schule und stehen der Gruppe beratend zur Seite zwecks Förderung der selbstgesteuerten Beobachtung, der gemeinsamen ressourcenorientierten Reflexion und einer allfälligen (Früh-)Behandlung.

Abschliessend sei als wesentliche Methode der Sozialen Arbeit in der Schule die Vernetzung und Kooperation mit dem Gemeinwesen als wichtige Voraussetzung einer gelingenden Triage bzw. Zusammenarbeit erwähnt. Sie zeigt sich vorerst an den Schnittstellen zu schulischen und schulnahen Diensten, liesse sich jedoch durchaus sozialraumausgerichteter denken.

1.3.5 Grundprinzipien der Sozialen Arbeit in der Schule

Grundprinzipien der Sozialen Arbeit in der Schule beziehen sich auf die Grundprinzipien der Sozialen Arbeit (vgl. Drilling 2009: 105) und sind u. a. die Lebensweltorientierung, die Niederschwelligkeit, das systemisch-lösungsorientierte Arbeiten sowie die Ermöglichung von Diversität und Partizipation (vgl. Ziegele 2014: 24).

Lebenswelt beschreibt das Individuum in seiner konkreten Erfahrung eigener Wirklichkeiten, gegliedert in Raum, Zeit und soziale Beziehungen. Sie bezieht sich innerhalb gesellschaftlicher Strukturen auf unterschiedliche Lebensräume und Lebensfelder. Dabei lassen sich in ihr auch Widersprüchlichkeiten und Ungleichheiten verorten, da sie sowohl die Befriedigung als auch die Beschneidung von Bedürfnissen zulässt. In ihr können sich Differenzen zwischen gegebenen Verhältnissen und möglicher Partizipation zeigen (vgl. Grunwald/Thiersch 2001: 1139 f.). Soziale Arbeit in der Schule orientiert sich an den Lebenswelten ihrer Anspruchsgruppen. Sie versucht im Balanceakt zwischen Respekt vor (stabilisierenden) Verständnis- und Verhaltensmustern und Veränderung von Verhalten und Verhältnissen innerhalb der strukturellen Rahmenbedingungen, einen gelingenden selbstbestimmten Alltag zu ermöglichen (vgl. Grunwald/Thiersch 2001: 1141 ff.).

Niederschwelligkeit kann strukturell durch eine gute Wahl und adressaten- bzw. adressatinnengerechte Einrichtung der genutzten Räumlichkeiten als auch durch eine hohe Präsenzzeit bzw. Erreichbarkeit vor Ort gewährleistet werden. Soziale Arbeit in der Schule ist zudem allen Anspruchsgruppen gleich zugänglich. Sie ermöglicht dabei eine spontane, formelle und informelle Inanspruchnahme und pflegt eine konstante, empathische, akzeptierende und kongruente professionelle Beziehungsarbeit (vgl. Speck 2007: 81 f.; Drilling 2009: 107).

Systemisch-lösungsorientiertes Arbeiten beinhaltet unterschiedliche Leitprinzipien (vgl. Büschges-Abel 2009: 256 ff.). So stärkt der umgesetzte ethische Imperativ »Handle stets so, dass sich die Anzahl der Wahlmöglichkeiten erweitert und vergrössert« (Büschges-Abel 2009: 259) die Selbstorganisation bzw. Selbststeuerung der Adressaten und Adressatinnen mittels kleinstmöglicher intervenierender Einmischung durch die Schulsozialarbeitenden. Die Kontextualisierung von Problemen und Lösungen ermöglicht es, relevante Verhalten-Verhältnis-Relationen zu erkennen. (Verschüttete) Ressourcen zu finden, bedeutet nebst der grundsätzlichen Ressourcenorientierung die Suche nach problemfernen inneren und äusseren Ressourcen. Lösungen erfinden, statt Probleme lösen, heisst, dass sich in der Beschreibung des Problems schon mögliche Lösungen verbergen und die Anspruchsgruppen zu Koproduzenten bzw. Koproduzentinnen von Lösungsprozessen werden. Der Respekt vor der Selbstorganisation lebender Systeme impliziert die Ungewissheit bezüglich möglicher Reaktionen auf Interventionen. Neues konstruieren kennzeichnet sich schliesslich durch die Schaffung von »Anreize(n) für den Aufbau neuer Konstruktionen in der Perzeption, der Kognition, der Emotion und dem Verhalten« (vgl. Büschges-Abel 2009: 262) für individuelle Veränderungen und veränderte Verhältnisse.

Diversität zu akzeptieren setzt einen neuen Umgang mit dem anderen, der Ungleichartigkeit von Lebenslagen und Lebensweisen voraus. In der Sozialen Arbeit galt es lange, Differenzen zwischen einer (gesellschaftlichen) Lebensnorm für ein gelingendes Leben und einer aktuellen Lebensrealität der Anspruchsgruppen zu minimieren. Dies erfolgte mittels Angleichung der Realität an die Norm oder der Norm an die Realität bzw. der wechselseitigen Angleichung von Norm und Realität. Heute versucht Soziale Arbeit vermehrt Differenzen zu akzeptieren, indem sie die existenzielle Differenz zwischen ihr und den Anspruchsgruppen, Normdifferenzen, Verständnis- und Verhaltensdifferenzen sowie ethnische, aber auch genderspezifische Differenzen anerkennt (vgl. Kleve 2011: 14 ff.). Denken liesse sich nebst der Differenzminimierung und Differenzakzeptanz zudem auch eine Differenzmaximierung. Durch die Erzeugung von neuen Unterschieden könnte die Soziale Arbeit in der Schule neue Informationen bzw. neue Verständnis- und Verhaltensmuster ermöglichen (vgl. Kleve 2011: 14 ff.).

Partizipation ist einerseits die »aktive Teilnahme von Personen an sozialen Prozessen, andererseits aber auch das Ziel dieser Teilnahme zur Lösung bestimmter Probleme (…) sowie die Art und Weise, in der dieses Ziel erreicht werden soll« (Hafen 2012: 303). Dabei spielt die Aktivierung bereits bestehender oder neuer Formen von Beteiligung nicht nur zur Problemlösung, sondern auch zur Förderung brachliegender Potenziale (vgl. Husi/Villiger 2012: 55) eine wichtige Rolle. Partizipation lässt sich in vier Partizipationsstufen unterteilen: Information, Mitwirkung, Mitentscheid und Selbstverwaltung (vgl. Lüthringhaus 2000: 72). Soziale Arbeit in der Schule ist darauf bedacht, innerhalb der gegebenen strukturellen Rahmenbedingungen die (betroffenen) Anspruchsgruppen situationsadäquat an den vier Partizipationsstufen teilnehmen zu lassen.

1.3.6 Rahmenbedingungen der Sozialen Arbeit in der Schule

Nebst den professionellen Kompetenzen, Finanzen, Räumlichkeiten, Materialien beziehen sich die strukturellen Rahmenbedingungen der Sozialen Arbeit in der Schule auf gesetzliche Grundlagen, Trägerschaftsmodelle sowie auf Kooperationsformen zwischen der Schule und der Sozialen Arbeit (vgl. Speck 2007: 73 ff.).

Gesetzliche Grundlagen ergeben und ergaben sich (in der Schweiz) vielerorts erst mit der definitiven Einführung der Sozialen Arbeit in der Schule. Diese werden mehrheitlich in »direkten Ergänzungen des kantonalen Sozial-, Schul- bzw. Bildungsgesetzes oder in (…) einer Verordnung« (Baier 2008: 102) festgehalten. Dabei halten die rechtlichen Grundlagen die strukturelle und inhaltliche Konzipierung der Sozialen Arbeit in der Schule fest und regeln die Vereinbarungen zwischen Kanton und Gemeinden (vgl. Baier 2008: 102 ff.).

Soziale Arbeit in der Schule kennt unterschiedliche Kooperationsmodelle zwischen der Sozialen Arbeit in der Schule und der Schule. In Bezug auf die Trägerschaft spricht für ein schulisches Trägermodell die geringere Konfliktanfälligkeit zwischen den beiden Systemen, die klare Erwartung bzw. Rollenzuschreibung und die nachhaltige Kontinuität durch die Finanzierungssicherheit durch die Schule. Eine Trägerschaft durch die Soziale Arbeit hat die Vorteile, dass Kompetenzen der

Sozialen Arbeit (immer) abrufbar sind, keine grossen Vereinnahmungen für schulische Zwecke geschehen können, eine hohe Autonomie bzw. Flexibilität gewährleistet ist und Schulsozialarbeit gegenüber der Schule als gleichberechtigte Verhandlungspartnerin auftreten kann (vgl. Speck 2007: 77 ff.).

Beim subordinativen Modell müssen sich die Schulsozialarbeitenden dem Auftrag der Schule unterordnen und sich weder in »Belange des Unterrichts (einmischen), noch (...) strukturelle Veränderungen in der Schule zu initiieren (versuchen)« (Hafen 2005: 77). Auch beim additiv-kooperativen Modell bleibt die Schule wie sie ist, da umfangreiche strukturelle Veränderungen der Schule nicht vorgesehen sind, sondern die Soziale Arbeit in der Schule von Fall zu Fall als Entlastungsinstanz und durchaus auch in ihrer präventiven Funktion beigezogen wird. Das integrative Modell erlaubt den Schulsozialarbeitenden nebst der Umsetzung ihrer Funktionen eine aktive Einbindung in das professionalisierte und organisierte Subsystem der Erziehung. Sie kann bei der Gestaltung der Schule mit ihren spezifischen Kompetenzen der Sozialen Arbeit inter- bzw. transdisziplinär mitwirken. Das Modell der sozialpädagogischen Schule schliesslich zielt weniger auf Kooperation mit der Sozialen Arbeit als vielmehr auf interne Schulreformen. Dabei möchte sich die Schule zur Verstärkung der schulspezifischen Integrationsfunktion lebensweltorientierter gestalten und die notwendigen Schritte dazu alleine verwirklichen (vgl. Hafen 2005: 69 ff.). Der Schweizerische Berufsverband der Schulsozialarbeit (SSAV) spricht sich in seinem Leitbild für eine disziplineigene Trägerschaft der Sozialen Arbeit aus (vgl. AvenirSocial/SSAV o. J: 4).

1.4 Empfehlungen zur Fallarbeit

In der konkreten Fallarbeit suchen Betroffene das Angebot der Sozialen Arbeit in der Schule auf, wenn sie für die Bewältigung einer Problemsituation nicht mehr über ausreichende Ressourcen verfügen. Soziale Arbeit in der Schule kann ebenfalls selbst aktiv werden, wenn sie entsprechenden Unterstützungsbedarf erkennt. So steht die Funktion Behandlung häufig im Zentrum ihrer Tätigkeit, weswegen diese im folgenden Abschnitt zuerst erläutert wird. Mit möglichst allen Beteiligten des konkreten Falles werden Ziele und Aufgaben vereinbart, um die Problemsituation schnell aufzulösen. Um die Verschlimmerung von Problemsituationen oder erneute Vorfälle zu vermeiden, werden Massnahmen getroffen und Kommunikationswege festgehalten. Diese gängige Praxis ist der Funktion der Früherkennung zuzuordnen, welche im vorliegenden Fall als Zweites erläutert wird. Durch die laufende Evaluation des Hilfsprozesses lassen sich konkrete Anhaltspunkte feststellen, wo weiterer Präventionsbedarf besteht oder die bisherigen Bemühungen dazu intensiviert werden können, was als dritter Aspekt erläutert wird.

1.4.1 Behandlung (bio)psychosozialer Probleme

Moris psychische Belastung aufgrund der Sehnsucht nach seiner Mutter, der traumatischen Erfahrungen und des schulischen und sozialen Drucks kann durch eine professionelle Hilfeplanung der Schulsozialarbeiterin vermindert werden. Aus systemischer Sicht ist es wichtig, Moris Wohlbefinden zu steigern, um die ganze Familie zu entlasten und weiteres herausforderndes Verhalten zu vermeiden. Die medizinischen und schulpsychologischen Abklärungen ermöglichen weitere Unterstützung und auf Moris Bedürfnisse ausgerichtete Hilfestellungen. Eine eher spielerische Herangehensweise in der Beratung und Begleitung von Mori schafft ein vertrauensvolles Setting, in welchem Mori Anerkennung erfährt, eine Beziehung entwickeln kann und ungeteilte Aufmerksamkeit erhält. Die Fokussierung auf sein Wohlergehen ist zu diesem Zeitpunkt höher zu gewichten als die schulischen Aufgaben, was auch die Lehrerin und die Schulleitung bestätigen. Mori fühlt sich von seinen Mitschülerinnen und Mitschülern ausgeschlossen und zeigt viele Unsicherheiten im Zusammenleben. Diese Unsicherheiten können durch die Verhaltensweisen und die Kommunikation von anderen Kindern unbewusst und unabsichtlich verstärkt werden. Deshalb ist es wichtig, konflikthafte Gruppensituationen gemeinsam zu besprechen und zu klären. In der Einzelintervention durch Gespräche mit Mori und sozialen Gruppenarbeiten mit den Mitschülerinnen und Mitschülern bestehen konkrete Möglichkeiten, diese Unsicherheiten zu beeinflussen und die Gemeinschaft zu stärken. In Einzel- und Mediationsgesprächen können Interaktionen sowie Selbst- und Sozialverhalten reflektiert und kulturelle Spezifika der Kommunikation erläutert werden. Dadurch kann sich Moris negativ geprägte Wahrnehmung verändern. Durch die Stärkung der Sozialkompetenzen im Schulalltag von Mori sind Überlegungen hinsichtlich zusätzlicher Freizeitangebote möglich. Mit gezielten Gruppenarbeiten im Klassenunterricht oder spezifisch angelegten sozialen Gruppenarbeiten können alle beteiligten Lehrpersonen und die Schulsozialarbeiterin subtil dazu beitragen, Moris Zugehörigkeitsgefühl zu verstärken. Dies kann dazu führen, dass sich die Interaktionen positiver gestalten und von Mori weniger als Provokation empfunden werden. Auch eine reflektierte Sitzordnung in der Klasse und sorgfältig vorbereitete Gruppen- und Projektarbeiten sowie Exkursionen können die Gemeinschaft fördern. Regelmässige Klassengespräche sensibilisieren die Mitschülerinnen und Mitschüler dafür, ihren eigenen sprachlichen Umgang zu reflektieren und den verständnisvollen Umgang miteinander zu stärken. Ein gemeinsames Gespräch mit allen beteiligten Lehrkräften, der Schulleitung und der Schulsozialarbeit sowie allfälligen weiteren Fachpersonen (Schulische Heilpädagogik, Schulpsychologie, Pädiatrie etc.) dient dazu, die konkrete Umsetzung zu planen und als Schule eine gemeinsame Haltung zur Vermeidung von Ausgrenzungsdynamiken zu entwickeln. Hierzu sind spezifische Massnahmen und systematisierte Beobachtungen notwendig. Bereits etablierte Gremien der Kinder- bzw. Elternpartizipation können sich als nützliche Multiplikatoren erweisen in der Entwicklung von Haltungsfragen und einer gemeinsamen Position. Der negativ eingestellten Nachbarschaft muss deutlich gemacht werden, dass die geplante Unterschriftensammlung diskriminierend ist und die Belastung der Familie erhöht. Ihr muss verdeutlicht werden, dass ihr Unterfangen wesentlich zur Verschlimmerung der Situation beiträgt und damit Bestrebungen zur

Stärkung des gegenseitigen Respektes und konstruktive, deeskalierende Bemühungen erschwert.

Im Idealfall würden sämtliche Bestrebungen zu einem Projekt der gesamten Schule zum Thema ›Umgang mit Vielfalt‹ führen, an dem Eltern, die Nachbarschaft des Schulhauses inklusive der Bewohnenden der Asylunterkunft, politische Vertretungen und Fachpersonen aus verschiedenen Arbeitsfeldern und dem Asylzentrum teilnehmen. Sollten Frau Hess und Frau Keller die Schulleitung überzeugen und hierfür die Bewilligung der Schulbehörde erhalten, stünde der Durchführung einer solchen Aktion nichts im Wege und die Einbindung der Familie Marun Segab in die Gemeinde könnte gestärkt werden. Durch die persönlichen Kontakte lässt sich das soziale Umfeld der Familienmitglieder ausbauen, wodurch sich ihr Beziehungsnetz erweitert und sich Zugänge zu weiteren Ressourcen und Unterstützungsmöglichkeiten öffnen. Dies kann Mori darin bestärken, sich in der neuen Lebenssituation besser zurechtzufinden und positive Zukunftsperspektiven zu entwickeln. Das Zusammenleben wird gefördert, Vorurteile können abgebaut werden und eine interkulturelle Gemeinschaft entsteht. Die Vernetzungsarbeit ist für die Schulsozialarbeit grundlegend, um in der Durchführung und Umsetzung solcher Projekte Fachpersonen aus verschiedenen Bereichen miteinzubeziehen. Eine interdisziplinäre Zusammenarbeit und die Verbreitung der Präventionsthemen in verschiedenen Kontexten erhöhen deren nachhaltige Wirkung. Soziale Arbeit in der Schule ist in all diesen Bestrebungen in der Lage, in der systemisch-lösungsorientierten Arbeit auf individueller, sozialer und gemeindepolitischer Ebene geeignete Massnahmen und Projekte mit zu entwickeln, Aufträge zu koordinieren und Verbindlichkeiten zu schaffen. Dies ist jedoch nur möglich, sofern sie als gleichwertige Fachstelle für (bio)psychosoziale Problemstellungen und die Gestaltung einer von Respekt und Toleranz geprägten Schulhauskultur auftreten kann. Somit kann eine systematische Behandlung gleichzeitig eine Investition in die Prävention bedeuten.

1.4.2 Früherkennung (bio)psychosozialer Probleme

Auf der individuellen Ebene dienen die systematische Erfassung und der niederschwellige Austausch zur Identifikation von Belastungssituationen und Erfolgsmomenten von Mori (und seinen Mitschülerinnen und Mitschülern). Diese können in der Folge strukturell oder in der Einzelfall- und Gruppenarbeit aufgenommen und bearbeitet werden. Hierzu empfiehlt es sich, mit den Beteiligten die Anforderungen an die Dokumentation zu besprechen, um handfeste und in der Auseinandersetzung nützliche Hinweise zu erhalten. Zur systematischen Erfassung von Ausgrenzungs- und Diskriminierungstendenzen gegenüber Mori (und anderen Schülerinnen und Schülern) und seiner Familie benötigen die Mitarbeitenden der Schule (Lehrpersonen, Mitarbeitende der Tagesstrukturen, der Hausaufgabenbetreuung und des Hausdienstes etc.) sowie Kinder und Eltern ein grundlegendes Wissen über die Thematik und die Möglichkeit, niederschwellig und zeitnah ihre Beobachtungen der Schulsozialarbeiterin mitteilen zu können. Diese ist aufgefordert, entsprechende Informationen systematisch zu sammeln, entsprechend weiterzugeben und professionelle Hilfestellung zu leisten oder bei anderen Fachstellen einzufordern. Dies ist nur möglich, sofern sie sich in der Schule als gleichwertige Expertin für das soziale Zusammenleben etabliert hat und eine professionelle Beziehung mit ihren Kooperationspartnerinnen und -partnern besteht. Grundlegend hierfür ist das Vorhandensein zeitlicher Ressourcen, um regelmässige und dadurch stabile, vertrauensvolle Beziehungen entwickeln zu können und Vernetzungsarbeit zu leisten. Schulsozialarbeit nimmt eine von Toleranz und Respekt geprägte Vorbildfunktion für Erwachsene und Kinder ein, was sich auf das gesamte Schulhausklima auswirkt. Die permanente Aufmerksamkeit auf mögliche problematische Entwicklungen erfordert eine hohe Fachkompetenz aller Beteiligten und ausreichende personelle Ressourcen.

1.4.3 Prävention (bio)psychosozialer Probleme

Es stellt sich häufig als Herausforderung dar, geeignete Aktionen in der Präventionsarbeit durchführen und frühzeitig Themen in einem angemessenen Rahmen aufnehmen zu können. So hatten die Lehrpersonen Gelegenheit, schon vor der Zuteilung von Flüchtlingskindern in ihrer Klasse ihre Einschätzungen und Befürchtungen auszutauschen und Haltungen sichtbar zu machen. Ebenso wurde versucht, durch die schriftliche Elterninformation Transparenz und Orientierung zu schaffen. In der aktuellen Situation geht es darum, weitere Eskalationen zu vermeiden, wobei die Konflikte durch die Handlungen der Nachbarschaft gegen Moris Familie verstärkt werden. Die getroffenen Massnahmen dienen dazu, weitere herausfordernde Verhaltensweisen von Mori zu vermeiden. Aufklärungsarbeit mit Schülerinnen und Schülern, Eltern und den Mitarbeitenden der Schule fördert das Bewusstsein über unterschwellige Verstärkungen von Verhaltensweisen, welche für Mori als Provokation oder Bestätigung seiner negativen Einstellung gelten. Intensive Einzel- und Gruppengespräche sollen dazu führen, dass sich seine Verhaltensweisen verbessern und verhindert werden kann, dass er allenfalls in der Regelschule nicht mehr tragbar wäre. Die Fachpersonen erachten den Verbleib in der jetzigen Schule und die Vermeidung weiterer Beziehungsabbrüche als wichtig für Moris weitere Sozialisation und persönliche Entwicklung. Auch die Manifestation von Verhaltensweisen und negativer Wahrnehmungs-, Emotions- und Denkmuster, welche zu schwerwiegenden psychischen Störungen führen können, soll verhindert werden. Die Familie als Betroffene und gleichzeitige Ressource soll in ihrer Kooperation und dem Vertrauen in die Schule und das soziale Umfeld bestärkt werden, indem sie Unterstützung erhält und von Abgrenzungs- und Diskriminierungstendenzen geschützt wird. Der frühzeitige Einbezug und die Aufklärung der Kinder und Eltern können weitere Grenzüberschreitungen verhindern. Um die Kinder intensiv und kompetent für solche Themen zu sensibilisieren, müssen Schulsozialarbeitende, Lehrpersonen und Schulleitungen über ausreichend Fachkenntnisse verfügen. Der Einbezug der Schulsozialarbeit in Team- oder Schulentwicklungsprozesse fördert die Klärung von Haltungen und Herangehensweisen bei (bio)psychosozialen Problemstellungen und vermittelt entsprechende Kenntnisse. Durch ihre Vernetzung in der Gemeinde und mit weiteren Fachpersonen aus unterschiedlichen Arbeitsfeldern kann sie auf verschiedene

Prozesse Einfluss nehmen. Professionell geplante öffentliche Anlässe oder direkte Gespräche mit unterschiedlichen Betroffenen stellen dabei mögliche Ansätze dar, Aufklärungs- und Präventionsarbeit zu leisten und den Umgang mit Heterogenität zu fördern.

Die unterschiedlichen Ebenen der geplanten Interventionen zeigen auf, dass herausfordernde Verhaltensweisen meist auf ein komplexes Bedingungsgefüge zurückzuführen sind und sich für deren Bearbeitung eine systemische Herangehensweise empfiehlt.

1.5 Interview mit Fachperson

Rolf Born (1967), Schulsozialarbeiter, Schule Gasshof und Ruopigen, Luzern

Sie arbeiten als Schulsozialarbeiter und wahrscheinlich zeigen sich Schüler und Schülerinnen manchmal herausfordernd. Wie nehmen Sie herausfordernde Verhaltensweisen von Schülerinnen und Schülern in Ihrem Berufsalltag wahr? Welche Verhaltensweisen nehmen Sie als herausfordernd wahr?
Ich stelle fest, dass sich die meisten Verhaltensauffälligkeiten von Schülern und Schülerinnen in erster Linie im Rahmen des Unterrichts zeigen. Dies ist dann oft auch der Anlass, dass seitens der Lehrpersonen eine erste Kontaktaufnahme mit der Schulsozialarbeit stattfindet. Dabei wird störendes Verhalten in der Schule viel stärker wahrgenommen, als wenn sich Lernende zurückziehen und kaum etwas sagen. Bei den Verhaltensauffälligkeiten können sich verschiedene Formen zeigen: den Unterricht stören, Respektlosigkeiten, Konflikte mit Lehrpersonen und Mitschülerinnen und Mitschülern usw. Es besteht das Risiko, dass der Fokus eher bei den störenden Lernenden ist und somit sozial unsichere, zurückgezogene Kinder/Jugendliche weniger wahrgenommen werden. Hinter beiden Verhaltensweisen stecken jedoch in vielen Fällen eine Not und Belastungen von Kindern/Jugendlichen, wie z.B familiäre Schwierigkeiten, fehlendes Selbstwertgefühl, Leistungsdruck, häusliche Gewalt etc.

Ich betrachte herausforderndes Verhalten in vielen Fällen auch als Hilfeschrei. Auffälligkeit heisst, man möchte auf etwas aufmerksam machen. Bei vielen der auffälligen Schülerinnen und Schülern stelle ich fest, dass sie durch familiäre Schwierigkeiten stark belastet sind. Manchmal spielen auch Beziehungsschwierigkeiten mit Mitschülerinnen und Mitschülern oder Lehrpersonen eine Rolle oder Vorgeschichten, die zum Teil schon seit der Primarschule (in Deutschland vergleichbar mit der Grundschule) bestehen. Viele der Lernenden, die familiär belastet sind, tragen diese Belastungen in die Schule hinein.

Was macht für Sie denn das ›Herausfordernde‹ aus?
Für mich ist das Herausfordernde, dass keine Situation genau gleich ist. Alle Beteiligten bringen ihre eigenen Erfahrungen und Persönlichkeiten in die Schule ein.

Auch die Risiko- und Schutzfaktoren können bei Lernenden sehr unterschiedlich sein. Eine grosse Herausforderung kann es sein, wenn Kinder/Jugendliche anfänglich wenig Bereitschaft zeigen, Unterstützung anzunehmen. Oder wenn sie in einem Loyalitätskonflikt zwischen den Eltern und der Schule stehen. Da gilt es, sein Vorgehen und wie ein tragfähiges Vertrauen aufgebaut werden kann, gut zu überdenken. Es gibt Situationen, die empfinde ich nicht als besonders herausfordernd, weil ich merke, dass ich einerseits auf meine langjährige Berufserfahrung zurückgreifen kann, und andererseits auch in einer guten Beziehung mit dem Lernenden stehe. Dann gibt es aber auch Situationen, die sehr herausfordernd sind, z. B. bei Kindesschutzfragen, Suizidgefährdung, massiven Gewaltthemen usw. In der Pause mit Lehrpersonen haben wir einmal diskutiert, was wir tun, wenn Schülerinnen und Schüler aufeinander losgehen. Für manche stellt das eine extreme Herausforderung dar, andere können so eine Situation in kürzester Zeit beruhigen. Es hängt stark davon ab, wie man selber mit Stress umgeht, was man für einen Erfahrungshintergrund hat, und ob man eine Situation dramatisiert oder verniedlicht. Ich glaube, es gibt da ganz unterschiedliche Strategien. Wichtig ist, dass man gut hinsieht und mit den Beteiligten im Gespräch bleibt. Der Fokus auf die Lösungsfindung erleichtert es mir, herausfordernde Beratungsprozesse zu gestalten. Die lösungsorientierte Ausrichtung betrachte ich als sehr wichtig.

Was sind die Gründe für herausfordernde Verhaltensweisen?
Viele der Gründe für herausforderndes Verhalten sind im Familiensystem anzusiedeln, jedoch nicht ausschliesslich. Ich stelle immer wieder fest, dass viele Kinder/Jugendliche aus dysfunktionalen Familiensystemen diese Belastungen in die Schule tragen und dies sich dann häufig in Verhaltensauffälligkeiten der Kinder/Jugendlichen zeigt. Die Schule hat dabei eine wichtige Beobachtungsfunktion. Ein weiterer Grund können hohe Erwartungen von Eltern an Kinder sein, insbesondere wenn sie gleichzeitig nicht in der Lage sind, ihre Kinder zu unterstützen. Tiefer Bildungshintergrund, Suchtmittelproblematik, tiefer Integrationsgrad, wenig Zeit zur Betreuung der Kinder usw. erschweren die Situationen der Kinder oft wesentlich und können zu verschiedenen Formen von Verhaltensauffälligkeiten führen. Viele Kinder tragen den mit der belasteten Familiensituation verbundenen Stress in die Schule. In der Beratung mit Kindern und Jugendlichen nehme ich auch oft wahr, dass ein niedriges Selbstvertrauen zu destruktivem Verhalten führt. Lernende mit einem gesunden Selbstvertrauen sind weniger gefährdet, herausforderndes Verhalten zu entwickeln. In vielen Fällen sehe ich die Verhaltensauffälligkeiten von Kindern und Jugendlichen als Hilfeschrei, der auf verschiedene Belastungen hinweist. Da können ganz verschiedene Faktoren mitspielen. Aber die Situation in der Familie und die Beziehungen zu wichtigen Bezugspersonen sind sicher zentral. Als Schulsozialarbeiter ist es wichtig, die Gründe hinter dem herausfordernden Verhalten zu erfassen und mit dem Kind/Jugendlichen ein Vertrauensverhältnis aufzubauen. Nur wenn dies gelingt, kann an wesentlichen Themen gearbeitet werden und eine Veränderung gemeinsam erreicht werden. Wichtige Personen sind dabei auch die Lehrpersonen, da sie in der Regel sehr nahe bei den Lernenden sind und ihre Befindlichkeit, Schwierigkeiten gut wahrnehmen.

Gibt es auslösende Momente von herausfordernden Verhaltensweisen in spezifischen Situationen?
In einer Schule ist man in einer starken Konfliktzone. Wir haben Jugendliche, die sind in der Pubertät, die Themen Sexualität und Aggression spielen wichtige Rollen in ihrem Alltag. Es geht auch um Fremdbilder, die Stellung in der Gruppe und manchmal braucht es wenig, bis ›das Fass überläuft‹. Gewisse Jugendliche sind sehr schnell beleidigt, reagieren extrem auf geringste Provokationen, sind sehr sensibel. Konfliktmuster tragen auch zum Umgang mit belastenden Situationen bei. Beleidigungen und verletzte Gefühle sind häufig auch Ursprung von eskalierenden Situationen.

Wie gehen Sie mit herausfordernden Verhaltensweisen um?
Meine Grundannahme ist, dass Kinder und Jugendliche, die herausforderndes Verhalten zeigen, nicht einfach schlecht sind, sondern auf Belastungsfaktoren reagieren. Meine Aufgabe ist es, mich als Schulsozialarbeiter über die Hintergründe kundig zu machen, mit den Schülerinnen und Schülern in Beziehung zu treten und herauszufinden, was hinter dem herausfordernden Problem steckt bzw. wo die Lösungen lauern. Da taste ich mich langsam heran, das braucht Zeit und einen wertschätzenden Beziehungsaufbau. In meiner Arbeit stelle ich den Aufbau eines gesunden Selbstvertrauens, die Wertschätzung des Gegenübers sowie die gemeinsame Lösungsfindung in den Mittelpunkt. Mir ist es wichtig, die Ressourcen der Kinder/Jugendlichen zu erfassen und ihnen diese sichtbar zu machen, damit sie sich dieser wieder bedienen bzw. diese Gewinn bringend einsetzen können. Es kommt immer wieder vor, dass ich mit Lernenden arbeite, die ihre Emotionen nicht im Griff haben und dadurch teilweise massive Gewalt anwenden. Durch unterstützende Gespräche und ein wertschätzendes Vertrauensverhältnis kann ich ihnen alternative Verhaltensmöglichkeiten zur Gewaltanwendung aufzeigen, die sie dann auch trainieren und umsetzen können. Wichtig ist jedoch auch, dass die Schule als Institution auf Fehlverhalten reagiert und bei Bedarf auch Sanktionen ausspricht. In der Folge sollten jedoch auch eine Wiedergutmachung und eine positive Verhaltensveränderung in den Mittelpunkt rücken. Auch da scheint es mir sehr wichtig, dass nicht der Mensch verurteilt wird, sondern die Grenzüberschreitung, und die Möglichkeit zu einem Lernprozess der Jugendlichen gewahrt wird.

Was ist besonders wichtig im Umgang mit herausfordernden Verhaltensweisen?
Die Neugierde, was hinter dem herausfordernden Verhalten steckt, scheint mir zentral zu sein. Das Gegenüber annehmen, so wie er/sie ist, nicht nachtragend sein und den Fokus auf die Unterstützung in belastenden Situationen zu richten. Meine Aufgabe ist nicht, die Probleme der Lernenden selber zu lösen, sondern sie dabei zu unterstützen, eigene Lösungswege zu finden. Ich weise sie in Gesprächen darauf hin, dass die Schulsozialarbeit wie eine Gehhilfe unterstützen kann, die Schritte Richtung Ziel jedoch von ihnen selber bewältigt werden können.

Wie geht Ihre Institution damit um (Weiterbildungen, Beratung, Konzepte, Notfall-, Sicherheitssysteme, personelle Ressourcen, Infrastruktur etc.)?
Aufgrund ihres Aufgabengebietes nimmt die Schulsozialarbeit eine besondere Stellung im System Schule ein und erfährt bei ihrer Arbeit mit herausfordernden Situationen viel von Schülerinnen und Schülern. Im Bereich der Beratung, Prä-

vention und Früherkennung nimmt die Schulsozialarbeit eine zentrale Rolle ein. Sie unterstützt die Schulen bei der Erarbeitung von Abläufen und Papieren, die im Bezug zu solchen Situationen stehen. Daher ist die Vernetzung der Schulsozialarbeit innerhalb einer Schule sehr wichtig. Zudem habe ich die Möglichkeit, auf Tendenzen, Entwicklungen und Verhaltensauffälligkeiten von Schülerinnen und Schülern hinzuweisen. Dabei sind die Schulleitung, die Lehrpersonen sowie die Eltern für mich wichtige Partner. Zentral scheint mir gerade in komplexen Fällen eine gute Vernetzung mit weiteren Fachleuten. Auch spezifische Weiterbildungen können allen Beteiligten Sicherheit geben im Umgang mit herausfordernden Situationen.

Welche Auswirkungen haben die herausfordernden Verhaltensweisen für die Schülerinnen und Schüler?
Wenn herausfordernde Situationen bzw. Belastungen von Kindern und Jugendlichen sehr präsent sind und sich die Lernenden problematisch wahrnehmen, hat dies oft auch einen grossen Einfluss auf ihr Selbstvertrauen und ihre Selbstwirksamkeit. Es kommt dann oft vor, dass sie in Streitsituationen, Auseinandersetzungen involviert sind und wenig Vertrauen in ihre eigenen Fähigkeiten und Stärken haben. Dies wirkt sich häufig auch auf die Noten aus. Herausfordernde Verhaltensweisen von Kindern/Jugendlichen können auch zu Spannungen zwischen Lehrpersonen und Eltern oder umgekehrt führen. Lernende mit sehr auffälligem Verhalten können ins Abseits geraten, ihre Position wird dabei oft geschwächt. Nimmt das Verhalten ganz starke negative Züge an, kommt es zu Elterngesprächen, Beizug der Schulleitung, Timeout-Einsätzen, schriftlichem Verweis oder sogar zum Schulausschluss. Die Sanktionsebene liegt dann bei der Schulleitung.

Welche Auswirkungen haben herausfordernde Verhaltensweisen für Sie und andere Mitarbeitende der Schulsozialarbeit oder Lehrpersonen?
Die in der Schule beteiligten Akteure sind in der Regel stark gefordert, wenn Lernende grosse Verhaltensauffälligkeiten zeigen. Als Schulsozialarbeiter ist es wichtig, dass ich mein Handeln gut reflektiere und mich gut vernetze. Auswirkungen zeigen sich dann vor allem bei der Koordination des Hilfsprozesses, der Zusammenarbeit mit weiteren Fachstellen und Beteiligten sowie der Arbeitsbelastung.

Welche Auswirkungen haben herausfordernde Verhaltensweisen für die Schule an sich?
Die Schule ist in schwierigen und belastenden Situationen von/mit Lernenden stark gefordert. Wichtig ist, dass die Beteiligten ihren Umgang mit solchen Situationen reflektieren, die internen und externen Ressourcen nutzen und entsprechende Abläufe im Umgang mit herausforderndem Verhalten erarbeiten. Die Vernetzung zwischen Schulleitung, Schulsozialarbeit und weiteren Fachstellen ist in solchen Fällen von grosser Wichtigkeit.

Was möchten Sie Neueinsteigenden im Berufsfeld, die mit dieser Klientel arbeiten werden, mit auf den Weg geben?
Der Aufbau einer guten und tragfähigen Beziehung ist für mich ein wesentlicher Punkt in der Arbeit mit Schülerinnen und Schülern. Eine vertrauensvolle Beziehung

erleichtert die gemeinsame Lösungsfindung sehr. Es braucht auch viel Geduld, da Veränderungen meistens mit vielen kleinen Entwicklungsschritten einhergehen.

Das Abholen der Erfahrungen von langjährigen Schulsozialarbeitenden kann für Neueinsteigende eine grosse Unterstützung sein, vor allem in der Anfangszeit.

Einen weiteren wichtigen Faktor finde ich die Ausrichtung auf die Lösungsfindung und Ressourcen der Kinder/Jugendlichen. Dies hat einerseits eine motivierende Auswirkung und andererseits stärkt es Lernende in ihrem Selbstvertrauen. Auch die gute Vernetzung innerhalb einer Schule sowie auch nach aussen, mit Fachstellen, scheint mir sehr zentral. Es ist wichtig für Neueinsteigende, dass sie die entsprechenden Fachstellen kennen und mit diesen im Austausch sind. Ebenfalls bedeutsam ist, sich immer wieder mit den eigenen Bildern, Einstellungen und Mustern auseinanderzusetzen und diese zu reflektieren. Für die Arbeit als Schulsozialarbeitende braucht es das Erlernen eines Handwerks, sei es in der Gesprächsführung oder beim Einsatz von Beratungsinstrumenten, denn als Neuling steht man vor zahlreichen Herausforderungen. Diese sind sehr anspruchsvoll. Die Arbeit bietet jedoch auch viel Freiraum für kreative Lösungen und zahlreiche Gestaltungsmöglichkeiten.

Literatur

AvenirSocial (2014): IFSW-Definition der Sozialen Arbeit von 2014 mit Kommentar, [online] http://www.avenirsocial.ch/de/cm_data/IFSW_IASSW_Definition_2014_mit_Kommentar_dt.pdf [07.08.2017].

AvenirSocial/SSAV (2010): Rahmenempfehlungen Schulsozialarbeit, [online] http://www.ssav.fourwards.ch/wp-content/uploads/2015/05/SSA_Rahmenempfehlungen_AvenirSocial SSAV_2010.pdf [07.08.2017].

AvenirSocial/SSAV (o. J.): Leitbild Soziale Arbeit in der Schule, [online] http://www.avenirsocial.ch/cm_data/AS_DE_Schulsozarbeit_160329.pdf [09.01.2018].

Baier, Florian (2008): Schulsozialarbeit. In: Florian Baier/Stefan Schnurr (Hrsg.), Schulische und schulnahe Dienste. Angebote. Praxis und fachliche Perspektiven, Bern: Haupt, S. 87–120.

Baier, Florian (2011): Schulsozialarbeit in der Schweiz. In: Florian Baier/Ulrich Deinet (Hrsg.), Praxisbuch Schulsozialarbeit. Methoden, Haltungen und Handlungsorientierungen für eine Professionelle Praxis, Opladen/Farmington Hills: Barbara Budrich, S. 61–81.

Baier, Florian (2011): Schulsozialarbeiterischer Habitus oder Ethik und Moral in den Grundhaltungen und Grundmustern der Praxisgestaltung. In: Florian Baier/Ulrich Deinet (Hrsg.), Praxisbuch Schulsozialarbeit. Methoden, Haltungen und Handlungsorientierungen für eine Professionelle Praxis, Opladen/Farmington Hills: Barbara Budrich, S. 135–158.

Büschges-Abel, Winfried (2009): Systemische Interventionskunst. In: Rainer Kilb/Jochen Peter (Hrsg.), Methoden der Sozialen Arbeit in der Schule, München/Basel: Reinhardt, S. 256–263.

Chiesi, Antonio (2005): Soziale Kohäsion und verwandte Konzepte. In: Nikolai B. Genov (Hrsg.), Die Entwicklung des soziologischen Wissens. Ergebnisse eines halben Jahrhunderts. Wiesbaden: VS Verlag für Sozialwissenschaften, S. 239–256.

Drilling, Matthias (2009): Schulsozialarbeit. Antworten auf veränderte Lebenswelten, 4., aktualisierte Auflage, Bern: Haupt.

Drilling, Matthias/Fabian, Carlo (2010): Schulsozialarbeit in der Schweiz und in Liechtenstein. In: Karsten Speck/Thomas Olk (Hrsg.), Forschung zur Schulsozialarbeit. Stand und Perspektiven, Weinheim: Juventa, S. 155–167.

Fabian, Carlo/Müller, Caroline (2010): Früherkennung und Frühintervention in Schulen. Lessons learned. Bern: RADIX.

Galuske, Michael (2009): Methoden der Sozialen Arbeit. eine Einführung. Weinheim/München: Juventa.
Geissler, Sandra (2009): Systemische Schulsozialarbeit. Ein Modell systemischer Gruppenberatung (Version 5), Unveröffentlichtes Skript.
Grunwald, Klaus/Thiersch, Hans (2001): Lebensweltorientierung. In: Hans-Uwe Otto/Hans Thiersch (Hrsg.), Handbuch Sozialarbeit – Sozialpädagogik, 2., völlig überarbeitete Auflage, Neuwied: Luchterhand, S. 1136–1148.
Gschwind, Kurt/Gabriel-Schärer, Pia/Hafen, Martin (2008): Eine Disziplin – viele Aufgaben. Schulsozialarbeit zwischen Prävention, Früherkennung und Behandlung. SozialAktuell, Jg. 12, Nr. 1, S. 44–47.
Hafen, Martin (2005): Soziale Arbeit in der Schule zwischen Wunsch und Wirklichkeit. Ein theorie-geleiteter Blick auf ein professionelles Praxisfeld im Umbruch, Luzern: Interact.
Hafen, Martin (2007): Grundlagen der systemischen Prävention. Ein Theoriebuch für Lehre und Praxis, Heidelberg: Carl-Auer Verlag.
Hafen, Martin (2012): Partizipation. In: Jan V. Wirth/Heiko Kleve (Hrsg.), Lexikon des systemischen Arbeitens. Grundbegriffe der systemischen Praxis, Methodik und Theorie, Heidelberg: Carl-Auer Verlag, S. 303–306.
Holtappels, Heinz Günter (2009): Unterrichtsentwicklung und Schulentwicklung. In: Sigrid Blömeke et al. (Hrsg.), Handbuch Schule, Bad Heilbrunn: Verlag Julius Klinkhardt, S. 588–592.
Hurrelmann, Klaus (2006): Einführung in die Sozialisationstheorie, 9., unveränderte Auflage, Weinheim/Basel: Beltz Verlag.
Husi, Gregor (2010): Die Soziokulturelle Animation aus strukturierungstheoretischer Sicht. In: Bernard Wandeler (Hrsg.), Soziokulturelle Animation. Professionelles Handeln zur Förderung von Zivilgesellschaft, Partizipation und Kohäsion, Luzern: Interact, S. 97–155.
Husi, Gregor (2013): Eine theoretische Diskussionsgrundlage für die Curriculumsentwicklung »Vivace« aus dem CC Professionsentwicklung und Bildung (ZLB), Luzern: HSLU SA Internes Dokument.
Husi, Gregor/Villiger, Simone (2012): Sozialarbeit, Sozialpädagogik, Soziokulturelle Animation. Theoretische Reflexionen und Forschungsergebnisse zur Differenzierung Sozialer Arbeit, Luzern: Interact.
Kilb, Rainer (2009): Strukturbezogene Konzeptmuster. In: Rainer Kilb/Jochen Peter (Hrsg.), Methoden der Sozialen Arbeit in der Schule, München/Basel: Reinhardt, S. 135–139.
Kleve, Heiko (2011): Aufgestellte Unterschiede. Systemische Aufstellungen und Tetralemma in der Sozialen Arbeit, Heidelberg: Carl-Auer Verlag.
Lüthringhaus, Maria (2000): Stadtentwicklung und Partizipation. Fallstudien aus Essen, Katernburg und der Dresdner äusseren Neustadt, Bonn: Stiftung Mitarbeit.
Meier Kressig, Marcel (2017): Das weiterentwickelte Lebenslagenkonzept. Unterlagen zur Lehrveranstaltung, St. Gallen: FHSG SA Internes Dokument.
Miller, Tilly (2012): Inklusion – Teilhabe – Lebensqualität. Tragfähige Beziehungen gestalten. Systemische Modellierung einer Kernbestimmung Sozialer Arbeit, Stuttgart: Lucius/Lucius.
Müller, Caroline/Mattes, Christoph/Guhl, Jutta/Fabian, Carlo (2013): Risikoentwicklungen bei Schülerinnen und Schülern frühzeitig erkennen und intervenieren. Evaluation von Pilotprojekten in der Deutschschweiz. In: Edith Maud Piller/Stefan Schnurr (Hrsg.), Kinder- und Jugendhilfe in der Schweiz. Forschung und Diskurse. Wiesbaden: VS Verlag für Sozialwissenschaften, S. 229–254.
Scherr, Albert (2012): Inklusion. In: Jan V. Wirth/Heiko Kleve (Hrsg.), Lexikon des systemischen Arbeitens. Grundbegriffe der systemischen Praxis, Methodik und Theorie, Heidelberg: Carl-Auer Verlag, S. 175–178.
Schmitt, Christof (2008): Prävention – Zaubermittel oder Irrweg für die Kooperation. In: Angela Henschel, Rolf Krüger, Christof Schmitt/Waldemar Stange (Hrsg.), Jugendhilfe und Schule, 2. Auflage, Wiesbaden: VS Verlag für Sozialwissenschaften, S. 227–244.
SSAV (2016): SchulsozialarbeiterInnen-Verband, [online] http://www.ssav.ch/uber-uns/#wer-sind-wir [04.02.2016].

Seiterle, Nicolette (2014): Schulsozialarbeit in der Deutschschweiz. Eine Standortbestimmung. In: Kurt Gschwind (Hrsg.), Soziale Arbeit in der Schule. Definition und Standortbestimmung. Luzern: Interact, S. 82–153.
Speck, Karsten (2007): Schulsozialarbeit. Eine Einführung, München/Basel: Reinhardt.
Staub-Bernasconi, Silvia (2012): Soziale Arbeit und Soziale Probleme. Eine disziplin- und professionsbezogene Bestimmung. In: Werner Thole (Hrsg.), Grundriss soziale Arbeit. Ein einführendes Handbuch, 3., überarbeitete und erweiterte Auflage, Wiesbaden: VS Verlag für Sozialwissenschaften, S. 267–282.
Sutter, Tilmann (2012): Sozialisation. In: Jan V. Wirth/Heiko Kleve (Hrsg.), Lexikon des systemischen Arbeitens. Grundbegriffe der systemischen Praxis, Methodik und Theorie, Heidelberg: Carl-Auer Verlag, S. 385–387.
Voisard, Michel (2011): Präventiv intervenieren. Plädoyer für eine angemessene Beurteilung der Möglichkeiten von Prävention, Heidelberg: Carl-Auer Verlag.
Von Spiegel, Hiltrud (2011): Methodisches Handeln in der Sozialen Arbeit, München/Basel: Reinhardt.
Willener, Alex (2007): Integrale Projektmethodik. Für Innovation und Entwicklung in Quartier, Gemeinde und Stadt Luzern: Interact.
Ziegele, Uri (2014): Soziale Arbeit in der Schule. In: Kurt Gschwind (Hrsg.), Soziale Arbeit in der Schule. Definition und Standortbestimmung. Luzern: Interact, S. 14–78.

2 Herausfordernde Verhaltensweisen von Jugendlichen in institutionellen Kontexten der Jugendhilfe

Sven Huber & Peter A. Schmid

2.1 Fallvignette

Nino ist 1997 geboren und befindet sich derzeit in einer Einrichtung für straffällige Jugendliche und junge Erwachsene in der Schweiz. Dort lebt er seit Juli 2012 auf der offenen Abteilung, der Eintritt erfolgte im August 2011 in die geschlossene Abteilung.

Bis zu seinem 14. Lebensjahr lebte Nino mit seinem Vater, seiner Mutter und zwei jüngeren Brüdern zusammen. Die Familie lebte unter prekären finanziellen Bedingungen von der Sozialhilfe. Die Bindungen innerhalb der Familie waren nur sehr schwach ausgebildet, die Eltern von Nino gaben an, kaum Einfluss auf ihren Sohn zu haben.

Schon als Kind hat Nino eine Aussenseiterrolle gehabt. Er zeigte Mühe bei der Integration in Gruppen, wurde gemobbt wegen seiner ›Segelohren‹ und reagierte häufig mit Aggression und Gewalt gegen seine Schulkameradinnen und -kameraden. Aufgrund seiner Verhaltensauffälligkeiten und der Diagnose ADHS wurde er früh an die Erziehungsberatung überwiesen und medikamentös mit Ritalin und Concerta behandelt. Die Zusammenarbeit mit den Eltern gestaltete sich zu dieser Zeit schwierig, Gespräche fanden nur sehr selten statt.

Im Alter von 14 Jahren wurde er vormundschaftlich in einem kurzen Zeitraum in zwei Jugendheime eingewiesen, im Anschluss folgten noch drei weitere Jugendheime, ein Aufenthalt bei einer Gastfamilie auf Sardinien und einer Pflegefamilie in Deutschland. Regelmässig lief er weg. Alle Massnahmen wurden vorzeitig beendet und sein Verhalten als unkooperativ, dissozial, impulsiv und gewalttätig (auch gegen Mitarbeitende) beschrieben. Zudem konsumiert Nino erhebliche Mengen Cannabis.

Seit 2012 wurden mehrere Strafverfahren gegen Nino eröffnet, u. a. wegen Verstoss gegen das Betäubungsmittelgesetz, Sachbeschädigung, Diebstahl, Tierquälerei und Hausfriedensbruch. Diese führten schliesslich zu einer Verurteilung zu der gegenwärtigen Massnahme. Bei Abbruch der Massnahme droht eine Einweisung nach Art. 59 des Strafgesetzbuches (StGB).

Seit Beginn der Massnahme scheint sich das Verhältnis zu seiner Familie intensiviert zu haben. Auch findet eine enge Zusammenarbeit der Einrichtung mit den Eltern statt, so hat es mehrere Familiengespräche gegeben. Vor allem hat er Kontakt zu seinen Brüdern, die ebenfalls durch delinquentes Verhalten auffällig geworden sind. Konfliktpotenzial zwischen Nino und seinen Eltern liegt vor allem in seinem starken Cannabis-Konsum. Dieser verhindert auch, dass Nino im institutionsspezifischen Stufenprogramm Fortschritte macht. Dennoch gelang es ihm, eine Attest-Lehre in einem handwerklichen Beruf abzuschliessen. Danach wechselte er in die zweijährige Berufslehre, ist allerdings im schulischen Kontext stark überfordert. Seit einem Jahr äussert Nino immer wieder, dass er die Massnahme nicht mehr fortsetzen wolle, was eine Einweisung nach Art. 59 StGB zur Folge hätte.

2.2 Erste Orientierung

Es wird im Folgenden nicht um eine systematische Fallbearbeitung gehen, d. h., die (spärlichen) Informationen werden nicht verstehend gebündelt, um schliesslich auf der Ebene der Intervention Vorschläge zu unterbreiten. Vielmehr geht es darum, einige thematische Motive aus der Vignette zu extrahieren und zu reflektieren, um sie in einen grösseren Diskussionszusammenhang zu stellen. Anschliessend werden sie, soweit dies möglich erscheint, wieder an den Fall zurückgebunden, bevor zum Schluss einige Anregungen auf der Interventionsebene formuliert werden. Dies soll geschehen anhand einer Heuristik, die an anderer Stelle vorgestellt wurde (Huber/Schierz 2015: 71 ff.). Sie umfasst zentrale sozialpädagogische Zugänge zu herausfordernden Verhaltensweisen Jugendlicher und mündet in drei Fragestellungen: Wie gelingt es Professionellen der Sozialen Arbeit in der Koproduktion mit den Adressatinnen und Adressaten,

- Öffnungsprozesse auf Seiten aller Beteiligten und des Settings zu initiieren, die – gerade im Fall von Jugendlichen, deren Verhalten als besonders herausfordernd gilt – überhaupt erst die Möglichkeiten für Erziehung eröffnen?
- die herausfordernden Verhaltensweisen in ihrer intersubjektiven und strukturell gerahmten Bewältigungsdynamik zu verstehen?
- dem problematischen Verhalten im Rahmen einer vertrauensvollen Beziehung Grenzen zu setzen?

Diese Fragestellungen berühren Aspekte, die die individuelle, aber auch die institutionelle und teamspezifische Ebene betreffen. Gerade im Heimkontext müssen herausfordernde Verhaltensweisen von Jugendlichen immer auch im Kontext der Institution und des behandelnden Teams erschlossen werden, denn diese gruppendynamischen Aspekte spielen im Hinblick auf Interventionsmöglichkeiten eine grosse Rolle.

2.3 Öffnungen und Anfänge

Die Heimerziehung stellt Jugendlichen einen »anderen Ort« (Winkler 1999: 309) zur Verfügung. Wenn Winkler in diesem Zusammenhang von Heimerziehung als

»Ortshandeln« (ebd.) spricht, meint er damit u. a., dass die Entscheidung für die Platzierung an einem spezifischen Ort mit seinen spezifischen Qualitäten bestimmte Entwicklungs-, Lern- und Bildungsprozesse wahrscheinlicher, andere weniger wahrscheinlich macht. Die Wahl eines bestimmten pädagogischen Ortes legt also bis zu einem gewissen Grad fest, inwieweit Öffnungsprozesse stattfinden können, inwieweit »Situationen des korrektiven Neuanfangs der Erziehung« (Sünkel 1994: 99) initiiert werden und gelingen können. Es geht dabei nicht um die Vorstellung, dass pädagogische Orte die Entwicklung von Jugendlichen in einem technologischen Sinne ›steuern‹ könnten, sondern darum, dass sie bestimmte Möglichkeits-, Lern- und Bildungsräume aufzeigen und eröffnen, in denen die Kinder und Jugendlichen ihre Entwicklungsprozesse weitgehend selbst vollziehen. Damit unterstellt die Heimerziehung auch und gerade den als besonders schwierig geltenden Jugendlichen Subjektivität bzw. ein vielleicht »verschüttetes, aber im Wesentlichen ungebrochenes und unzerstörtes ›Subjektsein‹« (ebd.: 106). Zudem ermöglicht die Begrenztheit des pädagogischen Ortes den Jugendlichen eine Erfahrung der Differenz zur Gesellschaft, wobei diese Erfahrung sie häufig erst befähigt, einen Blick auf die Gesellschaft und Orientierung in ihr zu finden (vgl. Winkler 1999: 318).

In Hinblick auf den pädagogischen Ort ist damit etwas Doppeltes angesprochen. Einerseits muss der Ort Sicherheit und Geborgenheit vermitteln, und andererseits, wie es die Charta von Integras (2010) treffend formuliert, ermöglichen, dass Jugendliche »aktiv an der Gesellschaft partizipieren können« (Art. 2). Partizipation meint in diesem Zusammenhang, dass Jugendlichen eine »eigene Perspektive innerhalb der Gesellschaft« (Art. 5) ermöglicht wird. Die Institutionen sollen ihren Adressatinnen und Adressaten also dabei helfen, einen Ort in der Gemeinschaft zu finden und diesen Ort selbstbestimmt auszufüllen.

Eine solche Erziehung zur Autonomie und zur eigenen Perspektive heisst in einer wertpluralen und individualisierten Gesellschaft vor allem, Orientierung anzubieten und den Jugendlichen zu helfen, ihren eigenen Weg zu finden und ein eigenes Wertgebäude zu errichten.

Wertevermittlung und Werterziehung in einer pluralen Welt ist ein, wie es Herzka (2001) formuliert, reziproker Prozess. Das bedeutet, dass die Erziehenden offen für einen Austauschprozess über Werthaltungen und Wertentscheidungen sein müssen. Sie müssen ihre eigenen Positionen in ihrer Widersprüchlichkeit offenlegen und plausibilisieren und nicht autoritär durchzusetzen versuchen. Sie sollen aber auch die Werthaltungen der Jugendlichen befragen und ihnen als verständige Begleitpersonen bei der Suche nach eigenen Wertepositionen helfend zur Seite stehen.

Konkret: Wenn in Institutionen Jugendliche betreut, gefördert und erzogen werden, dann immer mit dem Ziel, diesen zu helfen, selbstbestimmte Subjekte zu werden, die an der Gesellschaft partizipieren und eine eigene Perspektive entwickeln können. Das bedeutet aber, dass die Institutionen den Raum bieten müssen, in dem Selbstbestimmung gelebt werden kann. Einen Raum, in dem verschiedene Werthaltungen gelebt und verschiedene Wertpositionen argumentativ in Wettbewerb treten können.

Um diesen unterschiedlichen Anforderungen gerecht zu werden, sollen pädagogische Orte besonders aufmerksam gestaltet werden. Winkler (vgl. ebd.: 321 f.)

fordert in diesem Zusammenhang, dass pädagogische Orte von Jugendlichen als Schutzräume erlebbar sein sollen, dass sie ihnen Sicherheit, Geborgenheit und Versorgung bieten, fehlerfreundlich sind und offen für Gestaltungs- und Aneignungsprozesse.

Heimerziehung möchte Jugendlichen also einen begrenzten, anderen (Lebens-) Ort zur Verfügung stellen, um Lern- und Entwicklungsprozesse zu ermöglichen. Die unterschiedlichen Settings, die diesen anderen Ort charakterisieren, müssen sich häufig zunächst dem Problem stellen, wie sich überhaupt ein offener und korrektiver Neuanfang der Erziehung initiieren lässt. Öffnungsprozesse dieser Art setzen dabei zum einen eine pädagogische Haltung voraus, die den Jugendlichen ein ›Subjektsein‹ unterstellt und nicht etwa abspricht, zum anderen Qualitäten des Ortshandelns, die den Jugendlichen Schutz, Geborgenheit etc. vermitteln.

Mit Blick auf die Fallvignette kann nicht mit Bestimmtheit gesagt werden, ob oder wie es dem gegenwärtigen pädagogischen Ort gelungen ist, einen korrektiven Neuanfang der Erziehung zu realisieren. Es lässt sich aber feststellen, dass seit Beginn der Massnahme durchaus Lern- und Entwicklungsprozesse bestehen. So könnte man z. B. von einer beginnenden Normalisierung des Verhältnisses zur Familie sprechen und einen Erfolg in Sachen Ausbildung verbuchen. Abgesehen vom Cannabiskonsum scheint es auch weniger Probleme hinsichtlich herausfordernder Verhaltensweisen (z. B. Gewalt gegen Dritte) zu geben, zumindest werden keine mehr explizit benannt. Ist das gegenwärtige Heim also ein adäquater Ort für Nino? Aufgrund der mangelnden Informationslage kann dies nicht beantwortet werden. Es handelt sich um ein Setting mit hoher Kontrolldichte. Daneben wäre ja auch ein Setting denkbar, das stärker auf Freiwilligkeit, Niedrigschwelligkeit und eine geringere Kontrolldichte setzt.

Grundsätzlich gibt es keine systematische Diskussion zur Frage, in welches Setting welche besonders herausfordernd agierenden Jugendlichen aufzunehmen sind, um ihnen möglichst grosse Möglichkeitsräume für Entwicklungsprozesse zu eröffnen (vgl. Schwabe/Stallmann/Vust 2013: 181). Es ist wohl nicht übertrieben zu behaupten, dass dieser Mangel die Idee der Heimerziehung als Ortshandeln tendenziell ad absurdum führt. Dass ein strukturell mangelndes Passungsverhältnis sowohl für die Jugendlichen als auch für die Einrichtungen durchaus einschneidende und destruktive Folgen haben kann, liegt dabei auf der Hand.

Nino selbst ist vermutlich ein gutes Beispiel dafür. Er gehört mit seinen vielfältigen Rauswürfen und vorzeitigen Abbrüchen zu der Gruppe der sog. ›Systemsprengerinnen und -sprenger‹. Ein solcher Begriff zieht zu Recht einige Bedenken auf sich, da er das Problem und die ›Schuld‹ am vorzeitigen und wiederholten Scheitern von Erziehungshilfemassnahmen begrifflich tendenziell individualisiert und ein hohes Stigmatisierungspotenzial für die betroffenen Jugendlichen in sich birgt. Dagegen gilt es festzuhalten, dass der Begriff ›Systemsprengerinnen und -sprenger‹ nicht auf eine Persönlichkeits-Disposition, sondern auf eine komplexe Dynamik im System der Erziehungshilfen verweist.

Baumann (2012) hat sich mit seiner qualitativen Studie der Gruppe der ›Systemsprengerinnen und -sprenger‹ angenommen und nimmt dabei diese Dynamik und vor allem die subjektiven Bewältigungslogiken von Jugendlichen in den Blick. Er fokussiert also u. a. den subjektiven Sinn, den die Jugendlichen mit der

›Systemsprengung‹ verbinden. Seine Ergebnisse, die hier nur exemplarisch vorgestellt werden können, sind deshalb von Interesse, weil sie das Potenzial haben, dem Ortshandeln eine grössere Aufmerksamkeit zu Teil werden zu lassen. Sie helfen dabei, den Diskurs über mögliche Passungsverhältnisse, vor allem hinsichtlich der besonders herausfordernd agierenden Jugendlichen und der unterschiedlichen Einrichtungstypen und Settings, zu systematisieren. Baumann (vgl. ebd.: 99 ff.) unterscheidet drei Kategorien (A, B und C), die nachfolgend skizziert werden.

Jugendliche der Kategorie A sind grundsätzlich bereit, sich auf die Erziehungshilfe und Beziehungen zu den Fachkräften einzulassen. Sie haben allerdings grosse Probleme, soziale Situationen und deren Rahmen einschätzen zu können, d. h., sie können kaum abschätzen, wie sich Situationen fortentwickeln werden und welche Intentionen ihr Gegenüber in diesen Situationen hat. Aus dieser Unsicherheit heraus erwachsen Gefühle der Angst und Unsicherheit, es entsteht der subjektive Eindruck, die Kontrolle über die Situation zu verlieren. Eskalationen sind dann eine Möglichkeit, Kontrolle und Berechenbarkeit zurückzugewinnen. »Sie nutzen die Kontinuität von Gewaltsituationen, um ihre eigene Unsicherheit zu bewältigen« (ebd.: 118).

Die Jugendlichen, die Baumann der Kategorie B zuordnet, zeichnen sich dadurch aus, dass sie die Hilfe grundsätzlich und konsequent ablehnen. Hier dominiert kein Entwicklungsdefizit wie in Kategorie A, sondern der Kampf gegen die Erziehungshilfe ist geplant und gezielt. Sie erleben ihre Verbringung an dem anderen Ort als massiven Kontrollverlust und sehen sich in der Möglichkeit der Sicherung alter, in der Regel oft unsicherer und hochgradig ambivalenter Familienbeziehungen gehindert. Durch (gewalttätige) Eskalationen erfahren sie dann, dass sie doch noch Einfluss auf ihr Leben nehmen können, frei nach dem Motto: »Wenn ich schon nicht mehr entscheiden kann, was mit mir passiert (Einrichtungswechsel, Isolation etc.), dann entscheide ich wenigstens den Zeitpunkt!« (ebd.: 156).

Der Kategorie C ordnet Baumann Jugendliche zu, die ein tiefes Gefühl der Entwurzelung eint. Ihnen fehlt die grundlegende Sicherheit, einen Platz in der Familie innezuhaben und in ihr Halt zu finden. Sie weisen in der grossen Mehrzahl ein desorganisiertes Bindungsverhalten auf. Es besteht ein starker Hang zu Suchtmittelkonsum, und ihre emotionale Bedürftigkeit ist sehr ausgeprägt. Häufig werden sie schon früh als ›Problemkinder‹ auffällig, die durch ihr herausforderndes Verhalten und auf der Suche nach Halt die Sorge der Erwachsenen und ihre Aufmerksamkeit einfordern. »Mit jedem Mal, wo es ihnen gelingt, den Rahmen für sich spürbar zu machen und ersehnte Zuwendung zu erhaschen, verstärkt sich das Verhalten. Sie wollen und brauchen immer mehr individuelle Betreuung, um den Rahmen als tragfähig zu erleben« (ebd.: 174). Die Versicherung, dass das pädagogische Netz nicht reisst und dass der Rahmen sie hält, wird also immer wieder neu eingefordert, eine Form der Selbstvergewisserung, die ein System letztlich überfordern und ›sprengen‹ kann.

Kann Nino einer bestimmten Kategorie zugeordnet werden? Bei aller gebotenen Vorsicht liesse sich wohl sagen, dass er eine gewisse Nähe zur Kategorie C aufweist. Das Setting, in dem er sich gegenwärtig befindet, zeichnet sich durch einen recht rigiden Rahmen und intensive sozialpädagogische Beziehungsangebote aus. Vielleicht hat er hier, im Gegensatz zu den zahlreichen vorherigen Aufenthalten in unterschiedlichen Einrichtungen, die Erfahrung machen können, gegen Wände rennen zu können, die ihn tatsächlich aushalten. Er erlebt also ein Setting, das ihm in hinreichender Form Halt, Schutz und Entwicklungsmöglichkeiten bietet.

Die Frage aber, welches Setting für welche/n problematisch agierende/n Jugendliche/n adäquat erscheint, lässt sich keineswegs pauschalierend ableiten im Sinne von: Jugendliche der Kategorie B brauchen dieses, diejenigen der Kategorie A und C jenes Setting. Die Kategorien von Baumann helfen auf einer analytischen Ebene, einen verstehenden Einblick in zentrale und typische subjektive Bewältigungslogiken von ›Systemsprengerinnen und -sprenger‹ und deren Bedürfnisse zu erhalten. Ein solch forschend-typisierender Zugang ist eine wesentliche Voraussetzung für ein informiertes und verantwortungsvolles Ortshandeln. Das je individuelle Fallverstehen ist jedoch eine weitere und unabdingbare Voraussetzung.

2.4 Verstehen

Fallvignetten haben im akademischen Raum (Fallwerkstätten) und im Feld der sozialpädagogischen Praxis (Teamsitzungen) die Funktion, die Grundlagen für ein vertieftes und systematisches Fallverstehen im kollegialen Kreis zu schaffen, in der Regel um gemeinsam vielversprechende Möglichkeiten für sozialpädagogisches Handeln zu eruieren. Obige Vignette bietet dafür wohl keinen sonderlich guten Ausgangspunkt: eine zu geringe Informationsdichte und -tiefe, zu wenige und oberflächliche Beobachtungen, kurz: Es handelt sich hier nicht um eine hinreichend dichte Beschreibung eines Falles. Gerade das aber macht die Vignette interessant, wobei hier vor allem ein typischer Mangel thematisiert werden soll, nämlich das Fehlen der Perspektive der Adressatinnen und Adressaten. Dieser Mangel an der Perspektive der Betroffenen lässt sich leider auch in den oben erwähnten Formaten (Fallwerkstatt, Supervision etc.) immer wieder beobachten.

In fast jeder kasuistischen Debatte fallen Sätze wie der, »dass Fallverstehen eben nicht als professionelle und verobjektivierende Form von Diagnose verstanden werden kann (…), sondern nur als Aushandlung mit den Adressat_innen denkbar ist« (Grasshoff 2016: 272). Solche Aussagen zielen auf die kritische Einstellung der Sozialen Arbeit gegenüber diagnostischer Tätigkeit. Exemplarisch dafür ist etwa der publizierte Briefverkehr zwischen Kunstreich, Müller, Heiner und Meinhold (2003), in dem die ganze Tragweite der Diskussion zwischen Diagnostik als »stellvertretender Deutung« (ebd.: 13) und dialogischer Erarbeitung und Aushandeln einer gemeinsamen Position kontrovers thematisiert wird.

Vermutlich betont das Konzept der Lebensweltorientierung das Moment der Aushandlung am stärksten. Anknüpfend an die lebensweltlichen Deutungs- und Orientierungsmuster der Adressatinnen und Adressaten soll ein gemeinsamer Raum für Aushandlungsprozesse entstehen, in dem perspektivisch die Grundlagen und Möglichkeiten für eine Koproduktion der Hilfe erarbeitet werden. Das Verstehen, auch und gerade der je spezifischen Perspektive der Adressatinnen und

Adressaten, ist mithin Teil der DNA der Lebensweltorientierung und Voraussetzung für die Erarbeitung zielführender Hilfen und letztlich dessen, was Thiersch, Grunwald und Köngeter (2012: 178) einen »gelingenderen Alltag« genannt haben. Dennoch hat das Verstehen, wie Niemeyer (vgl. 2015: 55 f.) zu Recht ausführt, keinen besonders exponierten Platz im Konzept. Diese eher randständige Rolle des Verstehens ist dabei allerdings nicht nur dem Konzept der Lebensweltorientierung eigen, insgesamt scheint es um das sozialpädagogische Verstehen nicht allzu gut bestellt zu sein. Die Gründe für die eher marginalisierte Rolle des Verstehens im sozialpädagogischen Diskurs sind vielfältig. Es geht u. a. um die Marginalisierung stärker hermeneutisch-erziehungswissenschaftlich orientierter Traditionslinien in der sozialpädagogischen Ausbildung zugunsten systemischer Ansätze und um Spätfolgen der Methodenkritik, die dem Verstehen eine individualisierende und kolonialisierende Funktion zuschrieb (vgl. ebd.: 50 ff.; Grasshoff 2016: 272 ff.). Besonders deutlich formuliert Grönemeyer dieses Verständnis einer kolonialisierenden Gewalt des Fallverstehens in der Sozialen Arbeit, wenn sie meint, dass »Verstehen vernichtet« (zit. in: Kunstreich et al. 2003: 31).

Die Randständigkeit des Fallverstehens betrifft aber nicht nur den fachlichen Diskurs, sondern auch die sozialpädagogische Praxis selbst. Schrapper (2015: 70) paraphrasiert eine typische Rückmeldung wie folgt:

> »Die Konzeptionen und vor allem das konkrete Arbeiten finden wir gut, es hilft wichtige Fragen in unseren Fällen zu klären, es erkennt unsere Kompetenzen an und entspricht unserem professionellen Selbstverständnis – aber in unserer Praxis haben wir dafür keine Zeit«.

Dies ist, wenn man so will, noch eine einigermassen optimistische Variante für die Begründung der Marginalisierung des Fallverstehens in der Praxis. Die Fachkräfte wünschen sich ein vertieftes Fallverstehen, die zeitlichen Ressourcen erlauben dies aber nicht. Eine pessimistischere Variante deutet Niemeyer (2015: 78) an: »dass Heimerzieher ihrerseits Nennenswertes auf diagnostischem Gebiet beitragen können, wird in der Regel ausgeschlossen, und zwar auch von diesen selbst«. Die Fachkräfte würden professionelle Fremddiagnostiken (aus Psychologie, Psychiatrie, Medizin etc.) bevorzugen und das Fallverstehen zumindest tendenziell aus dem eigenen professionellen Selbstverständnis ausgliedern. Damit entzieht sich die Sozialpädagogik aber auch sozialem Verstehen und den gruppendynamischen Aspekten von Fallverstehen, da die oben genannten Fremddiagnosen zumeist individueller Natur und pathologisierend sind.

Seien es Zeitmangel, ›Abspaltung‹ oder andere Gründe für die Marginalisierung des Fallverstehens in der Praxis, sie sind ernst zu nehmen und systematisch auf ihre Implikationen hinsichtlich der Gestaltung von Arbeitsbedingungen vor Ort, der akademischen Aus- und Weiterbildung etc. zu befragen und zu beforschen. Dies gilt zumindest dann, wenn man ernsthaft am sozialpädagogischen Geschäft der (öffentlichen) Erziehung interessiert ist und Erziehung als ein interaktives und mit Sinnzuschreibungen verbundenes Miteinander versteht. Dabei geht es nicht um ein von Erwachsenen an Jugendliche zu prozessierendes und strikt an gesellschaftlichen Normalitätsentwürfen orientiertes Programm. Will man also Erziehen und nicht Trainieren, Dressieren und Manipulieren, gilt es, ganz im Sinne der Lebensweltorientierung, die handlungsbezogenen Sinnzuschreibungen der Heranwachsenden, ihre »Selbst- und Weltdeutungsmuster« (Uhlendorff 2012: 710) zu verstehen. Diese liegen nun aber keineswegs offen zu Tage, sind häufig nicht unvermittelt und quasi im Gespräch nebenbei eruierbar. Das gilt vor allem für jene Heranwachsenden, die, wie es bei Nino der Fall ist, durch herausforderndes Verhalten auffällig werden. Diese Verhaltensweisen zeichnen sich dadurch aus, dass sie häufig ›verrückt‹, unverständlich und sinnlos erscheinen. Ganz grundsätzlich können solche Verhaltensweisen mit Böhnisch (2010: 72) als Bewältigungsverhalten verstanden werden, das nach »Handlungsfähigkeit um ›jeden Preis‹ – eben auch abseits der geltenden Norm – strebt«. Was das aber im konkreten Einzelfall bedeutet, ist eine Frage, die im je individuellen Fallverstehen zu stellen ist.

Eine Möglichkeit, diese Frage zu stellen, bieten die sog. sozialpädagogisch-hermeneutischen Diagnosen, die erstmals 1992 von Mollenhauer und Uhlendorff vorgestellt, in der Zwischenzeit weiterentwickelt und schliesslich auch für andere Felder als die Jugendhilfe, z. B. für die sozialpädagogische Familienhilfe, fruchtbar gemacht worden sind. Man kann hinsichtlich der Handlungskonzepte des Fallverstehens idealtypisch zwei Zugänge unterscheiden, einen, der stärker auf Klassifikation eines Falles anhand spezifischer (und standardisierter) Kriterien setzt, und einen, dem es vor allem um die Rekonstruktion der Besonderheiten des jeweiligen Falles geht (vgl. Schrapper 2015: 72). In sozialpädagogisch-hermeneutischen Diagnosen wird der zweite Zugang gewählt, ohne die Relevanz des ersten damit in Abrede stellen zu wollen. Hier kann das Verfahren nur in seinen Grundzügen skizziert werden (vgl. Mollenhauer/Uhlendorf 2004; Krumenacker 2004a/b; Uhlendorff 2012). Es eignet sich vor allem für Heranwachsende ab zehn Jahren, die psychosozial stark belastet sind und deren herausfordernde Verhaltensweisen die Erziehungshilfemassnahmen (immer wieder) gefährden. Das Erkenntnisinteresse bei der Diagnose ist durchaus pragmatisch. Auf der Grundlage eines flexiblen (Leitfaden-)Interviews sollen die sog. konflikthaften Lebensthemen des bzw. der Jugendlichen identifiziert und darauf bezogen konkrete sozialpädagogische Tätigkeitsvorschläge erarbeitet werden. Diese sollen die Jugendlichen dabei unterstützen, in ihrer Entwicklungs- und Bildungsbewegung voranzuschreiten. Das Interview ist angelegt als flexibles Gespräch, orientiert an einem ebenso flexiblen Leitfaden, der individuell anzupassen ist (vgl. Uhlendorff 2010: 176 ff.). Es soll den Jugendlichen ermöglichen, über ihr aktuelles Erleben zu sprechen, und ihnen einen Zugang zu ihren Selbst-, Lebens- und Zukunftsentwürfen eröffnen. Die Durchführung und Auswertung des Interviews wird von mehreren Mitgliedern eines Teams geleistet und nicht an Dritte delegiert. Hinter den zu identifizierenden Lebensthemen stehen, so die Annahme, Entwicklungsaufgaben und -erwartungen, welche die Heranwachsenden gegenwärtig noch überfordern. Bei den sozialpädagogischen Tätigkeitsvorschlägen handelt es sich um gemeinsam mit den Jugendlichen abgestimmte und an diese Entwicklungsaufgaben und -erwartungen anknüpfende Aufgabenstellungen mit Angebotscharakter.

Sozialpädagogisch-hermeneutische Diagnosen haben, gerade in besonders schwierigen und ›verfahren‹ erscheinenden Situationen, das Potenzial, den Professionellen und den Jugendlichen neue Perspektiven und Tätigkeitsoptionen zu eröffnen. Denn häufig verweisen die Ergebnisse auf konflikthafte Lebensthemen der Jugendlichen, die quer zu den Themen liegen, welche die Professionellen für vorrangig halten (vgl. Krumenacker 2004a: 101). Sind die Fachkräfte bereit, sich von den Ergebnissen in ihrer pädagogischen Orientierung auf den Fall irritieren zu lassen, können neue Handlungschancen entdeckt werden.

Das in dieser Methode angelegte individuelle Fallverstehen weist durch die intersubjektive Interviewtechnik auch einen Gruppenaspekt auf. Dieser Aspekt der Forschungsgruppe ist zentral, denn dank der intersubjektiven Forschungsmethode können verborgene und durch das behandelnde Team verdrängte Sachverhalte erst aufgedeckt werden. Morgenroth (2010) zeigt an einem konkreten Beispiel auf, wie selbst im Interview schwierige Sachverhalte, die ein problematisches Verhalten von Jugendlichen betreffen, verdrängt werden. Erst durch ein gemeinsames Forschungsgespräch über das Material des Interviews gelingt es, diese Aspekte, die auf ein Übertragungsgeschehen und gruppendynamische Prozesse verweisen, aufzudecken (vgl. ebd.: 59 ff.).

Zentral ist die Einsicht, dass die Fachkräfte selber in das schwierige und verfahrene Geschehen eingebunden sind und konstitutiv einen Teil dieses Geschehens ausmachen. In diesem Zusammenhang weist Trescher (1990) darauf hin, dass die Reflexion auf die »Teilhabe am Beziehungsgeschehen, insbesondere an konflikthaften Szenen« (ebd.: 188) von zentraler Bedeutung sei, um den »Wiederholungscharakter« (ebd.) solcher Szenen zu erkennen und zu überwinden. ›Systemsprengerinnen und -sprenger‹ verstehen es nämlich vorzüglich, Teams in Situationen zu bringen, in denen es zu Wiederholungen von schwierigen Situationen kommt. Um dieses Geschehen nachvollziehen zu können, genügt das Verstehen der Klientin/des Klienten nicht. Vielmehr braucht es so etwas wie szenisches Verstehen – ein Verstehen der Szenen, in denen sich solch dynamisches Geschehen ereignet. Ein klassischer Ort solchen Verstehens ist Supervision, verstanden als gemeinsame Analyse der schwierigen Situation, in der ein Team sich befindet. Bauriedl hat an verschiedenen Stellen auf diesen forschenden und verstehenden Aspekt der Supervision aufmerksam gemacht. Mit Freud spricht Bauriedl (1993) von Heilen durch Forschen (vgl. ebd.: 11) und davon, dass Supervisorinnen und Supervisoren den Lern- und Forschungsprozess als »Heilungsprozess anzusehen und als solchen zu vermitteln« (ebd.: 29) haben. Im Forschungsprozess werden die Strukturen von schwierigen Situationen aufgezeigt, ohne dass die Supervisorin bzw. der Supervisor Ratschläge erteilt. Supervision darf nicht mithelfen, die belastenden Strukturen zu verdecken. Es kann also gerade nicht darum gehen, die Bedrohung in der Supervision vorschnell durch Interventionsratschläge gemeinsam zu verdrängen, sondern es geht darum, sie in einem »szenischen Verstehen« (ebd.: 14) offenzulegen.

Durch dieses analysierende und forschende Verfahren kann es in der Supervision gelingen, abgespaltene Teile der Supervisanden aufzuzeigen und zu integrieren. Konflikt- und Angsttoleranz sind hierzu laut Bauriedl nötig, denn es gilt, sich auf riskante Weise mit schwierigen Aspekten auseinanderzusetzen, diese schwierigen Anteile zu benennen und damit die Strukturen in Frage zu stellen (vgl. ebd.: 34). In der beschriebenen Fallvignette wäre es wichtig, dass die formulierten schwierigen Inhalte durch die Supervision der Gruppe zur Verfügung gestellt würden, damit sie explizit erkannt und verstanden werden könnten. Erst die wiederholende Analyse in der Supervision eröffnet neue Möglichkeiten der Intervention.

Ausgangspunkt für die Veränderung einer schwierigen und verfahrenen Situation ist für Bauriedl (wieder an Freud sich orientierend) die Trias von »Erinnern, Wiederholen und Durcharbeiten« (ebd.: 22). In einem sozialpädagogischen Team, das gerade im Konfliktfall letztlich häufig aus Einzelkämpfenden besteht, ist dieses gemeinsame Erinnern, Wiederholen und Durcharbeiten besonders wichtig, um Isolation, Schuldgefühle und vorschnelle Sanktionsreflexe von Einzelnen zu verhindern. Dabei zielt »Erinnern« auf das gemeinsame Erzählen der Situation. Hier ist wichtig, dass alle ihre Sicht der Situation einbringen können, und so in ihrer Wahrnehmung ernst genommen werden. Die »Wiederholung« erfolgt durch das Wiedererleben in der Erzählung selbst und das »Durcharbeiten« schliesslich durch die gemeinsame Reflexion der Situation und der unterschiedlichen Wahrnehmungen. Diese gemeinsame Reflexion stärkt das Team und die Einzelnen. Das offene Gespräch über die Ambivalenz der Gefühle und die Widersprüchlichkeit der Werte führt zu neuen Einsichten. Indem die Widersprüchlichkeiten deutlich gemacht und nicht überdeckt werden und auch nicht auf vorschnelle Lösungen und Ratschläge fokussiert wird, gelingt es zu veranschaulichen, dass in solchen Institutionen Widersprüche immanent und nicht zu verhindern sind. Das führt zu einer Entlastung der Einzelnen und damit auch zu mehr Gelassenheit bei der Suche nach einem adäquaten Umgang mit herausfordernden Verhaltensweisen. Obwohl nichts Näheres zum konkreten Fallverstehen bei Nino bekannt ist, kann davon ausgegangen werden, dass ein Mehr an Gelassenheit und an systematischem Fallverstehen schlechthin Möglichkeitsräume eröffnen kann. Dies gilt auch und gerade für das Thema der Grenzsetzung.

2.5 Grenzsetzung

Über Grenzsetzung in der Sozialpädagogik zu sprechen, ist ein anspruchsvolles Unterfangen (vgl. Huber 2018), hier müssen exemplarische Hinweise genügen. Es ist u. a. die Streitschrift von Bueb (2006), in der er eine »*vorbehaltlose* Anerkennung von Autorität und Disziplin« (ebd.: 11: Hervorhebung d. V.) fordert, die den pädagogischen Diskurs über den Themenkomplex Regeln, Grenzen und Strafe neu befeuert hat. Ein Diskurs, der darüber hinaus genährt wird von politischen Forderungen nach mehr Härte gegen jugendliche Abweichlerinnen und Abweichler, Debatten über den Sinn oder Unsinn von geschlossener Unterbringung, populärwissenschaftlichen Ratgebern, die Grenzsetzung zum Kerngeschäft der Erziehung ernennen, Punitivierungstendenzen in der Sozialen Arbeit etc. In der Regel ist es ein sehr aufgeregt geführter Diskurs, es wird viel »grobes Geschütz« (Bittner 2010: 23) aufgefahren.

Die Aufregung in dieser Debatte ist dabei durchaus auch dem Zeitgeist geschuldet, denn gerade in Zeiten der Verunsicherung wird von Erziehung erwartet, dass Heranwachsende so erzogen werden, dass sie sich möglichst reibungsarm und funktional in bestehende gesellschaftliche Strukturen eingliedern lassen und dort funktionieren. Erziehung ist dann, wie Hinte (2007) kritisch bemerkt, zu verstehen als ein »Verfahren, das bei richtiger bzw. gezielter und intensiver Anwendung gewünschte Ergebnisse im Verhalten von Menschen (…) zeitigt« (ebd.: 103). Eines dieser Ergebnisse soll Disziplin sein. Die Sozialpädagogin bzw. der Sozialpädagoge soll dieses Ergebnis erzielen und gegebenenfalls auch Sanktionen und Konsequenzen anwenden. Schon 2003 beschreibt Woodtli treffend eine zunehmend reaktionäre Tendenz in der öffentlichen Wahrnehmung, Heime wieder als Strafinternate oder auch als Disziplinierungsstätten zu verstehen. Die Erwartung an solche Orte und an deren Erziehung ist, dass Jugendliche nach dem Austritt angepasst, funktionstüchtig und ruhig sind. Diese gesellschaftliche Erwartung hat unübersehbar auch Auswirkungen auf das Verstehen von Sanktionen und Konsequenzen bei Professionellen der Sozialen Arbeit.

Sozialpädagoginnen und Sozialpädagogen sind heute aufgefordert, Farbe zu bekennen. Das Sprechen über Grenzsetzung in der Sozialpädagogik erscheint gegenwärtig unterlegt von einem eigentümlichen, mehr oder weniger aufdringlichen Zwang zur Positionierung. Dafür oder dagegen? Es werden unversöhnliche Fronten geschaffen und die Seitenwahl geht einher mit Etikettierungen wie Reaktionär, Kuschelpädagoge, Realist etc. Der Raum für eine mehr mit Fragen als mit Antworten beschäftigte Debatte, der es stärker um ein unaufgeregtes Abwägen als um eine deutliche und ggf. auch ideologisch motivierte Positionierung geht, scheint eher eng zu sein. Eingedenk der grossen Bedeutung von Fragen der Grenzsetzung in der sozialpädagogischen Praxis (vgl. Günder/Müller-Schlotmann/Reidegeld 2009) ist ein solcher Raum aber zwingend notwendig. Dabei geht es explizit nicht darum, Erziehung vor allem als ein Problem der Grenzsetzung zu diskutieren. Wer Grenzsetzung als *die* zentrale Aufgabe der Erziehung versteht und glaubt, damit in das Epizentrum des Pädagogischen vorgedrungen zu sein, hatte in der Ausbildung vermutlich einen Fensterplatz. Vielmehr geht es darum festzustellen, dass scharfe Positionierungen eine differenziertere Auseinandersetzung mit der Grenzsetzung nicht ersetzen können.

Im Rahmen der Auseinandersetzung mit Systemsprengerinnen und -sprengern stellt Rätz (2016: 53) fest:

> »Grenzen definieren ein Ende. Sie zeigen auf, dass etwas nicht (mehr) möglich ist. Sie zeigen in Einrichtungen der Erziehungshilfen häufig Regelverstösse an und damit dem jungen Menschen sein defizitäres Verhalten auf. Sie machen deutlich, dass keine Ideen für eine gemeinsame Gestaltung mehr vorhanden sind. Statt Grenzen gilt es Handlungsräume aufzuzeigen. (…) Diese Räume gilt es, immer wieder neu auszuloten und kommunikativ zu erschliessen. (…) Ganz praktisch ausgedrückt wäre dies eine Wende vom: ›Du darfst das und das nicht!‹ zu ›Du kannst das und das machen‹«.

Die Hauptaussage ist klar: Grenzen markieren das Ende der pädagogischen Vernunft. Sie verschliessen pädagogische Möglichkeitsräume, sind ein Ausdruck der Kapitulation. Striktere Settings, in denen Grenzen und Grenzsetzung eine exponiertere Rolle spielen, können pädagogisch gar nicht adäquat arbeiten. Doch ist das immer und notwendig so? Können Grenzen nicht auch den Rahmen eines Settings sichern und so Verlässlichkeit und Schutz bieten und vor diesem Hintergrund Entwicklungs- und Lernprozesse ermöglichen? Können Grenzverletzungen nicht auch zur kommunikativen Erschliessung gemeinsamer Handlungsräume führen?

Diese und viele weitere Fragen wirft das oben genannte Zitat auf. Insgesamt stimmen diese Fragen skeptisch hinsichtlich der Auffassung, dass Grenzen und Grenzsetzung stets und notwendig dysfunktional sein müssen, skeptisch gegenüber der impliziten Polarisierung von grundsätzlich ›guten‹ und grundsätzlich ›schlechten‹ Settings.

Nino wurde in eine geschlossene Gruppe aufgenommen, wechselte dann in den offenen Bereich, in ein Setting, in dem Grenzen und Grenzsetzung allerdings immer noch eine exponierte Rolle spielen. Ob das aus sozialpädagogischer Perspektive sinnvoll ist, können wir aufgrund der mangelnden Informationen nicht entscheiden, gehen aber davon aus, dass es sich nicht um eine pauschal zu beantwortende Frage handelt. Schwabe, Stallmann und Vust (2013: 29) stellen zu Recht fest, dass es Jugendliche gibt, »die für einen begrenzten Zeitraum eines offensiven Machtgefälles und starker Aussenstrukturierung bedürfen, um sich zunächst auf Anpassung und irgendwann später vielleicht auch auf Entwicklung einlassen können«. Andererseits gibt es auch »gute ›offene Settings‹, denen es gelingt ›riskant agierende‹ junge Menschen anzusprechen und nach und nach an sich zu binden, so dass nach einiger Zeit Entwicklung stattfinden kann« (ebd.: 28 f.).

Was folgt nun daraus? Man kann sagen, dass Öffnungsprozesse bzw. korrektive Neuanfänge der Erziehung unter Umständen temporäre und partielle Schliessungsprozesse voraussetzen *können*, natürlich aber nicht *müssen*. Die Fragen, welches Setting mit welchen Grenzen für welche/n Jugendliche/n das adäquate ist und wie Grenzsetzungen im konkreten Fall von Grenzverletzungen aussehen sollten, verweisen wiederum auf die Notwendigkeit eines fundierten Fallverstehens und lassen sich weder aus einschlägigen Forschungsergebnissen noch aus grundsätzlichen Überlegungen zu vermeintlich ›guten‹ und ›schlechten‹ Settings sinnvoll ableiten.

Mit Mennicke (2001: 179) könnte man also sagen, dass die Frage, ob Grenzsetzung in ihren verschiedenen Formen pädagogisch legitim ist, in dieser Form falsch gestellt ist, da »das Treffen oder Nicht-Treffen von dergleichen Massnahmen abhängig ist von der Annäherung oder Nichtannäherung an das Optimum des Transcendierens und Inscendierens«. Hörster greift dieses Motiv von Mennicke auf und erkennt im »Inscendieren« das »kasuistische ›Erspüren‹ und ›Erwägen‹« (ebd. 2012: 180) und im »Transcendieren« die Suche nach einem über die jeweilige Situation hinausweisenden Entwicklungspotenzial. Das Wechselspiel zwischen »Inscendieren« und »Transcendieren« kennzeichnet in diesem Sinn das Fallverstehen und den kasuistischen Raum, in dem die Fragen nach dem je individuellen Sinn oder Unsinn von Grenzsetzung verhandelt werden können.

Es geht dann um eine geschickte Inszenierung von Grenzsetzungen und Orten von Mündigkeitserfahrungen, die den Jugendlichen Übungsfelder eröffnen, in denen sie erleben können, wie Zusammenleben (anders) funktionieren könnte. Heime sind Erfahrungsorte, an denen Individualität in der Gemeinschaft geübt werden kann. Damit leisten sozialpädagogische Institutionen einen wichtigen Beitrag zur Gesellschaft, denn sie kreieren einen Erlebnisraum, in dem junge Menschen, die auf Unterstützung angewiesen sind, ihre Autonomie erarbeiten können. Sie erfahren, wie Mitgestaltung in einer Gemeinschaft mit unterschiedlichen Menschen und Werten funktioniert und wie eigene Perspektiven, eigene Interessen und Werte eingebracht werden können.

2.6 Schlussfolgerungen für die Interventionsebene

Wie zu Beginn angekündigt, folgen abschliessend keine konkreten Interventionsvorschläge, sondern vier kurze und exemplarische Hinweise zum Umgang mit herausfordernden Verhaltensweisen in institutionellen Kontexten der Jugendhilfe.

1. Auch und gerade in herausfordernden Situationen gilt es, den Auftrag der Heimerziehung immer im Auge zu behalten. Den Jugendlichen muss ein anderer Ort angeboten werden, an dem sie (neue) Erfahrungen machen und eigene Positionen erarbeiten können. Nur so werden Öffnungsprozesse ermöglicht und Möglichkeitsräume für Mündigkeit und Bildungsbewegungen erschlossen. Die obige Fallvignette mit ihren Hinweisen auf zahlreiche Institutionswechsel und ebenso zahlreiche Berichte aus der Praxis zeigen, dass hier noch viel zu tun ist. Konkret gilt es, im Umgang mit Jugendlichen mit herausfordernden Verhaltensweisen mehr Forschung zu betreiben. Dies in zweierlei Hinsicht: einerseits innerinstitutionell im Sinne des beschriebenen Fallverstehens, und andererseits institutionsübergreifend im Rahmen von qualitativen und quantitativen Studien. Dabei geht es um eine vertiefte Inblicknahme der Akteure und Strukturen sowie von deren Zusammenspiel und Vulnerabilitäten im Prozess von ›Systemsprengungen‹. In der systematischen Verknüpfung beider Bemühungen liegt die Chance für eine ertragreichere Diskussion der Frage, welches Setting für welche herausfordernd agierenden Jugendlichen geeignet erscheint. Heimerziehung ist, zumindest wenn man sie als ein Ortshandeln fasst, auf eine solche Diskussion angewiesen.
2. Um das zu bewerkstelligen, gilt es auch, die Sicht und Orientierungsmuster der Jugendlichen zu verstehen und sie als Betroffene zu Wort kommen zu lassen. Konkret muss vermehrt Aufwand für das Fallverstehen betrieben werden. Das weiter oben vorgestellte hermeneutische Diagnoseverfahren kann hier wichtige neue Einsichten bringen. Dabei sollten der Zeitfaktor und andere restringierende Bedingungen nicht vorschnell und abwehrend vorgeschoben werden. Institutionen müssen sich in diesem Zusammenhang auch kritisch fragen lassen, ob sie ausreichend personelle und zeitliche Ressourcen zur Verfügung stellen, ob sie die Tendenz zur Delegation des Fallverstehens an Dritte nicht sogar unterstützen etc. Auch hier, also hinsichtlich der Frage, wie und unter welchen Bedingungen sich in der sozialpädagogischen Praxis der Heimerziehung Verstehensprozesse vollziehen, zeigt sich ein enormer Forschungsbedarf.
3. Verstehen darf sich nicht im individuellen Fallverstehen erschöpfen. Vielmehr gilt es, auch ein psychoanalytisch-pädagogisch fundiertes, szenisches Verstehen auf der Ebene des Teams und der Institution zu befördern. Die Fachkräfte sind Teil der herausfordernden Verhaltensweisen und müssen daher ihren Anteil verstehen lernen. Durch ein solches Verstehen, welches beispielsweise durch eine forschende Supervision ermöglicht wird, gelingt es, die erschwerenden (Eigen-)Anteile zu erkennen und neue Perspektiven für ein professionelles Handeln zu entwickeln, welches sich jenseits der ständigen Wiederholung konflikthafter Szenen entfaltet.

4. Die gegenwärtige sozialpädagogische Debatte über Grenzsetzung, die im Zusammenhang mit ›Systemsprengerinnen‹ und ›Systemsprengern‹ besonders virulent wird, ist eher dogmatisch, zum Teil ideologisch geprägt. Schematische Positionierungen dominieren. In der Praxis der Heimerziehung gehören Grenzsetzungen und all die mit ihnen verbundenen Unsicherheiten und Ambivalenzen zum Alltagsgeschäft. Dogmatische Positionen sind hier nicht hilfreich, deren Vertreterinnen und Vertreter müssen sich zumindest irritieren lassen. Der Ort dieser Irritation und der Beantwortung der kontroversen Frage nach dem Sinn bzw. Unsinn von Grenzsetzung ist wiederum das Fallverstehen. So kann vorschnellem Handeln Einhalt geboten werden, und allfällige Grenzsetzungen, die den Betroffenen Entwicklungsmöglichkeiten aufzeigen, können gezielt und bewusst inszeniert werden. Allerdings ist auch hinsichtlich der Frage, wie und unter welchen Bedingungen Grenzsetzungen in der Heimerziehung erfolgen, festzustellen, dass es dazu kaum belastbare empirische Ergebnisse und damit einen grossen Forschungsbedarf gibt.

2.7 Interview mit Fachperson

Nicole Haymoz (1975), Sozialpädagogin, Bürgerliches Jugendwohnheim BJW Bern

Sie arbeiten im stationären Bereich mit Jugendlichen, jungen Frauen und Männern, die sich manchmal herausfordernd zeigen. Welche Verhaltensweisen nehmen Sie in Ihrem Berufsalltag als herausfordernd wahr?
Für mich ist es eine grosse Herausforderung, dass sich bei uns die Weltgeschehnisse, die aktuelle Weltpolitik im Kleinen spiegelt. Wir haben viele Jugendliche mit Migrationshintergrund, viele Flüchtlingskinder, die zeigen zum Teil schwer traumatisiertes Verhalten. Das ist für mich gerade die grösste Herausforderung, weil es nicht mehr um sog. Alltagspädagogik, um Schlüsselkompetenzen geht, nicht darum, Regeln einzuhalten, sondern man muss an einem ganz anderen Punkt beginnen. Da geschieht bei uns ein Paradigmenwechsel im Kopf, auch bei den Mitarbeitenden – ich habe die Erfahrung gemacht, dass man trotz schwerst traumatisierten Jugendlichen darauf beharrt, dass sie jeden Morgen pünktlich zur Schule gehen. Und ich habe da die Haltung, dass man ganz anders ansetzen muss, also schauen, wie gehen sie mit ihren Frustrationen um, was tun wir, wenn sie getriggert werden, wenn Gegenstände durch die Wohnung fliegen, wenn sie uns als Schlampen bezeichnen, wenn sie dreinschlagen.

Das ist sicher die grösste Herausforderung. Eine zweite ist grundsätzlich die systemische Zusammenarbeit. Wir arbeiten nach dem Konzept der Sozialraumorientierung. Unsere Aufgabe besteht darin, das Familiensystem so weit zu reaktivieren, dass es wieder selbstwirksam wird, dass sie ihre Ressourcen entdecken und nutzen lernen. Dies bedingt Veränderungen auf allen Seiten, auch auf Seiten der

Familien, dass sie nicht sagen, wir geben Ihnen unser Kind ins Heim, flicken Sie es wieder und sich ausklinken. Unser Bestreben ist, dass wir die Eltern ganz miteinbeziehen.

Können Sie noch konkreter ausführen, mit welchen Verhaltensweisen Sie konfrontiert sind?
Ja, wir haben z. B. einen 12-jährigen Jungen aus dem Libanon, der hat zwei Geschwister, die auch bei uns sind. Der ist relativ früh von seiner Mutter getrennt worden, kam dann mit seinem Vater in die Schweiz und wurde von ihm geschlagen. Wir wissen nicht genau, wie der Alltag aussah, wie stark er geschlagen wurde, was er alles erlebt hat. Wir erleben ihn so, dass, sobald er sich abgewiesen fühlt, und das kann nur ein Blick sein, er zu dissoziieren beginnt. Er beschimpft uns und hat eine Mitarbeiterin auch mehrfach geschlagen. Er warf Gegenstände herum auf der Gruppe. Das kam mehrmals täglich vor, und so kam es zu einem Wechsel auf eine andere Gruppe, wo es im Moment besser läuft. Da gab es Diskussionen, weil dieser Junge zeitweise nicht zur Schule ging und wir durchaus der Meinung waren, das gehe eigentlich nicht, aber wir mussten wie an einem anderen Ort ansetzen.

Ein anderes konkretes Beispiel jetzt in Zusammenhang mit dem sog. ›Abgabemuster‹ ist Folgendes: Ich habe eine tamilische junge Frau begleitet, die war freiwillig platziert und ihre Eltern kamen regelmässig zu den Gesprächen. Unsere Haltung ist, und das war dort auch ein Ziel, dass wir die Eltern für eine Kooperation gewinnen möchten, und dort hatte ich immer das Gefühl, sie kooperieren, bis ich bemerkte, dass es sich nur um eine Scheinkooperation handelte. Sie kamen immer zu den Gesprächen, um mir zu sagen, wie schlecht wir unsere Arbeit machten, weil sich das Verhalten ihrer Tochter nicht verbesserte. Sie haute teilweise ab und es war unklar, was sie in der Zeit tat. Sie erzählte, sie habe Sex mit älteren Männern. Sie wurde dann einmal sexuell missbraucht, als sie eine Nacht lang nicht zurückkam. Darauf folgten massive Vorwürfe seitens der Eltern, die sagten, wenn wir es schon selber nicht hinkriegen, dann macht ihr das bitte, ihr werdet ja bezahlt dafür, ihr seid die Profis und solltet doch schauen. Bei diesem Fall stellte ich fest, dass ich mit diesem Familiensystem gar nicht lösungsorientiert arbeiten konnte, denn der Fokus lag stark auf den Problemen. Sobald ich auf Lösungen zu sprechen kam, eskalierte es immer und sie beschimpften sich ganz massiv. Da ist es mir nicht gelungen, mit ihnen in einen anderen Modus zu kommen. Wir sind im freiwilligen Bereich tätig, natürlich gibt es auch bei uns Massnahmen, aber wenn Jugendliche raus wollen, können wir ihnen das nicht verbieten. Wir schliessen die Türen nicht, wir können Jugendliche polizeilich ausschreiben, aber mehr nicht. Wir müssen sie gehen lassen, auch wenn sie sich je nachdem in Gefahr bringen. Das ist eine Herausforderung.

Eine Herausforderung für mich ist auch, dass ich relativ viele Theorien gelernt habe, die ich super finde, auch Methoden, die man anwenden kann, aber je nach Situation kommt man damit an Grenzen. Beim vorhin bereits erwähnten tamilischen Familiensystem habe ich verschiedenes versucht, mit Emotionskarten gearbeitet, mit zirkulären Fragen, mit Tagebuchnotizen von positiv Laufendem und positivem Feedback. Dennoch blieb es sehr schwierig. Eine Erkenntnis ist, dass wir im besten Fall dafür sorgen können, dass Leute ihre eigenen Ressourcen wieder aktivieren und handlungsfähig bleiben. Es gilt wegzukommen von der Haltung, wonach wir verantwortlich sind für ihre Handlungen, das sind wir einfach nicht.

Was sind denn Erklärungen von herausfordernden Verhaltensweisen?
Es hat – etwas überspitzt formuliert – mit dem alten Paradigma zu tun, dass wir das Gefühl haben, wir seien Profis und die Eltern Versager. Als ich vor Jahren mein Vorpraktikum machte, dachte ich genauso. Dort brachten die Eltern ihre Kinder jeweils montags und holten sie am Freitag wieder ab. Wir dachten, geht so schnell wie möglich heim, wir übernehmen diese Woche und ihr kommt für das Wochenende wieder. Und wir nervten uns, wenn sich das Kind montags wieder anders verhalten hat als in der Woche zuvor, weil wir dachten, wir hatten es doch so gut in den Griff gekriegt letzte Woche. Dieses Denken ist noch weit verbreitet.

Und das Zweite ist, dass wir vermehrt Kinder und Jugendliche aus Krisengebieten haben, Kinder aus Syrien, Sierra Leone und dem Kongo. Wir müssen uns bewusst sein, dass sie anders sozialisiert worden sind, einen ganz anderen Hintergrund haben, oft auch schwere traumatische Erlebnisse hatten, die wir wirklich nicht nachvollziehen können und glücklicherweise auch nie erleben mussten. Wir müssen uns stärker mit Traumapädagogik befassen, die alternative Methoden bietet. Früher dachte man, wenn Kinder eine klare Struktur haben, von morgens bis abends ihre Ämtchen erledigen, kochen lernen, die Schuhe wegräumen und Finken (Hausschuhe) anziehen etc., dann werden sie ihr Leben auf die Reihe kriegen. Aber ich denke, das reicht nicht. Das ist sicher ein Erklärungsansatz. Es gibt aber sicher auch andere Erklärungen, man ist mit anderen Themen konfrontiert, das liegt in der Natur des normalen Wandels der Zeit. Heute streiten wir über Medienkonsum, in unserer Jugend waren andere Themen aktuell.

Gibt es manchmal spezifische Auslöser von herausfordernden Verhaltensweisen?
In Zusammenhang mit dem 12-jährigen Buben, der immer wieder dissoziiert hat, hatten einzelne Mitarbeitende das Gefühl, sie seien verantwortlich dafür, dass sich sein Verhalten verändert. Bei ihm war das immer wieder spürbar. Z. B. sagten wir klar, man isst nicht vor dem Computer, weil man riskiert, dass er kaputtgeht, und erwarteten dann auch, dass er dies nicht tut. Da insistierten wir sehr, bedrängten ihn fast, bis es bisweilen eskalierte. Ich denke, da haben wir nun gelernt, etwas mal gut sein zu lassen. Dann isst er halt mal vor dem PC oder guckt TV bis um 23 Uhr. Da war im Team Angst vorhanden, dass eine Hierarchieumkehrung entsteht, aber wir haben eher die Erfahrung gemacht, dass man im Kleinen auch was bewirken kann. Wir arbeiteten früher auch noch oft mit Sanktionen: »Wenn du die Finken nicht anziehst, dann musst du ein Ämtchen erledigen.« Davon kommen wir weg. Das berücksichtigt die Perspektive der Jugendlichen zu wenig. Was sollen sie können? Es geht darum, dass sie ihr Leben selbstständig leben können, und die Frage ist, was benötigen sie dazu. Sie situativ zu sanktionieren, bringt nichts, es geht nicht um Finken.

Oder es gab mal eine Situation, als ein 16-Jähriger abends nicht essen wollte. Dann hatte er später Hunger und wollte einen Müesliriegel essen und die Haltung war, dass er das nicht darf, weil die teuer sind. Dann stand eine Mitarbeiterin vor dem Schrank und wollte ihn daran hindern, einen Riegel zu nehmen. Dabei ist diese

Situation fast eskaliert, weil er sie beinahe geschlagen hätte. Das ist so eine Situation, die kann man umgehen.

Was wäre denn eine Umgangsweise, die adäquater ist oder weniger eskalierend?
Ich hätte mir zuerst überlegt, worum geht es eigentlich in dieser Situation? Will ich einfach eine Regel durchsetzen? Geht es mir um Macht? Oder geht es darum, dass er lernt, Regeln zu befolgen? Dann ist die Frage, warum muss er lernen, diese zu befolgen? Ich hätte mich sicher mit ihm auf eine Diskussion eingelassen und wenn ich gemerkt hätte, er ist angespannt, dann hätte ich ihm den Riegel gegeben. Aber sonst wäre ich in die Diskussion, in die Auseinandersetzung, und wenn man da eine Sprache findet oder in ihrer Sprache spricht, dann kann man relativ viel vermeiden. In den Sommerferien gab es so eine Situation, als drei Jugendliche ins Kino wollten. Aber sie hatten kein Geld und schon Schulden. Da fand ich, nein, wenn ich kein Geld habe, dann darf ich auch nicht ins Kino, das ist so eine Haltung von mir. Ich fand, schaut zuerst einmal, wie ihr die Schulden bezahlt, und dann besprechen wir das nochmals wegen dem Kino. Das gab eine stundenlange Diskussion, und am Schluss hat zwar der eine Jugendliche einen Schrank geschlagen, es war relativ harmlos, aber wir gingen in die Auseinandersetzung, diskutierten stundenlang, argumentierten. Das kann auch in einen Konflikt führen, aber es geht ja genau darum, für solche Situationen auch Konfliktstrategien zu erlernen. Manche Jugendliche, die Gewalt erlebt haben, haben gelernt, dass sie geschlagen werden, sobald sie nicht parieren. Ich versuche ihnen zu zeigen, dass ich mit mir argumentieren lasse. Wenn sie mir etwas mit guten Argumenten begründen, gebe ich auch mal nach. Aber manchmal gilt es auch, ein Nein stehen zu lassen.

Wie gehen Sie mit herausfordernden Verhaltensweisen um – was ist besonders wichtig?
Für mich ist die Beziehung zum Jugendlichen und zum Familiensystem ganz wichtig. Es gilt, die Eltern immer miteinzubeziehen. Wir informieren die Eltern immer, wenn etwas nicht klappt, aber auch, wenn etwas gut klappt. Wir arbeiten zusammen mit Schulsozialarbeitenden, Therapeutinnen und Therapeuten. Zu allen pflegen wir einen guten Kontakt. Wichtig ist, die Jugendlichen immer gerade zu informieren, transparent zu sein. Im System kann man immer mehr bewirken als Einzelperson. Der vorhin erwähnte 12-Jährige hat einen guten Kollegen, dessen Mutter ist Therapeutin, und die haben wir relativ schnell ins Boot geholt, und das bot Entlastung. Wenn wir gemerkt haben, der rastet bei uns nur noch aus, dann durfte er mal beim Kollegen übernachten, wie ein kleines Timeout. So haben wir die Ressourcen aus seinem Sozialraum erschlossen. Das werden wir in Zukunft noch bewusster machen, solche Ressourcen zu suchen. Das ist sicher eine Veränderung, nicht wir sind die Profis, die das Kind retten, sondern wir schauen, was können wir als Teil des Systems tun und welche Ressourcen sind vorhanden und lassen sich aktivieren. Wir erfassen die sozialen, materiellen und eigenen Ressourcen und visualisieren das. Bei fast jedem System ist da viel vorhanden und wenn man das im Gespräch aufzeigt, dann strahlen die Leute manchmal und sind stolz, wenn sie merken, was sie können, und dass ja genug vorhanden ist.

Gibt es auch auf der Ebene der Organisation einen Beitrag zum Umgang mit herausfordernden Verhaltensweisen?
Ein wichtiger Teil ist das Sozialraumkonzept. Weiter gibt es Teamsitzungen, Intervision. Auch Supervisionen haben wir regelmässig zur Auseinandersetzung auf Teamebene. Wir haben Fachberatungen mit Fallbeispielen, regelmässig Teamweiterbildungen, teilweise auch mit externen Fachpersonen.

Von der Infrastruktur her ist es ein Riesengebäude, in dem vier Abteilungen untergebracht sind. Mit der Neuausrichtung werden vier Teams in Gemeinden ziehen. Dann werden wir dort im Sozialraum die Ressourcen erschliessen. Die finanziellen Mittel werden vom Kanton zur Verfügung gestellt, auf der Basis der Konzepte unserer Organisation. Der menschliche Aspekt ist im stationären Bereich wahnsinnig wichtig. Meine Chefin kennt die Fälle, kennt die Mitarbeitenden mit allen Stärken und Schwächen, das ist eine riesige Stütze. Sie hat auch ein grosses Fachwissen und macht intern manchmal Inputs, das ist sicher ein wichtiger Punkt. Quartalsweise haben wir auch pädagogische Sitzungen, an denen wir als Mitarbeitende Themen einbringen können. Wir verfügen auch über Notfallkonzepte zu Brandsituationen, zu Suizidgefahr und über individuelle Konzepte. Wir klären individuell mit den Kindern/Jugendlichen und deren Eltern, was wir in welchem Fall machen, und halten das schriftlich fest, damit es bei Bedarf alle nachlesen können.

Welche Auswirkungen von herausfordernden Verhaltensweisen zeigen sich bei der Klientel, bei den Mitarbeitenden und bei der Organisation?
Bei Jugendlichen sind es gruppendynamische Aspekte. Ein Kind, das regelmässig ausrastet, oder eine Jugendliche, die immer abhaut, bringen Unruhe in die Gruppe; andere, die ruhig bleiben, haben einen beruhigenden Einfluss.

Für die Mitarbeitenden ist es eine Auseinandersetzung mit eigenen Anteilen, mit der eigenen Geschichte. Eine Mitarbeiterin, die zum ersten Mal mit einem Burnout konfrontiert war, konnte dank einem Einzelcoaching viel lernen und das umsetzen. Mir geht es auch so, dass ich plötzlich an Grenzen komme, aggressiv werde und mich dann fragen muss, was das bedeutet, was das mit mir zu tun hat. Da bin ich immer wieder dran. Ich habe derzeit ein Team, das jahrelang eine sog. anspruchslose Gruppe hatte und jetzt neu konfrontiert ist mit anderen Themen, das ist schwierig. Sie sind offen und interessiert, aber sie müssen sich neu orientieren.

Auf Organisationsebene ist es ein Spannungsfeld zwischen Neuausrichtung und altem Denken. Es gibt Mitarbeitende, die sich fragen, ob sie nach dieser Neuausrichtung überhaupt arbeiten können. Das sind Herausforderungen, die es auf Organisationebene auszuhalten gilt. Eine Herausforderung ist es auch, die Grenzen unseres Rahmens zu erkennen. Wo steigen wir aus? Wo anerkennen wir die Grenze der Mitarbeitenden? Denn wir tun uns sehr schwer, einen Jugendlichen umzuplatzieren, das möchten wir vermeiden.

Was würden Sie Neueinsteigenden im Berufsfeld mit auf den Weg geben?
Ich würde wohl immer wieder erklären, wie wir arbeiten, wie unsere Haltung ist. Zudem gilt es zu betonen, dass man nicht dafür verantwortlich ist, was das Gegenüber macht. Mut zur Lücke. Hilfe zur Selbsthilfe. Uns ist es wichtig, dass wir den

Jugendlichen inklusive System unterstützen, damit es ihnen gelingt, so schnell wie möglich ein selbstständiges Leben zu führen. So schnell wie möglich muss nicht schnell sein, es geht darum, Ressourcen aufzudecken, zu nutzen, das kann individuell sehr unterschiedlich sein und unterschiedlich lang dauern. Manchmal braucht es auch nur eine ambulante Begleitung, dass wir zweimal pro Woche nach Hause gehen und beim Abendessen dabei sind. Wir erkunden zunächst den Willen der Familie, also was möchten sie, worum geht es genau? Das Kind zu ›reparieren‹ ist ein Wunsch, kein Wille – das unterscheiden wir. Dann geht es weiter zur Zielsetzung, zur Umsetzung, zur Evaluation. Wo können wir Jugendliche und Eltern zur Kooperation gewinnen? Welche Ressourcen sind vorhanden? Welche können wir miteinbeziehen? Das Ganze mit dem Ziel, uns überflüssig zu machen, so schnell wie im jeweiligen System eben möglich.

Literatur

Baumann, Menno (2016): *Kinder, die Systeme sprengen*, Baltmannsweiler: Schneider.
Bauriedl, Thea (1993): Psychoanalytische Perspektive in der Supervision. In: *Supervision*, Jg. 23, S. 9–35.
Bittner, Günther (2010): Der Weg ins Leben – eine Polarreise »mit Karten von den oberitalienischen Seen« (S. Freud)? In: Margret Dörr/Birgit Herz (Hrsg.), »*Unkulturen« in Bildung und Erziehung*, Wiesbaden: VS Verlag für Sozialwissenschaften, S. 19–38.
Böhnisch, Lothar (2010): *Abweichendes Verhalten. Eine pädagogisch-soziologische Einführung*, Weinheim/München: Juventa.
Bueb, Bernhard (2006): *Lob der Disziplin*. Eine Streitschrift. Berlin: List.
Grasshoff, Gunther (2016): Rekonstruktive Sozialpädagogik!? Sozialpädagogisches Fallverstehen im Spannungsfeld von Theorie und Praxis. In: Merle Hummerich et al. (Hrsg.), *Was ist der Fall?* Wiesbaden: VS Verlag für Sozialwissenschaften, S. 271–289.
Günder, Richard/Richard Müller-Schlotmann/Eckart Reidegeld (2009): Reaktionen auf unerwünschtes Verhalten in der Stationären Erziehungshilfe. In: *Unsere Jugend*, Jg. 61, Nr. 1, S. 14–25.
Herzka, Heinz S. (2001): Förderung der Konfliktfähigkeit im Kindes- und Jugendalter, [online] www.herzkaprof.ch/bild/pdf/forderung.pdf [16.02.2018].
Hinte, Wolfgang (2007): Das Fachkonzept »Sozialraumorientierung«. In: Dieter Haller/Wolfgang Hinte/Bernhard Kummer (Hrsg.), *Jenseits von Tradition und Postmoderne. Sozialraumorientierung in der Schweiz, Österreich und Deutschland*, Weinheim/München: Juventa, S. 98–115.
Hörster, Reinhard (2012): Veranlassungen, von Strafe in der Pädagogik zu reden – Sozialpädagogische Lektüren. In: Heinz Sünker/Knut Berner (Hrsg.), *Vergeltung ohne Ende? Über Strafe und ihre Alternativen im 21. Jahrhundert*, Lahnstein: Verlag Neue Praxis, S. 155–188.
Huber, Sven (2018, im Erscheinen): Grenzsetzung und Strafe in der Heimerziehung. In: *Jugendhilfe*, Nr. 1.
Huber, Sven/Schierz, Sascha (2015): Was charakterisiert »das Sozialpädagogische« an sozialpädagogischen Zugängen zu Devianz? In: Rita Braches-Chyrek (Hrsg.), *Neue disziplinäre Ansätze in der Sozialen Arbeit. Eine Einführung*, Opladen/Berlin/Toronto: Barbara Budrich, S. 70–85.
Integras (2010): *Charta Integras*, [online] http://www.integras.ch/images/_pdf/servicemenu/organisation_verbandsdokumente/verbandsdokumente_de/ChartaGV2010.pdf [16.02.2018].
Krumenacker, Franz-Josef (2004a): Sozialpädagogisch-hermeneutische Diagnosen nach Mollenhauer und Uhlendorff. Erfahrungen und Einschätzungen. In: Franz-Josef Krumenacker (Hrsg.), *Sozialpädagogische Diagnosen in der Praxis. Erfahrungen und Perspektiven*, Weinheim/München: Juventa, S. 91–118.

Krumenacker, Franz-Josef (2004b): Von »Lebensthemen« zu »Selbstdeutungsmustern« und »Entwicklungsaufgaben«. Zur Weiterentwicklung des Verfahrens sozialpädagogisch-hermeneutischer Diagnosen. In: Franz-Josef Krumenacker (Hrsg.), *Sozialpädagogische Diagnosen in der Praxis. Erfahrungen und Perspektiven*, Weinheim/München: Juventa, S. 23–38.

Kunstreich, Timm/Müller, Burkhard, Heiner Maja/Meinhold, Marianne (2003): Diagnose und/oder Dialog? Ein Briefwechsel. In: *Widersprüche, Zeitschrift für sozialistische Politik im Bildungs-, Gesundheits- und Sozialbereich*, Jg. 88, S. 11–31.

Mennicke, Carl (2001): *Sozialpädagogik. Grundlagen, Formen und Mittel der Gemeinschaftserziehung*, Weinheim: Deutscher Studien Verlag.

Mollenhauer, Klaus/Uwe Uhlendorff (2004): Sozialpädagogische Diagnosen I. Über Jugendliche in schwierigen Lebenslagen, Weinheim/München: Juventa.

Morgenroth, Christine (2010): Die dritte Chance. Therapie und Gesundung von jugendlichen Drogenabhängigen, Wiesbaden: VS Verlag für Sozialwissenschaften.

Niemeyer, Christian (2015): Sozialpädagogisches Verstehen verstehen. Eine Einführung in ein Schlüsselproblem Sozialer Arbeit, Weinheim/Basel: Juventa.

Rätz, Regina (2016): Was tun, wenn Kinder und Erziehungshilfen aneinander scheitern? Aktuelle Studienergebnisse. In: Deutsches Institut für Urbanistik (Hrsg.), Systemsprenger verhindern. Wie werden die Schwierigen zu den Schwierigsten?, Berlin: Eigendruck, S. 41–60.

Schrapper, Christian (2015): Durchblicken und verstehen, was der Fall ist? Zur »Unendlichen Geschichte« der Kontroversen um eine sozial(pädagogische) Diagnostik. In: Eberhard Bolay/Angelika Iser/Marc Weinhardt (Hrsg.), Methodisches Handeln. Beiträge zu Maja Heiners Impulsen zur Professionalisierung der Sozialen Arbeit, Wiesbaden: VS Verlag für Sozialwissenschaften, S. 61–75.

Schwabe, Mathias, Stallmann, Martina/Vust, David (2013): Freiraum mit Risiko. Niedrigschwellige Erziehungshilfen für sogenannte Systemsprenger/innen, Ibbenbüren: Münstermann.

Sünkel, Wolfgang (1994): Im Blick auf Erziehung. Reden und Aufsätze, Bad Heilbrunn: Klinkhardt.

Thiersch, Hans/Grunwald, Klaus/Köngeter, Stefan (2012): Lebensweltorientierte Soziale Arbeit. In: Werner Thole (Hrsg.), Grundriss Soziale Arbeit, Wiesbaden: VS Verlag für Sozialwissenschaften, S. 175–196.

Trescher, Hans-Georg (1990): Theorie und Praxis der Psychoanalytischen Pädagogik, Korrigierte Neuauflage, Mainz: Matthias-Grünewald-Verlag.

Uhlendorff, Uwe (2010): *Sozialpädagogische Diagnosen III. Ein sozialpädagogisch-hermeneutisches Verfahren für die Hilfeplanung*, Weinheim/München: Juventa.

Uhlendorff, Uwe (2012): Sozialpädagogisch-hermeneutische Diagnosen in der Jugendhilfe. In: Werner Thole (Hrsg.), Grundriss Soziale Arbeit, Wiesbaden: VS Verlag für Sozialwissenschaften, S. 707–718.

Winkler, Michael (1999): »Ortshandeln« – die Pädagogik der Heimerziehung. In: Herbert E. Colla et al. (Hrsg.), Handbuch Heimerziehung und Pflegekinderwesen in Europa, München: Luchterhand, S. 307–323.

Woodtli, André (2003): »*Mit vollem Einsatz spielen, als ob ob ob ist.*« In: *Marmor, Stein und Eisen bricht... Über die Tragfähigkeit von Institutionen der sozialen und pädagogischen Arbeit*. Referate der Integras-Fortbildungstagung 2002, Zürich: Integras, S. 13–22.

3 Herausfordernde Verhaltensweisen von suchtmittelabhängigen Menschen

Heike Güdel

Suchtmittelabhängigkeit geht häufig für Betroffene mit einem ganzen Kanon an Problemen einher. Die verschiedenen Probleme wirken aufeinander und steigern sich gegenseitig. Fälle, wie der folgende von Frau Kieslig, müssen daher in seiner Ganzheit erfasst und erklärt werden, um mit gezielten Interventionen eine Veränderung herbeiführen zu können.

3.1 Fallvignette

Frau Eva Kieslig ist 35 Jahre alt. Seit etlichen Jahren wird sie von der öffentlichen Sozialhilfe unterstützt. Zudem ist sie seit vielen Jahren von verschiedenen Suchtmitteln abhängig und wird daher von der Fachstelle Suchthilfe eines kommunalen Sozialdienstes begleitet.

Seit acht Jahren lebt Frau Kieslig mit ihrem langjährigen Partner zusammen, der ebenfalls drogenabhängig und substituiert ist und ebenfalls in der Fachstelle unterstützt wird.

Vor sieben Jahren gebar Frau Kieslig einen Sohn, Micha, der in einer Pflegefamilie lebt. Frau Kieslig und ihr Partner, der Kindsvater, halten nur unregelmässig den Kontakt zum Sohn.

Eine wichtige Bezugsperson für Frau Kieslig ist ihr Vater, der jedoch vor zwei Jahren nach Frankreich ausgewandert ist und seitdem nur noch sporadisch in die Schweiz kommt. Frau Kiesligs Eltern sind getrennt und zur Mutter hat sie seit Jahren keinen Kontakt mehr, da diese sich schon in der frühen Kindheit von ihr abgewendet hat. Es gibt unspezifische Erzählungen von sexuellen Übergriffen in der Kindheit.

Frau Kieslig hat einen Realschulabschluss (entspricht in Deutschland einem Hauptschulabschluss). Eine Lehre im Einzelhandel hat sie nach einem Jahr wegen Sucht abgebrochen. Seitdem ist sie ohne Erwerbstätigkeit.

Wegen ihrer Suchtmittelabhängigkeit (vor allem Heroin, Kokain, Alkohol) hält sie sich oft in der Drogenszene auf. Sie bekommt aufgrund von Betäubungsmittelbesitz häufig Geldbussen, hat mit der Polizei und der Justiz zu tun. Weil sie die Geldbussen nicht bezahlen kann, muss sie von Zeit zu Zeit in Haft. Nur selten ist es ihr in der Vergangenheit gelungen, einen kleinen Teil der Geldbussen in Form von gemeinnütziger Arbeit abzuarbeiten.

Um ihren Drogenkonsum zu finanzieren, geht sie einer Beschaffungsprostitution nach. In diesem Milieu erlebte Frau Kieslig immer wieder sexuelle Übergriffe und eine Vergewaltigung. Sie erstattete teilweise Anzeige und litt sehr unter der Konfrontation mit den Geschehnissen bei den polizeilichen Einvernahmen und der anschliessenden Gerichtsverhandlung. Sie holte dabei Hilfe von einer Beratungsstelle im Rahmen der Opferhilfe für Frauen, die sexuelle Gewalt erfahren haben.

Schon in ihrer Kindheit wurde bei ihr das »Borderline-Syndrom« diagnostiziert. Selbstverletzungen (Ritzen) sind in schwierigen Zeiten ein Mittel, damit umzugehen. Immer wieder leidet sie unter depressiven Phasen.

Frau Kieslig wird aufgrund der Sucht und ihrer psychischen Beeinträchtigungen vom örtlichen Zentrum für Suchtbehandlung psychiatrisch begleitet. Dies beinhaltet eine Substitution mit L-Polamidon und ergänzende medikamentöse Behandlung. Sie kommt täglich ins Zentrum und holt diese Medikamente ab, wobei auf Wunsch kurze Gespräche vor Ort stattfinden. Sie kann zudem ausführlichere Gespräche bei der Ärztin und beim zuständigen Sozialarbeiter verlangen. Jedoch hat sie immer wieder Mühe, Termine einzuhalten, so dass sich die Begleitung in letzter Zeit auf spontane Gespräche beschränkte.

Zusätzlich hat Frau Kieslig eine Hausärztin, die sich um die immer wieder auftretenden somatischen Beschwerden kümmert. In Notfällen – die in den letzten Jahren häufiger aufgetreten sind (Unfälle) – sucht sie ein Notfall-Ambulatorium auf.

Ihre Wohnsituation ist seit Jahren prekär, da sie Mühe hat, ihre Wohnung – auch nur auf einem niedrigen Level – aufgeräumt zu halten.

Auf dem Sozialdienst erscheint Frau Kieslig unregelmässig. Häufig verpasst sie Termine unentschuldigt bzw. entschuldigt sich oft im Nachhinein. Wenn sie Termine wahrnimmt, versucht sie sich gut vorzubereiten, hat meist eine Liste mit verschriftlichten Anliegen dabei, die sie im Gespräch thematisieren möchte. Es ist Frau Kieslig bewusst, dass sie sich strukturieren muss. Die Liste unterstützt sie darin, an alle Themen zu denken, die sie besprechen möchte.

Sie macht gerne Pläne für ihren Alltag und führt eine Agenda, die sie allerdings häufig wechselt, weil sie sie verliert, und in die sie auch nur sporadisch hineinschreibt, so dass immer wieder Termine verlorengehen.

Im Gespräch ist Frau Kieslig häufig sehr emotional. Sie versucht ehrlich mit ihrer Situation umzugehen und legt ihre Erlebnisse der letzten Zeit offen und schonungslos dar, wobei ihr wichtig ist, dass die oft schwer verdaulichen Ereignisse von der Beratungsperson ertragen werden. Sie erzählt z. B. von sexuellen Übergriffen. Diese Erzählung unterbricht sie, um zu schauen, ob man der Erzählung folgt. Bisweilen bricht sie ihre Erzählungen ab und lenkt von den schwer zu ertragenden Geschehnissen ab, indem sie ein neues Thema beginnt und beispielsweise auf ihre neuen Schuhe aufmerksam macht. Sie kann dabei emotional von einem Extrem in ein anderes kippen, ebenso von einem Thema in ein anderes. So kann sie von den neuen Schuhen auch in Wut über das wenige Geld von der Sozialhilfe geraten, weil die Schuhe teuer waren. Oder sie zeigt die blauen Flecke von einem Unfall oder die Löcher in ihrem Unterhemd, ohne Schamgefühle. Wenn sie dann weiter von Erlebtem erzählen möchte, weil sie das wohl wirklich gern von sich aus mitteilen möchte (man muss danach nicht fragen), dann kann es auch sein, dass sie kurz fragt, ob sie etwas trinken darf. Damit ist dann die Schnapsflasche oder das Bier in der Handtasche gemeint. Alkohol wirkt bis zu einem gewissen Grad beruhigend auf sie. Auch kann es sein, dass sie im Gespräch aufspringt und im Büro hin- und herläuft, weil sie nicht mehr sitzen kann oder will. Sie kann wütend werden, weil sie es nicht schafft, ihre Situation zu verändern und ihr immer wieder ›so etwas‹ passiert. Besonders in alkoholisiertem Zustand oder auf Entzug kann sie auch aggressiv werden, wenn sie sich missverstanden oder unsicher fühlt. Dann sitzt sie wieder im Schneidersitz auf dem Stuhl, so als sitze sie vor dem Fernseher, und erzählt mehr oder weniger entspannt von ihrem Sohn.

Die Verhaltensweisen von Frau Kieslig sind oft herausfordernd, indem sie einerseits für Frau Kieslig selber und ihr soziales Umfeld ständig Bewältigungsanforderungen stellen. Andererseits lösen diese Verhaltensweisen auch Reaktionen bei den Sozialarbeitenden aus, einen professionellen Umgang damit zu finden. Oft hat man als Beratungsperson Mühe, auf die schnellen emotionalen Wechsel zu reagieren.

Es kostet viel Kraft, das Beratungsgespräch jeweils zu strukturieren und einen solchen Hilfsprozess zu begleiten.

3.2 Erklärungen für das komplexe Zusammenspiel im Fall

Konkret können im beschriebenen Fall folgende Formen von herausfordernden Verhaltensweisen identifiziert werden: Suchtmittelabhängigkeit, Beschaffung durch Prostitution, mangelnde Kontinuität, erschwerte Kontrolle und Regulation der emotionalen Reaktionen, Selbstverletzung und das Nicht-Einhalten von Terminen.

Zur Erklärung dieser Verhaltensweisen wird der Fall von Frau Kieslig im Folgenden mit dem Theorieansatz »Integration und Lebensführung« (Sommerfeld/Hollenstein/Calzaferri 2011) in seiner sozialen Konkretisierung erhellt. Danach werden zunächst die Bedingungen für professionelles Handeln in der öffentlichen Sozialhilfe und in der Suchthilfe beschrieben. Anschliessend werden die im Fall auftauchenden Phänomene »Sucht«, »Borderline-Syndrom«, »Traumatisierung«, »Beschaffungsprostitution«, »Komorbidität« sowie »Lebensbewältigung und Selbstverletzung« erklärt. Die herausfordernden Verhaltensweisen im Fall werden über die wechselwirkenden Dynamiken der Phänomene erklärt und in Form einer Systemmodellierung dargestellt, um daraus Überlegungen für die Praxis abzuleiten.

3.2.1 Der Theorieansatz »Integration und Lebensführung« als theoretische Rahmung

Um komplexe Phänomene verstehen zu können, braucht es Wissen und Methoden, wie diese Komplexität aufgeschlüsselt werden kann, um das Ganze in seiner Bedeutung zu erfassen. In der Sozialen Arbeit hat man es meistens mit komplexen Problemen zu tun. Um in dieser Komplexität fachlich begründete Prioritäten setzen und nachhaltig wirksame Problemlösungen initiieren zu können, brauchen Professionelle der Sozialen Arbeit eine Vorstellung davon, wie Individuen und ihre Systeme zusammen funktionieren. Zudem muss sich die Profession Soziale Arbeit dieses Wissen für die konkrete Arbeit mit ihren Fällen zunutze machen. Um den Fall Frau Kieslig als Ganzes (und nicht unterkomplex nur in einem Aspekt) entschlüsseln zu können, braucht es eine theoretische Rahmung, mit der dies möglich ist. D.h., es braucht Darstellungen und Begrifflichkeiten, die diese komplexen Zusammenhänge sichtbar und bedeutsam machen.

Der Theorieansatz »Integration und Lebensführung« (Sommerfeld/Hollenstein/ Calzaferri 2011) bietet eine solche theoretische Rahmung, die dazu anleitet, einen Fall aufzuschlüsseln, indem ›das Soziale‹ operationalisiert wird. Der Theorieansatz wurde aus empirischen Daten entwickelt. Mithilfe von Systemmodellierungen können konkrete Problemdynamiken dargestellt werden, welche für die Arbeit im Fall als Fallverstehen genutzt werden können, als diagnostische Grundlage also für die Planung des Weiteren Hilfsprozesses.

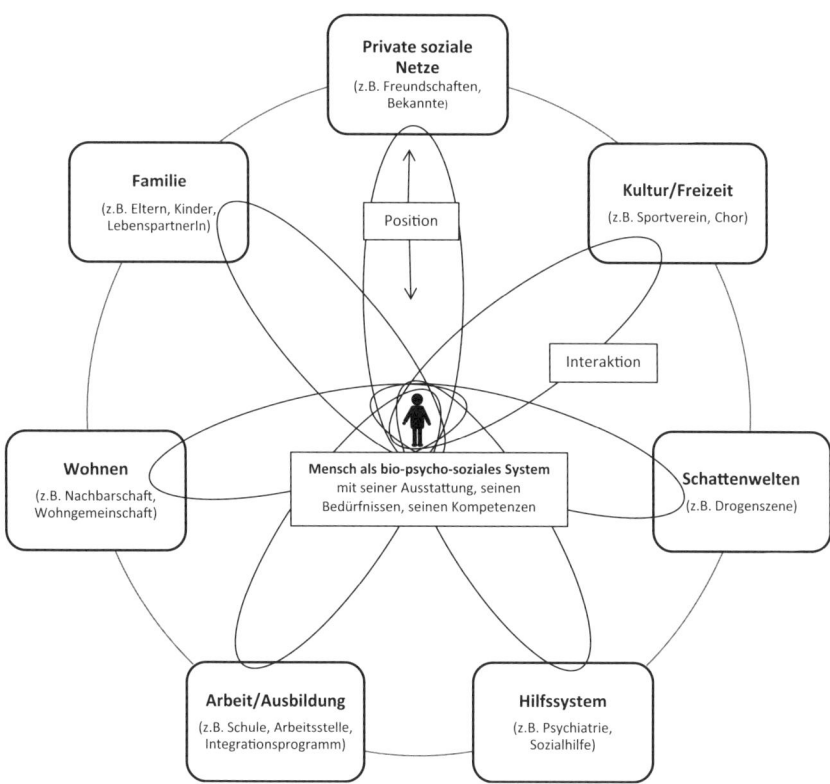

Abb. 3.1: Lebensführungsmodell (eigene Darstellung in Anlehnung an Sommerfeld/ Hollenstein/Calzaferri 2011)

Der Ansatz geht von der Synergetik als systemtheoretische Metatheorie aus, die das ›Ganze‹ als selbstorganisiertes Zusammenspiel seiner Teile versteht. Menschen organisieren sich demnach in konkreten Handlungssystemen und schliesslich in der gesamten Gesellschaft, indem sie aufgrund ihrer konkreten individuellen Ausstattung und aus ihrer konkreten Position sowie den gesellschaftlichen Bedingungen in ihren Handlungssystemen miteinander interagieren.

Im Lebensführungsmodell wird diese Dynamik dargestellt (▶ Abb. 3.1). Handlungssysteme, wie »Familie«, »Private soziale Netze«, »Wohnumfeld«, »Arbeit/Ausbildung/Tagesstruktur«, »Schattenwelten« und »Kultur/Freizeit«, können in einem konkreten Fall unterschiedlich relevant und umfangreich sein. So haben suchtmittelabhängige Klientinnen und Klienten oft kaum ein soziales Netz ausserhalb der Drogenszene und häufig den Kontakt zur Familie abgebrochen. Dafür kann das professionelle Unterstützungsnetz sehr gross sein. Für jeden Menschen kann also das Lebensführungssystem ganz konkret dargestellt werden.

Das Lebensführungssystem von Frau Kieslig zeigt, dass einige Handlungssysteme, wie beispielsweise die Arbeit oder Kultur und Freizeit, ebenso fehlen wie private soziale Netze (ausserhalb der Drogenszene). Die Handlungssysteme Herkunftsfamilie und aktuelle Familie sind gering ausgeprägt. Besondere Bedeutung im Leben von Frau Kieslig hat die Drogenszene, in der sie zur Beschaffung von Suchtmitteln viele Kontakte und Interaktionen pflegt. Gleichzeitig, eben weil das Lebensführungssystem von Frau Kieslig stark eingeschränkt ist, übernimmt das grosse Hilfesystem stellvertretende Aufgaben. Zudem ist die Justiz als zusätzliches Handlungssystem (zwischen Schattenwelt und Hilfssystem) relevant. Von Bedeutung ist, dass dieses Bild des Lebensführungssystems ein Abbild der aktuellen Situation des Lebens von Frau Kieslig darstellt (▶ Abb. 3.2).

Der einzelne Mensch ist im Verlauf seines Lebens in verschiedene Handlungssysteme integriert und führt darin sein Leben (vgl. Sommerfeld et al. 2016: 62).

> »Umgekehrt bilden sich die Persönlichkeit, die individuellen Kompetenzen und Verhaltensweisen, die individuellen ›Kognitions-Emotions-Verhaltensmuster‹ (KEV) und schliesslich (…) die psychische Potentiallandschaft (…) in und durch die Tätigkeit in den sozialen Systemen, in die es integriert ist« (ebd.).

Die Potenziallandschaft umfasst dabei die potenziellen Verhaltensmöglichkeiten der einzelnen Person. Sie veranschaulicht, dass sich jeder Mensch auch anders verhalten kann als in den immer wieder reproduzierten und häufig festgefahrenen Verhaltensweisen.

Der Prozess, bei dem Menschen interaktiv miteinander etwas Neues bilden (ein neues Ganzes/ein Handlungssystem), kann als Integration bezeichnet werden. Das Individuum wirkt auf das System und das System wirkt wiederum auf das Individuum.

Nach diesem Verständnis von Integration kann jemand auch in schädliche Handlungssysteme integriert sein, wie das mit der Drogenszene bei Frau Kieslig der Fall ist.

3.2 Erklärungen für das komplexe Zusammenspiel im Fall

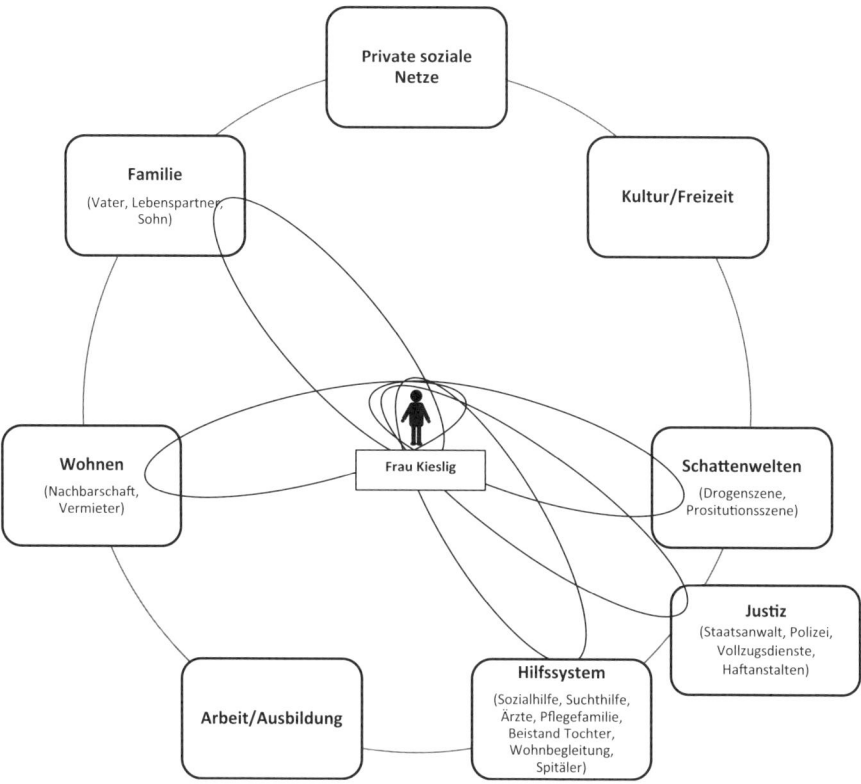

Abb. 3.2: Lebensführungssystem Frau Kieslig (eigene Darstellung)

3.2.2 Rahmenbedingungen professionellen Handelns in den beiden relevanten Hilfssystemen Sozialhilfe und Suchthilfe

Die Fachstelle Suchthilfe, in der der beschriebene Fall verortet ist, handelt in zwei Hilfesystemen, der Sozialhilfe und der Suchthilfe. In beiden Systemen wirken die jeweiligen Rahmenbedingungen auf das professionelle Handeln mit der Klientel. Eine spezifische Kompetenz der Fachstelle ist die grosse Vernetzung, insbesondere in der Suchthilfe (aber auch mit Akteuren des Gesundheits- und Sozialsystems). Daher werden zunächst die Rahmenbedingungen für professionelles Handeln in diesen beiden Systemen dargestellt.

Die Fachstelle Suchthilfe als Teil des Systems der Sozialhilfe

Die Fachstelle Suchthilfe ist für die sozialhilferechtliche Unterstützung (wirtschaftliche und persönliche Hilfe) von Klientinnen und Klienten des Sozialdienstes zuständig, die einen problematischen Konsum von Alkohol, illegalen Drogen und/oder

Medikamenten haben, der integrationshemmend wirkt. Die Arbeit der Fachstelle zielt auf eine Verbesserung der Lebenssituation der Klientel, die eine soziale und gesundheitliche Stabilität beinhaltet. Damit leistet die Fachstelle Suchthilfe gemeinsam mit anderen Institutionen einen Beitrag, dass Beschaffungskriminalität und Prostitution von Personen mit Suchterkrankungen vermindert und der öffentliche Raum durch die Reduktion der öffentlichen Drogenszene entlastet wird.

Diese Zielsetzungen entsprechen den gesetzlich verankerten Wirkungsbereichen der Sozialhilfe im Kanton Bern, wo Frau Kieslig lebt: finanzielle Existenzsicherung, persönliche Autonomie, berufliche und soziale Integration und Lebensbedingungen (SHG, Art. 2). Daher werden Massnahmen der Sozialhilfe auf folgende Wirkungsziele ausgerichtet: Prävention, Hilfe zur Selbsthilfe, Ausgleich von Beeinträchtigungen, Behebung von Notlagen, Verhinderung von Ausgrenzung und Förderung der Integration (SHG, Art. 3).

Die Abklärung der finanziellen und persönlichen Verhältnisse sowie die Intervention mit angemessenen Massnahmen obliegt dem Fachpersonal im Sinne der Sozialhilfeverordnung des Kantons Bern (SHV, Art. 3) – in der Regel Professionelle der Sozialen Arbeit.

Die schwerpunktmässige Arbeit in der Fachstelle Suchthilfe ist die Beratung. Dabei fliessen je nach Situation Beratungsansätze wie die »Lösungsorientierte Beratung« oder die »Motivierende Gesprächsführung« ein. Häufig werden Koordinationsgespräche initiiert. Seltener werden Hausbesuche und Begleitungen zu anderen Institutionen durchgeführt.

Suchtmittelabhängige Klientinnen und Klienten im System der Sozialhilfe

Aufgrund der unterschiedlichen spezifischen Problemlagen der Klientel greifen die auf Sozialdiensten üblichen Vorgehensweisen der Arbeitsintegration zu kurz. Es müssen auf die jeweilige Situation der jeweiligen Klientin resp. des jeweiligen Klienten angepasste individuelle Lösungen gesucht werden, die im Rahmen des Sozialhilfegesetzes möglich sind.

Suchtmittelabhängige Klientinnen und Klienten bleiben häufig lange abhängig von der Sozialhilfe, da ihre Gesamtsituation sehr komplex ist. Veränderungen sind nur langsam möglich und bei chronischen Verläufen ist eine Existenzsicherung über eine Erwerbsarbeit nur selten realistisch. Zudem wird Sucht bei der Invalidenversicherung (IV) nicht als Grund für Erwerbsunfähigkeit im Sinne des Bundesgesetzes über den Allgemeinen Teil des Sozialversicherungsrechts (ATSG) anerkannt (Koordination Sucht Schweiz: BGE 124 V 265 E. 3c vom 16.06.1998, siehe auch: Art. 7, Abs. 1 ATSG). Das bedeutet, dass suchtmittelabhängige Klientinnen und Klienten keine Berechtigungen für monetäre Leistungen der IV haben, wenn keine anderen relevanten Erkrankungen vorliegen. Zudem wird der aktive Suchtmittelkonsum von der IV oft als Hinderungsgrund gesehen, überhaupt z. B. psychiatrische Vor- oder Folge-Erkrankungen abzuklären, weil Suchtmittel eine Abklärung verfälschten. Somit ist eine monetäre Existenzsicherung über die IV meist unrealistisch. Da Sozialhilfe subsidiär ausbezahlt wird, wurden andere Sozialversicherungsleistungen meist schon vor Jahren als Existenzsicherung ausgeschöpft.

Politische Steuerung der Sozialhilfe

Der Sozialdienst ist Teil der öffentlichen Verwaltung und wird entsprechend hierarchisch geführt, wobei die Politik über die »Wirkungsorientierte Verwaltungsführung« bis in die tägliche Arbeit mit den Klientinnen und Klienten relevant ist und auf das professionelle Handeln der Sozialarbeitenden Einfluss nimmt, indem sie die Rahmenbedingungen vorgibt.

Einschränkend wirkt insbesondere, dass die zeitlichen Ressourcen für die personenbezogenen Beratungen – inklusive ausreichender diagnostischer Arbeit – und für die Vernetzungsarbeit als Kernelemente der Sozialen Arbeit sehr knapp bemessen sind.

Das Verstehen eines Falles ermöglicht eine passgenaue Intervention und dadurch das Vermeiden von teuren und eine Chronifizierung fördernden Misserfolgen. Eine interdisziplinäre Vernetzung hilft, Doppelspurigkeiten zu vermindern. Zudem zielt Vernetzung auf eine fallangepasste Nutzung von institutionellen und disziplinären Kompetenzen. Beides (der verstehende Zugang sowie die interdisziplinäre Vernetzung) führt zur effizienten Nutzung der zur Verfügung stehenden Mittel. Der Mangel an Zeitressourcen muss auf Sozialdiensten mit einer Terminstrukturierung aufgefangen werden.

Schon seit Jahren gilt in der Sozialhilfe das Gegenleistungsprinzip, das besagt, dass Sozialhilfebeziehende für die Unterstützung eine Gegenleistung – meist eine Massnahme zur Arbeitsintegration – erbringen sollen. In diesem politisch motivierten »Aktivierungsparadigma« wird die Verantwortung auf das Individuum abgeschoben und gesellschaftliche Dimensionen von individuellen Notlagen werden ignoriert. In unseren funktional differenzierten, kapitalistisch wirtschaftenden Gesellschaften werden systematisch Integrationsprobleme produziert (Sommerfeld et al. 2016: 67 f.). Menschen leben in einer Zumutung von Freiheit (z. B. die Zumutung, sich selber für den Arbeitsmarkt ›fit‹ zu halten und die eigene Arbeitskraft zu vermarkten), welche nicht alle gleichermassen gut bewältigen können.

In den letzten Jahren wurden medial aufbereitete Skandalisierungen von Einzelfällen für Profilierungen von politischen Populistinnen und Populisten dazu genutzt, umfassende Sparprogramme einzuleiten. Dazu werden Klientinnen und Klienten der Sozialen Arbeit systematisch und in konzertierten Aktionen diskriminiert. Die Diskriminierungen von Sozialhilfe-Empfängerinnen und -Empfängern bewirken wiederum Ausgrenzungen. Im Sinne der Investitionspolitik wird ausgewählt, für wen wie viel Geld investiert wird, für wen es sich lohnt, Geld auszugeben (vgl. Dahme/Wohlfahrt 2005: 6 ff.). In der institutionellen Sozialhilfe bewirkt die Investitionspolitik einen Wettbewerb unter den Organisationen des Sozialwesens, der nicht zu qualitativ besserer Hilfe, sondern zu Einsparungen auf Kosten der Anstellungsbedingungen der Mitarbeitenden und des Leistungsangebots für die Klientel führt. Dies trifft besonders die Schwächsten der Gesellschaft, wie chronifizierte Suchtmittelabhängige. Ihre zum Teil dramatischen Lebensumstände werden in dieser politischen Perspektive ignoriert. Letztlich ist Menschlichkeit ein wichtiges Prinzip unserer Kultur, das mit der Menschenwürde in der Verfassung verankert wurde. Dieses Prinzip wird unterlaufen, wenn den Schwächsten einer Gesellschaft in einer Verwertungslogik eine Investition in ihr Leben versagt wird.

Aspekte wie »Nicht-Freiwilligkeit« und »Machtasymmetrie« spielen in der Arbeit mit der Klientel, z. B. beim Aufbau einer Arbeitsbeziehung und bei der Gestaltung der Kooperation, eine grosse Rolle. Kooperation ist letztlich nur mit Vertrauen möglich. Und aufgrund der Machtasymmetrie ist es Aufgabe der Sozialarbeitenden, die Kooperation in der gemeinsamen Arbeitsbeziehung zu ermöglichen. Aktivierungspolitisch motivierter Zwang greift zu kurz und untergräbt die vertrauensbildende Arbeit, die auf den Erhalt und Ausbau von Autonomie zielt, mit der Verhaltensveränderungen angegangen werden können.

Das System der Suchthilfe in der Schweiz

Die Schweizer Suchthilfe beruht seit den 1990er-Jahren auf dem Vier-Säulen-Prinzip (Prävention, Behandlung, Schadensminderung, Repression), welches auch international breite Anerkennung fand. Im Jahr 2006 entwickelte die Eidgenössische Kommission für Drogenfragen (EKDF) dieses Konzept weiter zum »Würfelmodell« (▶ Abb. 3.3).

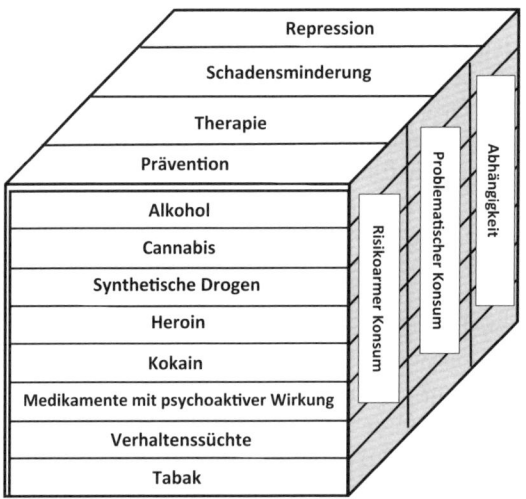

Abb. 3.3: Würfelmodell der Schweizerischen Suchtpolitik (eigene Darstellung in Anlehnung an das Modell der Eidgenössischen Kommission für Drogenfragen/BAG)

Mit dieser Erweiterung wurden die Konsummuster »risikoarm«, »problembehaftet« und »abhängig« einbezogen und gleichzeitig festgelegt, dass dieses Konzept für alle Suchtformen gelten soll, also nicht nur für illegale Drogen (vgl. BAG 2015: 26).

Mit dem Bericht und Leitbild »Herausforderung Sucht« (Steuergruppe der drei Eidgenössischen Kommissionen für Alkoholfragen, für Drogenfragen und für Tabakprävention 2010) wurde dieses Modell zudem um die Verhaltenssüchte (z. B. Geldspiel- oder Internet-Sucht) erweitert. Im Bericht werden inhaltliche (Einbeziehen von Verhaltensweisen mit Suchtpotenzial/Einbezug von sich laufend veränderten Konsummustern, nicht nur Abhängigkeit im engeren Sinn/Beurteilung von Substanzen nach Schadenslast, nicht nach Legalstatus) und strategische Empfehlungen (gesundheitsbewusste Wahl von Optionen fördern/mehr als Jugendschutz/Ausweitung auch auf andere Politikfelder) abgegeben. Mit zehn Leitsätzen werden diese Ergänzungen als Leitbild ausformuliert (vgl. ebd.).

Mit der »Erklärung von Ascona« (Suchtakademie 2016) werden insbesondere die Anliegen der Konsumierenden verstärkt aufgenommen. Sie sollen bei der Entwicklung einer zeitgemässen ›Sucht‹-Politik einen zentralen Platz einnehmen.

Die Suchthilfe ist ausgehend von diesen Konzeptionen recht ausdifferenziert. Sie reicht von Beratungsstellen, Suchtambulatorien und nieder- und höherschwelligen Arbeitsprojekten über Wohnprojekte für verschiedene Bedarfslagen bis hin zu stationären Angeboten der Psychiatrie (z. B. Entzug) und stationären Sozialtherapie-Angeboten mit unterschiedlichen Profilierungen.

3.3 Verschiedene fallspezifische Phänomene

Im Fall von Frau Kieslig sind einige Phänomene zu finden, die auch bei anderen Klientinnen und Klienten in der Fachstelle Suchthilfe häufig vorkommen. Diese sollen im Folgenden näher beleuchtet werden, um diese Erkenntnisse für das Verstehen des Falles zu nutzen.

3.3.1 Sucht

Der Konsum von Suchtmitteln ist ein Phänomen, das es in vielen Gesellschaften und seit vielen Jahrhunderten auch in Europa gibt (vgl. Schabdach 2009). Entscheidend ist die soziale Konstruktion des Konsums von Suchtmitteln, also wer und wie sich die beteiligten Akteure (mit welcher und wie viel Macht) in den jeweiligen Diskurs über die Bedeutung des Suchtmittelkonsums einbringen.

Fast jedes Suchtmittel war im Verlauf der Jahrhunderte von Prohibition betroffen (vgl. ebd.: 250):

> »Die Grenze zwischen erlaubtem und verbotenem Genuss ist historisch und geografisch prekär und der geschichtliche Rückblick zeigt, dass es niemals nur medizinische und gesundheitliche Beweggründe waren, die eine Prohibitionspolitik veranlassten. Vielmehr lieferten medizinische und gesundheitliche Motive kollektiven Akteuren schon immer eine wichtige Grundlage, um die eigene Problemdefinition mit der entsprechenden Legitimation zu versehen. Besonders das Beispiel der heute als illegal klassifizierten Drogen demonstriert, dass deren Verbot auf eine Vermengung von Interessenlagen zurückzuführen ist.«

Wichtig sei dabei, dass die jeweilige Kontrollfunktion des Suchtmittelkonsums ihren Ursprung nicht in der der Droge inhärenten Qualität hat, sondern diese eine Folge machtbasierter Auseinandersetzungen sei (vgl. ebd.: 252). In diesem Diskurs sind auch die Hilfesysteme selber in unterschiedlichen (Macht-)Positionen beteiligt.

Das vermeintlich plausible naturwissenschaftlich-medizinische Modell der Sucht ist kritisch zu hinterfragen (vgl. Schabdach 2009: 254). Sucht wird in diesem Verständnis entweder im Sinne von biologischen Prozessen rekonstruiert oder pharmakologisch auf die Wirkungen von Substanzen bezogen (vgl. Dollinger/ Schmidt-Semisch 2007: 9). Sozialwissenschaftliche »Untersuchungen zum kontrollierten und sozial integrierten Drogengebrauch und zum Selbstausstieg zeigen deutlich die Unzulänglichkeiten des Krankheitsmodells« (Schabdach 2009: 254). Entmündigungen von Drogenkonsumierenden und verallgemeinernde Zuschreibungen von »Störungsdiagnosen« (ebd.) wirken der Herstellung einer psychosozialen Handlungsfähigkeit entgegen, die für das Sich-Einbringen in gesellschaftliche Handlungssysteme (Integration) notwendig ist.

Wichtig ist, dass der suchtmittelkonsumierende Mensch selber agieren kann und seine Autonomie behält. Dabei ist Kontrolle über das eigene Leben auch für süchtige Menschen – ausser in Zeiten akuter Intoxikation – möglich (vgl. Körkel 2005: 8).

Dies haben auch die Mitglieder der Weltkommission für Drogenpolitik (Global Commission on Drug Policy) erkannt. Diese Gruppierung setzt sich – da der »Krieg gegen Drogen« als gescheitert anzusehen sei – dafür ein, Drogenkonsum weltweit zu legalisieren (Global Commission on Drug Policy 2011). »Die staatlichen Aufwendungen für aussichtslose Strategien zur Verringerung des Angebots (Repressionen im Sinne des ›Kriegs gegen Drogen‹ – Anm. der Autorin) und für die Inhaftierung verdrängen kostenwirksamere und evidenzbasierte Investitionen in die Schadenminderung« (ebd.: 2). Stattdessen soll der Kriminalisierung, der Ausgrenzung und der Stigmatisierung von Menschen, die Drogen konsumieren, ein Ende gesetzt werden. Die Gruppe will eine Diskussion um »verbreitete falsche Vorstellungen über Drogenmärkte, Drogenabhängigkeit« (ebd.) bewirken. Der Strategiewechsel, den die Gruppierung lanciert, bezieht explizit auch soziale Aspekte mit ein.

Suchtbegriff und Suchtentstehung

Aufbauend auf die vorhergehenden Überlegungen kann Sucht als komplexes Geschehen verstanden werden, das somatische, psychische und soziale (auch juristische) Ursachen und Folgen beinhaltet. Mit ihrem Suchtverhalten, welches aus körperlicher und psychischer Abhängigkeit entsteht, nimmt die suchtmittelabhängige Person keine Rücksicht auf das Sozial-, Familien- oder Berufsleben. Das Suchtverhalten kann jedoch verändert werden, indem die dahinterliegenden Muster erkannt und neue, alternative Verhaltensmuster eingeübt werden.

Einem solchen Verständnis von Sucht liegt Respekt vor der autonomen Entscheidung der süchtigen Person zugrunde. Sucht wird als umfassendes Phänomen gesehen, bei dem eine interdisziplinäre Bearbeitung hilfreich ist, da es biologische, somatische, psychische, juristische und soziale Aspekte beinhaltet. Zudem berücksichtigt es sozialwissenschaftliche Forschung und theoretisches Wissen. Dabei sind Suchtverläufe individuell verschieden. Ihre Dynamiken sind daher sinnvollerweise individuell zu rekonstruieren, um passgenaue Interventionsmöglichkeiten zu finden. Das schliesst die Möglichkeit einer Selbstheilung ein (vgl. Klingemann/ Carter Sobell 2006: 7 f.).

Langzeitabhängige

Es gibt Suchtmittelabhängige, deren Bewältigungslagen sind so komplex und vielschichtig, dass ein Ausstieg aus der Sucht langwierig oder unmöglich erscheint. Sie haben eine Suchtkarriere hinter sich, die gezeichnet ist von vielen Versuchen, ihr Leben in den Griff zu bekommen, von Scheitern, von zunehmender körperlicher und psychischer Erkrankung und von vielen Verlusten. Ihre soziale Situation ist oft prekär, geprägt von schwierigen Wohnsituationen und sozialen Abhängigkeiten (z. B. Prostitution, langfristige finanzielle Sozialhilfe-Abhängigkeit etc.). Sie sind oft substituiert und haben trotzdem meist noch Nebenkonsum unterschiedlichster Art. Sie sind belastet von der Beschaffung des Suchtmittels, sind Diskriminierung auf der Strasse und Gewalt in der Szene ausgesetzt.

Dabei ist es bei diesen Menschen wenig sinnvoll, weiterhin einen Entzug zu forcieren oder diverse Therapien aneinanderzureihen, sondern es ist sinnvoller, die Sucht in dieser Ausprägung zu akzeptieren. Im Sinne von Recovery (vgl. Sommerfeld et al. 2016: 209 ff.) gilt es, mit der Sucht ein menschenwürdiges Leben zu führen.

Das Hilfssystem hat bei langzeitabhängigen Klientinnen und Klienten eine andere Funktion. Die Abhängigkeit vom Suchtmittel verschiebt sich auf das Setting des jeweils individuell notwendigen Helferinnen- und Helfer-Netzes, welches dann zum »Dauer-Ersatzspieler« (Heinz 2017: 415) wird. Dabei ist Veränderung durchaus noch möglich, z. B. eine Kontrolle über den Konsum zu erlangen und bis Mittag nichts zu trinken. Verbessert werden können auch die Lebensbedingungen, z. B. eine Wohnsituation in einem begleiteten Wohnen zu ermöglichen. Wichtig ist auch, dass bei chronisch Suchtkranken soziale Aktivitäten (z. B. Familie, Kunstwerkstatt, Mitarbeit in einem Arbeitsprojekt) gefördert und erhalten werden.

Zunehmend müssen medizinische und pflegerische Leistungen die Alltagsbegleitung ergänzen.

3.3.2 Das »Borderline-Syndrom«

Die Diagnose »Borderline« wurde bei Frau Kieslig schon vor langer Zeit gestellt, und sie hat sie selbst in einer der ersten Beratungen in der Fachstelle Suchthilfe eingebracht.

In der ICD (Internationale statistische Klassifikation der Krankheiten und verwandter Gesundheitsprobleme) wird diese Diagnose den Persönlichkeitsstörungen zugeordnet. Sie bezeichnet eine »emotional instabile Persönlichkeitsstörung vom Borderline-Typ«, was oft als »Borderline-Syndrom« abgekürzt wird (vgl. Plag/ Rahn/Ströhle 2017: 479).

Es handelt sich dabei um eine Störung der emotionalen Einordnung.

> »Zusammen mit Umgebungssignalen (Triggern) und unbewussten Erinnerungen prägen Emotionen unsere spontanen Reaktionen (Verhaltensmuster, Schemas) und später auch die automatischen Gedanken« (ebd.: 478).

Im Verlauf unseres Lebens lernen wir Menschen, über Erfahrungen mit anderen Menschen unsere Emotionen zu kontrollieren und sie zu regulieren. Das ist wichtig, um die Erfahrungen mit anderen Menschen bewerten zu können und das eigene Verhalten und eigene Reaktionen adäquat darauf ausrichten zu können.

Sind Kontrolle und Regulation der Emotionen erschwert, kann den eigenen Emotionen nicht vertraut werden. »Der Kontakt zu sich selbst geht verloren« (ebd.). Es kommt wiederholt zu Missverständnissen, »das Verhältnis zu anderen ist von Misstrauen geprägt, und es entsteht ein unrealistischer Wunsch nach einer eindeutigen und damit vermeintlich sicheren Welt« (ebd.).

Plag et al. beschreiben, dass auch in Beziehungen zu Professionellen dieselben Schwierigkeiten auftreten, da auch sie nicht vom »Sturm der Emotionen« (ebd.) verschont blieben. »Sie stolpern über das Misstrauen beim Versuch, Vertrauen zu schaffen, und scheitern an der Konstruktion einer eindeutigen und heilen Welt. So kann aus einer gut gemeinten Absicht echte Gegnerschaft erwachsen« (ebd.).

Die Symptomatik ist geprägt von geschwächter Impulskontrolle, labiler Stimmungslage, einer deutlichen Störung des Selbstbildes, ausgeprägter Unsicherheit hinsichtlich persönlicher Ziele und Präferenzen, Gefühlen von Leere, intensiven, aber unbeständigen Beziehungen (Nähe-Distanz-Problematik) und selbstdestruktivem Verhalten sowie suizidalen Handlungen (vgl. ebd.: 480). Psychoanalytisch wird die Entstehung des Borderline-Syndroms mit der inneren Abspaltung von Konflikten erklärt. Dabei weisen bis zu 84 % der Patientinnen und Patienten weitere Störungen wie Angsterkrankungen, depressive Störungen, Suchtverhalten oder suizidales Verhalten auf, wobei eine zusätzliche Traumatisierung im Vergleich zu anderen Patientinnen- und Patientengruppen zu einer signifikant stärkeren Verschlechterung der Psychopathologie führt (vgl. ebd.: 480 f.).

Es gibt eine Reihe von psychotherapeutischen Behandlungsmethoden, die sich durch ein besonderes Mass an Strukturierung, Massnahmen zur Förderung der Kooperation, eine klare Definition des therapeutischen Weges und Zieles sowie eine aktive Haltung der Therapeutin resp. des Therapeuten, die Förderung der Arbeitsbeziehung und eine lange Behandlungsdauer auszeichnen (vgl. ebd.: 483).

3.3.3 Traumatisierung

Frau Kieslig erlebte in ihrer Kindheit Traumatisierungen aus sexuellen Übergriffen. Zugleich erfährt sie in ihrer instabilen Lebenssituation immer wieder neue Traumatisierungen, vor allem durch Gewalt, sexuelle Übergriffe und Vergewaltigungen.

In der aktuellen Version der ICD-10 wird von »Reaktionen auf schwere Belastungen und Anpassungsstörungen« (ICD-10 GM, F 41) gesprochen, wenn »ein aussergewöhnlich belastendes Lebensereignis« (ebd.) eintritt, das eine Belastungsreaktion hervorruft, oder »eine besondere Veränderung im Leben, die zu einer anhaltend unangenehmen Situation geführt hat und eine Anpassungsstörung hervorruft« (ebd.). Solche Ereignisse können z. B. Krieg, Folter, Überfälle, Unfälle, Tod einer nahestehenden Person oder die Mitteilung einer lebensbedrohlichen Erkrankung, aber eben auch »(langjährige) sexuelle oder physische Gewalt« (Plag et al. 2017: 485) sein. Dabei wird zwischen »akuten Belastungsreaktionen« und

»posttraumatischen Belastungsstörungen« unterschieden. Traumatisierungen lösen Hilflosigkeit in der eigenen Lebensführung aus aufgrund der Infragestellung von zuvor fest verankerten Werten und Vorstellungen. Ein Gefühl, die Kontrolle über das eigene Leben verloren zu haben, löst z. B. Ängste, Depressionen, Aggressionen, Schlafstörungen aus (vgl. ebd.). Bei posttraumatischen Belastungsstörungen werden durch verschiedene Formen des »Wiedererlebens« des Auslösers (z. B. Albträume, Flashbacks) beispielsweise Symptome wie Vermeidungsverhalten, vorübergehender Gedächtnisverlust, starke Erregbarkeit, Defizite in der Impulskontrolle und kognitive Defizite sowie Angst ausgelöst. Versuche, die Symptome zu kontrollieren, münden häufig in Suchterkrankungen (vgl. ebd.: 487 f.).

3.3.4 Beschaffungsprostitution

Für viele Suchtmittelabhängige, vor allem von illegalen Drogen, deren Beschaffung um ein Vielfaches teurer ist, ist Prostitution ein Weg, den Konsum zu finanzieren.

Gemäss Zumbeck (2006) muss das Erleben von professionellen Sexarbeiterinnen und Sexarbeitern von jenem von drogenabhängigen Strassenprostituierten unterschieden werden. Der Teufelskreis von Beschaffungsprostitution, Sucht und Gewalt wirkt sehr destruktiv auf das Leben von Betroffenen. Faktoren des Ortes, an dem die Prostitution ausgeübt wird (z. B. Hotel oder Auto des Freiers), der Freiwilligkeit der Ausübung der Prostitution, ob sie in der Illegalität stattfindet und verheimlicht werden muss, bestimmen über die relative Sicherheit, in der diese ausgeübt wird (vgl. ebd.: 34).

Zumbeck gibt eine Übersicht über die bis anhin veröffentlichte Forschung zum Themenbereich Prostitution, Trauma-Erfahrungen und Sucht. Dabei wird deutlich, dass Prostituierte vermehrt traumatische Erfahrungen in der Kindheit erlebt haben (ohne dass bisher wissenschaftlich eine Kausalität für die spätere Prostitution nachgewiesen werden konnte) und innerhalb der Prostitution einem erheblichen Risiko für traumatische sexuelle Übergriffe, Gewalt und Vergewaltigungen ausgesetzt sind. Dabei werden einerseits Suchtmittel konsumiert, um Prostitution überhaupt ausüben zu können, und damit einhergehende Belastungen zu überstehen. Andererseits erzeugt der Konsum von Suchtmitteln wiederum ein Ansteigen von risikohaftem Verhalten (bezüglich des Erkennens von gefährlichen Situationen und adäquater Reaktion darauf) (vgl. ebd. 2006: 44). Diskriminierung von Prostituierten und damit verbundene soziale Ausgrenzung erhöhen die Risiken für die Ausprägung schwerer und chronifizierter Störungen nach Trauma-Erfahrungen, da sich Betroffene die notwendige Unterstützung schwerer holen können (ebd.: 43).

Dissoziation (also die Verdrängung und Abspaltung von unerträglichen psychischen Zuständen gemäss ICD-10, F 44) »gilt als Folge massiver Traumatisierung, die für viele Betroffene kurzfristig eine Entlastung bei anhaltender psychischer Traumatisierung und/oder den überwältigenden, negativen Gefühlszuständen sowie dem schmerzhaften Wiedererleben der Traumatisierung (Flashbacks) darstellt« (ebd.: 43). Diese Form der Reaktion verhindere einerseits eine Verarbeitung des Erlebten, erhöhe aber andererseits das Risiko für eine Reviktimisierung, »da die Betroffenen angesichts von akuter Bedrohung in dissoziative Zustände fallen, aufgrund derer sie sich nicht situationsangemessen schützen oder aus der Gefahrensituation fliehen können« (ebd.). Auf die Belastung der Traumatisierungen während der Prostitution reagierten viele mit vermehrtem Konsum, ein Teufelskreis, aus dem schwer auszusteigen sei (vgl. ebd.: 47 f.).

In der professionellen Arbeitsbeziehung ist es wesentlich, die Notlagen der Prostituierten zu erkennen und anzuerkennen. Die komplexen Problemlagen erfordern eine parallele Bearbeitung aller Probleme (Sicherheit, Wohnen, Sucht, Trauma-Behandlung ...) (vgl. ebd.). Dabei ist es wichtig, dass Professionelle sehr sensibel vorgehen, »um nicht den Eindruck zu erwecken, das Berichtete unter einer voyeuristischen oder gar entwertenden Perspektive aufzunehmen« (ebd.: 51), denn solche Verhaltensweisen (z. B. Übergriffe von Therapeutinnen und Therapeuten) führten zu einer Reviktimisierung der Betroffenen (ebd.).

3.3.5 Komorbidität psychischer Störungen und Sucht (Doppeldiagnosen)

Von sog. »Doppeldiagnosen« spricht man, wenn ausser einer Suchtproblematik zusätzlich eine psychische Störung vorliegt. Diese Mehrfachdiagnosen wirken aufeinander – wie dies auch im Fall von Frau Kieslig sichtbar wird – und machen die Problematik dynamischer und komplexer. Dabei ist eine vergleichende Übersicht schwierig, da es sich um eine sehr heterogene Gruppe von Patientinnen und Patienten handelt (vgl. Moggi 2014: 15). Insbesondere bei schweren Störungen geht eine »langjährige und individuell spezifische Entwicklung voraus, die sich anamnestisch wie aktuell durch das Auftreten von Symptomen von wechselnder Ausprägung und chronischem Verlauf« (ebd.: 16) auszeichnet. Die Behandlung ist langwierig und eher auf die Stabilisierung der Situation als auf eine Heilung ausgerichtet (vgl. ebd.), weil sich die psychische Störung und die Sucht wechselseitig beeinflussen. Sie sollte daher mit mehreren »störungsspezifischen Interventionen« (ebd.: 18) gleichzeitig im Sinne einer integrierten Behandlung durchgeführt werden.

3.4 Lebensbewältigung und Selbstverletzung

Im Rahmen des Lebensbewältigungskonzepts verwendet Böhnisch anstelle des Begriffs »herausfordernde Verhaltensweisen« den Terminus »abweichendes Verhalten« (Böhnisch 2010: 11). Er bezeichnet dieses (durchaus kritisch) als Bewältigungsverhalten, das nicht den gängigen Normen entspricht. Böhnisch macht mit dem Begriff ›abweichend‹ darauf aufmerksam, dass Stigmatisierung in ihrer ausgrenzenden und problemverstärkenden Wirkung stattfindet und vom konkreten sozialen Umfeld konstruiert wird, oft aus einem Unverständnis der Situation der Betroffenen. Nach ihm kann dieses Verhalten aus der Perspektive der Betroffenen als Problemlöseversuch verstanden werden.

Jeder Mensch versucht laut Böhnisch ständig, sich seine Integrität durch psychosoziale Handlungsfähigkeit zu bewahren, indem die Dimensionen »Selbstwirksamkeit und Selbstkontrolle«, »Selbstwert« und »soziale Anerkennung« in einer psychosozialen Balance gehalten werden. Auf diese Weise wird das Zusammenwirken von psychischen und sozialen Faktoren erklärbar. Werden im Zusammenspiel dieser Dimensionen Erfahrungen eines Mangels gemacht, fehlt also z. B. die soziale Anerkennung, der Selbstwert oder die Selbstwirksamkeit, dann gerät diese Balance aus dem Lot, was für die Betroffenen in emotionalem Stress spürbar ist. Wenn zusätzlich keine ausreichenden sozial anerkannten Ressourcen zur Verfügung stehen, um diese psychosoziale Spannung abzubauen, dann werden erreichbare Mittel und Wege gesucht, diese Spannung »um jeden Preis!« (vgl. Böhnisch 2010: 22) abzubauen und wieder psychosozial handlungsfähig zu werden. Hinter Verhaltensweisen, die von der sozialen Umwelt als herausfordernd wahrgenommen werden, »stecken also in der Regel immer massive Selbstwert-, Anerkennungs- und Selbstwirksamkeitsstörungen« (ebd.).

Selbstverletzungen, wie sie auch Frau Kieslig zeitweise zeigt, können so als Bewältigungshandeln verstanden werden, bei dem eine innere Abspaltung (Dissoziation) stattfindet. Mit dem Ritzen der Haut wird der Körper zum Objekt. Die Verletzung passiert quasi einem ›Ding‹, wodurch das eigene Bewusstsein – das Selbst – heil bleiben kann. So kann die innere Spannung abgebaut werden, die durch Traumatisierungen und den durch das Borderline-Syndrom verursachten Verlust des Kontaktes zu sich selber verursacht wurde. Gleichzeitig bekommt die sich selber verletzende Person soziale Anerkennung, wenn auch durch extreme Auffälligkeit (vgl. ebd.: 158).

3.5 Beschreibung der Dynamiken, die die herausfordernden Verhaltensweisen im Fall von Frau Kieslig antreiben

In einer Systemmodellierung (▶ Abb. 3.4) werden nun die herausfordernden Verhaltensweisen von Frau Kieslig in ihren sich ständig reproduzierenden Dynamiken dargestellt. Es kann so das Zusammenspiel aufgezeigt werden, welches die herausfordernden Verhaltensweisen immer wieder hervorbringt.

Dabei ist zu beachten, dass diese Systemmodellierung in erster Linie zur Erklärung der Verhaltensweisen erstellt wurde und weniger als individuelle Diagnostik zur Fallbearbeitung dient. Beispielsweise hängt das »Einhalten von Terminen« eng mit der »mangelnden Kontinuität« zusammen. Es hat weniger eine Bedeutung für das Lebensführungssystem von Frau Kieslig, erschwert aber die Zusammenarbeit mit ihr in der Fachstelle Suchthilfe im vorgegebenen Setting sehr.

Aufgrund dessen, dass Frau Kieslig in wenigen Handlungssystemen aktiv ist, werden vor allem die Dynamiken der Schattensysteme der Sucht- und Prostitutionsszene sowie wichtige Aspekte der Hilfesysteme aufeinander bezogen und ihr Zusammenspiel aufgezeigt.

Zur Lesbarkeit der Modellierung ist oben links eine Zeichenlegende angebracht. Orange hervorgehoben sind die Variablen, die als »herausfordernde Verhaltensweisen« identifiziert wurden. Mit Pfeilen wird die Richtung der Einwirkung einer Variablen auf die andere verdeutlicht. Die Zeichen + und - zeigen an, ob die Einwirkung verstärkend oder vermindernd wirkt. Über diese Wirkzusammenhänge werden Dynamiken sichtbar, deren Zusammenspiel entweder zunehmend eskalierend wirkt (im Sinne eines Teufelskreises) oder deren Dynamik sich stabilisierend auswirkt.

3.6 Die Dynamiken im Fall von Frau Kieslig, die zu herausfordernden Verhaltensweisen führen

- In der Bewältigung der Diagnose »emotional instabile Persönlichkeitsstörung vom Borderline-Typ« sind der »Wunsch nach Beziehung« bei gleichzeitiger »emotionaler Verunsicherung« die die Dynamik bestimmenden Faktoren. Eigene und die Emotionen von anderen können nicht eingeordnet werden. Frau Kieslig spürt sich selbst nicht. Der Wunsch nach einer eindeutigen Welt wird ständig enttäuscht, weil die Beziehung zu anderen, auch zu Professionellen, komplexer und widersprüchlicher ist. In Beziehungen kommt es daher – aufgrund der Unsicherheit, Gefühle einzuordnen – zu Misstrauen, was zusätzlich dazu führt, dass die Ambivalenz, bestimmte Ziele zu verfolgen, gestärkt wird.
- Dieses Misstrauen wird in der Arbeitsbeziehung spürbar. Einerseits ist Frau Kieslig abhängig von der Sozialhilfe. Sie ist damit abhängig von der Art des professionellen Handelns und zwar in einem Sozialhilfe-Kontext (gekennzeichnet z. B. durch Nicht-Freiwilligkeit, mangelnde Zeit für Diagnostik und integrierte Zusammenarbeit, politisch initiierte Misstrauenshaltung, an Terminen strukturiertes Beratungssetting). Die emotionale Widersprüchlichkeit in Konfrontation mit den Bedingungen des professionellen Handelns in der Sozialhilfe-Praxis wirken störend auf die Arbeitsbeziehung und die Motivation für Frau Kieslig, diese aufrechtzuerhalten. Bei Frau Kieslig entsteht eine Ambivalenz in der Zusammenarbeit mit der Sozialarbeiterin.
- Diese bewirkt wiederum eine mangelnde Kontinuität im Verfolgen eigener Ziele und dadurch auch im Hilfsprozess.
- Die Selbstverletzungen, aber auch die Sucht, können in ihrer Dynamik als Bewältigungsversuche verstanden werden. Indem sich Frau Kieslig selber nicht spürt, entsteht eine ungeheure emotionale Unsicherheit, die für sie kaum aushaltbar ist, weil sie stresshaft die psychische Stabilität bedrängt. Die Selbstverletzung hat die Funktion, dass sie sich selber spürt und den physisch-emotionalen Stress abbauen kann. Durch die innere Abspaltung wird der Körper wie ein

äusseres Objekt behandelt (Abstraktion), auf das sich die Aggression richtet. Durch diese objektivierende Abspaltung kann das Selbst als Ganzes erhalten bleiben. Zusätzlich bekommt sie Anerkennung (Aufmerksamkeit) durch diese extreme Auffälligkeit.
- Die Suchtmittelabhängigkeit kann als Resultat eines Bewältigungsverhaltens verstanden werden, mit dem ursprünglich die Symptome der psychischen Schwierigkeiten gelindert wurden. Schon lange hat sich eine Abhängigkeit entwickelt, die durch wiederkehrende Belastungssituationen immer wieder verstärkt und in ihrer Ambivalenz gesteigert wird. Dies hat einen Ausstieg aus der Sucht langfristig verhindert, obwohl die Suchthilfe mit der Substitution eine relative Beruhigung der gesundheitlichen und suchtbedingten Situation ermöglicht.
- Der Suchtkreislauf von Beschaffung und Prostitution setzt gefährliche Dynamiken in Gang. Von der Abhängigkeit von Suchtmitteln kann sich Frau Kieslig – aufgrund der anderen beschriebenen Dynamiken – nicht befreien. Die Illegalität der Suchtmittel erfordert viel Geld. Prostitution ist eine Form der Geldbeschaffung. Frau Kieslig ist von Armut betroffen, hat also keine eigenen Mittel, um illegale Suchtmittel zu finanzieren, und die Mittel der Sozialhilfe reichen dazu nicht aus. Die Illegalität bewirkt zusätzlich, dass Frau Kieslig sich in der Schattenwelt der Drogenszene aufhalten muss, in der ein nahezu rechtsfreier Raum herrscht, der von Gewalt und Abhängigkeit geprägt ist. Andererseits bewirkt die Illegalität der Suchtmittel auch wiederkehrende Probleme mit der Polizei und der Justiz.
- In der Beschaffungsprostitution wirkt sich die Unsicherheit zur Einschätzung von Gefühlen besonders verheerend aus, indem sie Fehleinschätzungen von gefährlichen Situationen fördert. Frau Kieslig kann sich also in der Prostitution weniger gut vor gefährlichen Situationen schützen. Dies verstärkt die Gefahr von Re-Traumatisierungen durch sexuelle Übergriffe und Vergewaltigungen. Gleichzeitig bewirkt die Beschaffungsprostitution einen Tag-Nacht-Rhythmus, der verhindert, dass sie am normalen Tagesgeschehen teilnehmen kann (z. B. Einhalten von Terminen und Arbeiten).
- In dieser Systemmodellierung sind die beschriebenen Dynamiken rund um die in rechteckigen Kästen gesetzten herausfordernden Verhaltensweisen dargestellt (▶ Abb. 3.4). Es ist ersichtlich, wie sich die einzelnen Problematiken immer wieder gegenseitig antreiben, wodurch die ständige Reproduktion dieses Verhaltens begünstigt wird. Allerdings können die professionellen Hilfen (Substitution, Sozialhilfe) entspannend wirken, wenn sie ›das Ganze‹ im Blick behalten.

3 Herausfordernde Verhaltensweisen von suchtmittelabhängigen Menschen

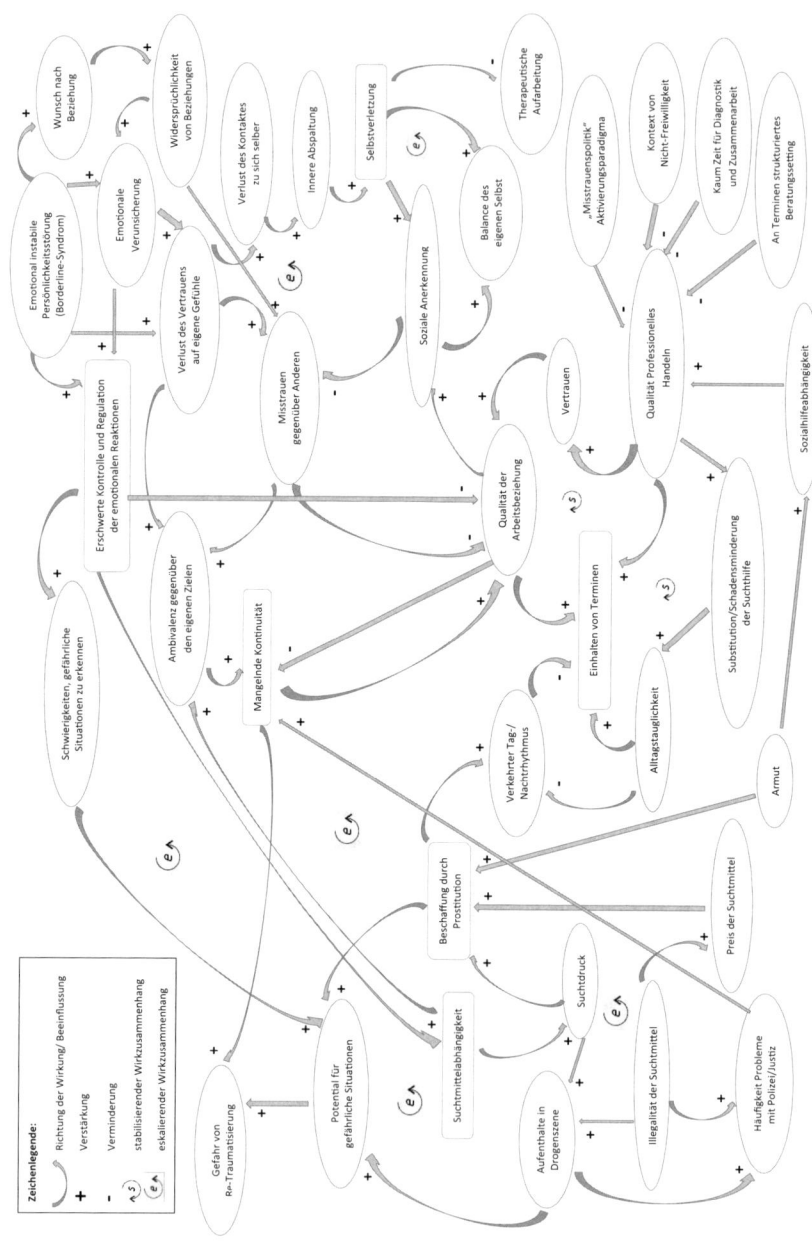

Abb. 3.4: Systemmodellierung für Frau Kiesling (eigene Darstellung)

3.7 Handlungsleitende Überlegungen

Um herausfordernde Verhaltensweisen von Klientinnen und Klienten im Kontext von Sucht- und Sozialhilfe verstehen zu können, ist professionelles Handeln in der Sozialen Arbeit unabdingbar. Dieses beinhaltet ein prozessbezogenes, zielgerichtetes und auf Fachwissen sowie ethischen Standards beruhendes Vorgehen, wie es z. B. die »Kooperative Prozessgestaltung« (Hochuli Freund/Stotz 2015) vorsieht. Dieses Vorgehen betont die diagnostische und kooperative Fallbearbeitung.

Eine gute diagnostische Arbeit in Kooperation mit der Klientel und anderen Beteiligten ermöglicht ein ganzheitliches Fallverständnis, angemessene Ziele und passgenaue Interventionen. Sie kann damit helfen, Chronifizierungen zu vermeiden und in chronifizierten Fallsituationen die Recovery-Faktoren zu finden. Beides unterstützt den angemessenen und effizienten Mitteleinsatz. Die Methodik der Systemmodellierungen kann biografische Daten aufnehmen und damit ein konkretes Abbild eines Lebensführungssystems darstellen.

Im Fall von Frau Kieslig kann eine Stabilisierung und Beruhigung der Situation erzeugt werden, indem Strukturen gegeben und aufgezeigt werden, die mit der Instabilität elastisch umgehen können, wie z. B. durch Weiterführen der Substitution und den Aufbau einer niederschwelligen Tagesstruktur. Der flexible Umgang mit Terminen und ein gut strukturiertes Beratungssetting auf dem Sozialdienst können die Zusammenarbeit mit Frau Kieslig erleichtern.

Wichtig ist dabei, nicht selber in vorschnelle, stigmatisierende Kategorisierungen zu verfallen und eigene Perspektiven immer wieder zu reflektieren. Aus dem politischen und öffentlichen Diskurs übernommene moralisierende Stigmatisierungen (wie »renitente Sozialhilfeempfänger«) sind im Fall nicht hilfreich. Im Gegenteil, es ist die Aufgabe der Sozialarbeitenden, solchen vereinfachenden Stigmata entgegenzutreten.

Eine dem Auftrag angemessene diagnostische Erarbeitung des Falls beinhaltet zunächst, den Klientinnen und Klienten gut zuzuhören und sie in ihrem eigenen Verständnis ihres Lebens ernst zu nehmen, auch wenn dieses Verständnis zunächst für einen selber nicht nachvollziehbar erscheint. Somit hat die Anforderung der »Offenheit« (Hochuli Freund/Stotz 2015: 154), die Thiersch mit der Lebensweltorientierten Sozialen Arbeit formuliert hat, nichts an ihrer Aktualität verloren, insbesondere, wenn man die Organisation professionellen Handelns im Rahmen sozialinvestiver Politik bedenkt.

Für professionelles Handeln muss ausreichend Zeit zur Verfügung stehen und politische Bestrebungen innerhalb der eigenen Organisation und der nächstgrösseren politischen Einheiten sollten unabdingbarer Anspruch des sozialarbeiterischen Selbstverständnisses sein.

Zeit braucht es auch für eine integrierte Zusammenarbeit im Fall. Case Management ist dazu die sozialarbeiterische Methode der Wahl. Allerdings sollte deren methodische Ausgestaltung die ethischen und fachlichen Grundlagen der Sozialen Arbeit berücksichtigen (vgl. Sommerfeld et al. 2016: 221). Ohne Zusammenarbeit kann es in komplexen Fällen, die im Feld der Suchtarbeit häufig sind, keine guten und nachhaltigen Lösungen geben.

In langfristigen Suchtsituationen muss berücksichtigt werden, dass die Verhaltensmuster im Zusammenspiel der Probleme auf den bio-psychosozialen Ebenen extrem verinnerlicht sind. Eine Veränderung ist nur langsam möglich, und es ist von einer weiterhin langfristigen Sozialhilfeabhängigkeit auszugehen. Zudem sind die traumatischen Erlebnisse kaum aushaltbar. Eine Hilfestellung zielt hier niederschwellig auf eine Stabilisierung, nicht so sehr auf eine ›Heilung‹, wobei diese Option immer offenbleiben sollte. Die langfristigen Suchtkarrieren sind von vielen Ausstiegsversuchen und Misserfolgen geprägt. Dies ist demotivierend. Besser ist, kleine Ziele zu vereinbaren und kleine Schritte vorerst in Richtung Stabilität und Kontinuität der Ziel-Verfolgung, also den Abbau von Ambivalenzen, zu verfolgen.

Im Gespräch ist es schliesslich hilfreich, eine Struktur vorzugeben. Klarzumachen, von wann bis wann das Gespräch dauert und welche Inhalte besprochen werden sollen. Auch ist es sinnvoll, Gesprächstermine so zu setzen, dass sie auch mit einem alternativen Tag-Nacht-Rhythmus eingehalten werden können (je nachdem kann das frühmorgens, gleich nach dem Heimkommen von der Strasse, oder nachmittags, nach dem Ausschlafen, sein). Es ist sinnvoll, darauf Rücksicht zu nehmen. Möglich ist auch, gar keine Termine abzumachen und stattdessen Kontakte an das Geld zu knüpfen. Das ist sinnvoll, wenn man wissen möchte, wie es jemanden gesundheitlich geht, und man dies jede Woche überprüfen möchte (mit der Frage, ob jemand eine gesundheitliche Versorgung braucht, bis hin zur Frage, ob jemand noch lebt). Auch ist es möglich, je nachdem wie die Klientin bzw. der Klient funktioniert, gar keine Termine abzusprechen und ihr oder ihm spontane Gespräche zu ermöglichen.

Auch hier spielt der Zeitfaktor eine grosse Rolle. Es kann sinnvoll sein, mehrere kleine und spontane Gespräche von kurzer Dauer zu führen. Für längere Gespräche, in denen mehrere Themen angesprochen werden, ist es sinnvoll, genügend Zeit einzuplanen und damit zu berücksichtigen, dass diese nicht ›gradlinig‹ durchdiskutiert werden können. Für die Sozialarbeitenden ist es adäquat, anschliessend eine Pause einzuplanen und die Reihenfolge von Gesprächen, die herausfordernd sind, so zu verteilen, dass nicht gleich anschliessend eines mit ähnlich hoher Intensität folgt.

Im Einzelfall kann ausgehandelt werden, welche Regeln in den Gesprächen gelten sollen. So kann es hilfreich sein, explizit zu sagen, dass während des Gesprächs kein Alkohol getrunken werden darf oder dass man sich nicht entblösst. Es muss abgewogen werden, einerseits der Klientel ihre Strategie zu lassen, um mit ihren Emotionen zurechtkommen. Anderseits sind zum Eigenschutz oder zur Ermöglichung eines sinnvollen Gesprächs Strukturen notwendig, die vielleicht sonst unausgesprochen vorausgesetzt werden können.

Da Klientinnen und Klienten im Kontext von Sucht ihre Emotionen und Verhaltensweisen (oft als Resultat von Übertragungen und Gegenübertragungen) häufig nicht ausreichend kontrollieren können – wie dies hier mit dem Fall von Frau Kieslig dargestellt wurde –, ist es Aufgabe der Sozialarbeitenden, den emotionalen Verwicklungen angemessen zu beggnen. Dafür und zur Reflexion der Involviertheit der eigenen Person kann der »Kompetenzrechen« (vgl. Böhnisch 2012: 304) hilfreich sein. Dieser dient dazu, die emotionalen Kompetenzen, über die die Sozialarbeitenden in der Arbeitsbeziehung mit der Klientel verfügen müssen, bewusst zu machen.

Kompetenzen wie das *Aushalten* von Nähe und Distanz, das *Verstehen* der Situation der Klientel in Konfrontation mit der eigenen Lebenserfahrung sind damit zu reflektieren. Er beinhaltet das *Akzeptieren* von Bewältigungsanforderungen, das *Teilhaben* und Mittragen von Interventionen im gegenseitigen Vertrauen sowie das *Beobachten* mit einer Haltung von Offenheit und dem Zurücknehmen der eigenen Person. Weitere Kompetenzen, die er darstellt, sind das *Trennen* von Person und Verhalten (z. B. Person und Delikt) und das *Distanzieren* – zwar mit Empathie – so doch im Aushandeln beim Begegnen der jeweiligen Rollen.

Schliesslich gilt, insbesondere bei langdauernden Suchtkarrieren mit Doppeldiagnosen, dass Ambivalenzen ausgehalten werden müssen.

Dabei sind die Sozialarbeitenden »Dauer-Ersatzspieler« (Heinz 2017: 415), die mit ihren Angeboten auf die Erarbeitung förderlicher Recovery-Faktoren zielen (vgl. Sommerfeld et al. 2016: 209 ff.).

3.8 Interview mit Fachperson

Anja Dominguez Trinidad (1988), Sozialarbeiterin bei der Fachstelle Suchthilfe, Sozialdienst Stadt Bern

Sie arbeiten mit Klientinnen und Klienten im Suchtbereich. Welche Verhaltensweisen nehmen Sie als herausfordernd wahr?
Bei uns sind fast alle ein wenig herausfordernd, es gibt natürlich stabilere und weniger stabile Klientinnen und Klienten, es kommt immer drauf an, in was für Lebensumständen sie gerade drin sind. Die Bandbreite ist sehr gross und das ist manchmal die Herausforderung. Eine der grössten Herausforderungen ist, wenn die Klientinnen und Klienten eben nicht kommen, weil dann kann man sehr schwer arbeiten. Wenn sie da sind, ist schon mal gut. Das Planen ist wirklich manchmal schwierig, denn wir haben gewisse Vorgaben: Ich muss alle sechs Monate eine Finanzplanung erstellen, und dafür müssen die mit ihnen vereinbarten Ziele noch aktuell sein, oder aber es müssen neue Ziele vereinbart werden. Das ist natürlich schwierig, wenn die Klientinnen bzw. Klienten nicht auftauchen. Es gibt aber auch welche, die sehr spontan auftauchen, und dann sollte man umgehend Zeit haben, das ist auch schwierig, weil sie dann manchmal nicht so Geduld haben oder die Einsicht fehlt, dass es nun eine Woche dauern kann, bis sie einen Termin erhalten, nachdem sie eventuell vorher fünf Termine verpasst haben. Herausfordernd ist es auch, wenn sie betrunken sind, etwas konsumiert haben oder auf Entzug sind.

Weiter sind Doppeldiagnosen herausfordernd, wenn neben der Sucht noch eine psychische Beeinträchtigung vorhanden ist und jemand z. B. psychotisch wird. Die Mehrfachproblematik ist anspruchsvoll, es kann nicht nur ein Thema fokussiert werden. Es bestehen verschiedene Themen wie das Wohnen, die Sucht, der Freundeskreis oder die illegalen Handlungen. Da stellt sich immer die Frage, woran man gerade arbeiten soll. Ich überlasse dies oft den Klienten und Klientinnen, dass sie sagen, was ihnen im Moment wichtig ist.

Herausfordernd ist auch manchmal die fehlende Einsicht, wenn sie behaupten, kein Problem zu haben. Ich lasse sie zu Beginn meist frei erzählen, aber irgendwann muss ich gewisse Themen aufgreifen, z. B. wenn es mit dem Vermieter Probleme gibt und eine Wohnungskündigung droht. Für mich persönlich macht es keinen Unterschied, ob sie weniger oder mehr konsumieren, ich verurteile sie nicht – das Konsumverhalten hat nur einen Einfluss auf die Zusammenarbeit im Bereich der Angebote, die ich den Klientinnen und Klienten mache. Mir ist Ehrlichkeit wichtig. Wenn jemand sagt: »Ich trinke jeden Tag nur einen Liter Bier, aber beginne erst abends«, dann ist das ebenso o. k., wie wenn jemand sagt: »Ohne fünf Liter Bier kann ich nicht zu Ihnen kommen«. Das Verleugnen, Verbergen, Verheimlichen ist oft ein gewohntes Muster, eine Strategie, die sie gelernt haben. Hier aber kommt es nicht drauf an, wie viel sie konsumieren, sie müssen auch nichts ändern. Ich will nur wissen, woran ich bin und mich einstellen können. Ich habe eine Klientin, die will nicht substituiert werden, sie sagt, sie leidet nur darunter, dass sie obdachlos ist. O. k., dann gucken wir zusammen, wie kann man sie unterstützen, dass sie zu einer Wohnung kommt oder in einem begleiteten Wohnen leben kann. Es geht darum zu zeigen, hier können sie ehrlich sein, das hat keine Sanktion zur Folge. Nach meiner Erfahrung kann man viel erreichen, wenn man ehrlich, authentisch und unvoreingenommen ist.

Sie haben viele verschiedene Herausforderungen genannt – gibt es etwas, was besonders schwierig ist?
Die Knacknuss ist manchmal alles rundherum: Die Leute werden sehr schnell sehr stark verurteilt. Ich glaube, wenn man sie akzeptieren kann, so wie sie sind, dann ist es auch für sie nicht so schwierig. Es gibt einen Grund, weshalb sie beim Sozialdienst sind, da stecken lange Geschichten dahinter. Hierfür ein Verständnis aufzubringen, ist wichtig. Herausfordernd ist schon manchmal das Fordernde, also, wenn Leute sagen: »Jetzt bin ich da und jetzt müssen Sie Zeit haben.« Als Sozialarbeiterin muss man bisweilen auch konsequent sein. Wenn man beispielsweise beim Thema Vorschüsse konsequent ist, dann wissen das die Klientinnen und Klienten und fragen weniger danach. Wenn man hingegen viele Vorschüsse gibt, dann fragen sie auch häufiger danach. Die meisten erhalten ihr Geld einmal monatlich auf ihr Konto überwiesen. Klientinnen und Klienten, die kein Konto haben, erhalten bei uns das Geld bar an der Kasse. Wenn jemand nicht so gut damit umgehen kann, kann man variieren – es gibt Leute die kommen dreimal wöchentlich an die Kasse, andere ein- bis zweimal. Bei solchen, die häufig Vorschüsse verlangen, kann man umstellen und die Auszahlungen anpassen, das wissen sie. Das Ziel ist natürlich, dass sie es monatlich kriegen und die Einteilung selber machen. Es gibt auch Klientinnen und Klienten, die sich einrichten und froh sind, wenn man alles für sie erledigt. Da muss man kritisch sein und sie ermuntern, es wieder selber zu versuchen.

Welche Erklärungen für diese herausfordernden Verhaltensweisen gibt es?
Das Fordernde kommt daher, dass viele im Moment leben, und es ist verständlich, wenn man auf Entzug ist, dann müssen die Bedürfnisse sofort befriedigt werden,

das hat Vorrang. Wenn man die Wohnung verliert, dann ist das eine Notsituation, klar gibt es Verwarnungen, aber dann plötzlich ist der Moment da, die Polizei steht vor der Türe und wirft einen raus. Das ist dann akut, und der Leidensdruck ist so gross, dass man umgehend reagieren muss. Wir haben solche Extremfälle, die können nicht vorausplanen und im Krisenmoment erwarten sie dann, dass das Helfernetz funktioniert. Sie haben oft mehrere Sozialarbeitende und die sollten dann umgehend reagieren und da ist dann das Fordernde kombiniert mit der Schwierigkeit, einen anderen Blickwinkel einnehmen zu können. Ein weiterer Punkt ist, dass viele eben nicht auf ein breites Netz von Bekannten und Freunden zurückgreifen können. Später, wenn sie stabiler sind, kommt die Herausforderung, alles aufzuarbeiten, was man gemacht hat, um sich die Drogen leisten zu können, beispielsweise Prostitution, Diebstahl, Leute ausgeraubt etc. Plötzlich wird ihnen bewusst, was alles war – das auszuhalten ist sehr schwierig. Ich habe auch Klientinnen und Klienten, die sagen, wenn ich einen Entzug mache, verliere ich alles, meine Kollegen, mein Umfeld, weil ich ausserhalb der Szene keine Freunde mehr habe. Ich kann verstehen, dass das Angst macht, diese Klientinnen und Klienten sind sehr reflektiert und wissen, das Konsumieren tut ihnen nicht gut, aber sie wissen auch, wenn sie aufhören, verlieren sie das gesamte Umfeld.

Sie nannten bereits einige Auslöser wie Wohnungsverlust – gibt es weitere Auslöser von herausfordernden Verhaltensweisen?
Es können auch traumatisierende Ereignisse aus der Vergangenheit sein und die gesundheitliche Situation, etwa psychische Beeinträchtigungen. Sie werden teilweise durch den Konsum von Drogen verstärkt. Aber es können auch andere Sachen sein, wie das Geld, das nicht ausreicht. Oder Vorstellungen, die jemand hat von uns, und wenn man denen nicht entspricht, dann ist keine Bereitschaft mehr da, zusammenzuarbeiten. Oft drehen sich die Diskussionen um das Geld, das ist von unserem Auftrag her ja nachvollziehbar. Und auch, dass diese Verhaltensweisen teilweise Strategien sind, die sie sich schon in der Kindheit angeeignet haben, um beachtet zu werden oder Aufmerksamkeit zu erhalten.

Gibt es neben wohlwollendem Erklären und Konsequent-Sein weitere Umgangsweisen, die Sie empfehlen?
Authentisch sein und zeigen, dass man sie ernst nimmt und ehrlich ist. Wenn das im Gespräch gelingt, dann hat man schon sehr viel gewonnen, weil sie halt oft konfrontiert werden mit abwertendem Verhalten. Sie ernst nehmen und authentisch bleiben, das ist wie eine Sicherheit, die man ihnen vermitteln kann, das hilft ihnen sehr. Wichtig ist auch immer, den Menschen hinter der Drogensucht, hinter dem ›Junkie‹, hinter der ›Alkoholikerin‹ zu sehen. Viele erzählen ziemlich viel von sich. Ihnen Zeit zu geben, ist wichtig, forcieren bringt nichts. Klar, wir müssen auf die Arbeitsmarktintegration zielen, aber wir können uns auch mal auf andere Aspekte konzentrieren und diese mit ihnen ansehen, ihnen auch Zeit lassen. Wenn ich mir vorstelle, ich wäre die Klientin, dann möchte ich auch nicht jedem meine persönliche Geschichte erzählen, denn das ist personenabhängig. Wir haben glücklicherweise eine Aufnahme, die klären alles Nötige ab wie finanzielle Aspekte, gesundheitliche Probleme etc. Wir können im Anschluss dann einfach mal erklären,

wie das hier läuft, wofür wir da sind und uns erkundigen, was sie sich wünschen, erwarten. Das hilft sehr. Generell ist es wichtig, sehr transparent zu sein und zu erläutern, warum ich welche Frage stelle. Sicherheit ist bedeutend, die gilt es zu vermitteln, denn viele konnten in ihrem Leben vieles nicht selber bestimmen. Selber bestimmen ist daher ein wichtiges Thema. Ich habe auch Klientinnen und Klienten, denen es schwerfällt, Termine einzuhalten. Sie melden sich am Empfang und dürfen dann spontan zu mir kommen. Ich habe damit positive Erfahrungen gemacht. Es ist manchmal ein wenig anstrengend, aber die Leute wissen, dass wenn ich einen anderen Termin habe, dann kann es auch mal sein, dass sie eine Stunde warten müssen. Das ist o. k. für sie. Eine Klientin kommt so einmal pro Woche vorbei. Wenn ich auf einen Termin beharren würde, würde ich sie nie sehen, denn es würde nicht klappen. Wenn alle Klientinnen und Klienten so wären, ginge das Konzept natürlich nicht auf, aber das ist ja nicht der Fall.

Was wird von Seite der Organisation unternommen, um die Herausforderungen zu bewältigen?
Wir haben Supervision, Intervision und einmal wöchentlich Teamsitzungen, an denen wir Fälle besprechen können. Es gibt auch die Möglichkeit, mal einen Klienten oder eine Klientin abzugeben. Sie dürfen aber auch einen Wechsel beantragen, das müssen sie schriftlich tun. Teilweise haben Sozialarbeitende den gleichen Klienten schon seit sechs Jahren, da ist ein Wechsel immer mal wieder gut. Wenn es eskaliert, haben wir Notfallknöpfe, die wir nutzen können. Wir haben auch Schulungen, wonach wir potenzielle Gefahrenquellen im Büro eliminieren sollten. Weiter kann man Weiterbildungen machen, z. B. zu Arbeitsmanagement. Wir sind sehr vernetzt mit anderen Fachstellen, Substitutionsprogrammen, Beratungsstellen, was Sucht angeht, betreutes Wohnen, begleitetes Wohnen, Spitex, Arbeitsprogrammen, Caritas. Eine Sozialarbeiterin von der Wohnbegleitung hat z. B. mehr Zeit, Dinge anzusprechen, ich habe nur einen kurzen Einblick. Gelegentlich habe ich einen Eindruck und die anderen Fachpersonen haben einen ganz anderen Eindruck einer Person. Dazu kommen die Spitäler, Entzugskliniken, Pflegeheime, Ehepartnerinnen und -partner etc. Die Zusammenarbeit mit diesen Institutionen ist sehr gut. Wir treffen uns auch einmal jährlich, um über die Zusammenarbeit zu sprechen und uns gegenseitig auszutauschen. Unser Chef ist in vielen Gremien, Fachgruppen etc. So ist man auch sehr vernetzt, was vieles erleichtert und auch der Grund ist, weshalb wir als einziger Sozialdienst so eine Fachstelle Sucht überhaupt noch haben auf Gemeindeebene. Allein, dass es diese Fachstelle gibt, ist eine enorme Unterstützung, denn wir wissen, was an spezifischen Hilfsangeboten existiert. Die Sozialarbeitenden auf dem Sozialdienst haben im Vergleich oft nur zwei, drei Klientinnen resp. Klienten mit Suchterkrankungen. Die Zeit, die sie investieren müssten, um sich das spezifische Wissen anzueignen, würde in keinem Verhältnis zum Nutzen stehen. Vor allem in Anbetracht der Realität, dass die Fallbelastung auf Sozialdiensten sehr hoch ist. Bei uns in der Fachstelle haben wir den Vorteil, dass wir das erworbene Wissen nicht nur bei einzelnen Klientinnen und Klienten anwenden können. Somit lohnt es sich, unsere ebenfalls knapp bemessene Zeit sinnvoll zu investieren in den spezifischen Wissenserwerb zum Thema Sucht und in die Vernetzung zu bereits existierenden Hilfsangeboten.

Welche Auswirkungen haben herausfordernde Verhaltensweisen für die Klientel und für Sie als Sozialarbeiterin?
Die Klientinnen und Klienten erhalten als Konsequenzen Geldbussen, wenn sie konsumieren, schwarzfahren, stehlen, dann folgen Gerichtsverfahren und Gefängnisaufenthalte. Dann gehört dazu aber auch der Verlust von Kontakten, die nicht im Milieu sind, wie Familie, frühere Freunde etc. Das sind Folgen des Verhaltens. Aber auch Job- und Wohnungsverluste sind ein ganz grosses Thema. Oder auch Kinder, die fremdplatziert werden. Aber auch die Einschränkung in ihrer Autonomie, dass sie einer Wohnbegleitung zustimmen müssen, um eine Wohnung zu erhalten.

Als Sozialarbeiterin kann es einen recht beschäftigen, wenn man verbale Angriffe persönlich nimmt. Aber wenn man versucht zu verstehen und nachzuvollziehen, dann haben die Verhaltensweisen der Klientel nicht den Effekt, dass man den Job nicht mehr machen möchte. Man kann es dann besser verstehen und sich auch klar davon abgrenzen. Es ist so, wie es ist, und ich muss es im Moment so annehmen, oder aber wir ändern es gemeinsam. Es kann im Moment extrem nerven, dann flucht man, aber dann ist wieder gut.

Was würden Sie Neueinsteigenden in diesem Bereich mit auf den Weg geben?
Man kriegt auf einmal ganz viele Klientinnen und Klienten zugeteilt. Auf den ersten Blick sind viele sehr ähnlich, und am Anfang den Überblick zu behalten, ist sehr schwierig. Kennt man die Personen, ihre Geschichten und wie sie vernetzt sind, dann ist es kein Problem mehr. Zu Beginn ist es jedoch eine Herausforderung: Man hat eine hohe Fallbelastung und nicht die zeitlichen Ressourcen, vor jedem Gespräch noch einmal die Akten durchzulesen. Ich habe mir deshalb eine Liste gemacht mit allen Klienten und Klientinnen, wie sie vernetzt sind, wann sie Auszahlungen haben, welche Substanzen sie konsumieren. Ich wollte sie nicht durcheinanderbringen, denn es ist sehr verletzend, wenn man für jemand anderes gehalten wird.

Das andere ist, wirklich eine Linie haben, sechs Monate lang möglichst keine Ausnahmen machen. Lieber am Anfang streng sein, als zu viele Ausnahmen zu ermöglichen, denn das reisst ein und wird nur anstrengend. Dann auch das Telefon umleiten während Gesprächen, denn das zeigt den Leuten Wertschätzung. Sie sollen merken, dass die Aufmerksamkeit bei ihnen ist und sie nicht nebenbei behandelt werden, denn ich bin vielleicht die einzige Sozialarbeiterin, bei der sie sind, da sollen sie sich ernst genommen und respektiert fühlen.

Literatur

Böhnisch, Lothar (2010): Abweichendes Verhalten. Eine pädagogisch-soziologische Einführung, Weinheim/München: Juventa.
Böhnisch, Lothar (2012): Sozialpädagogik der Lebensalter. Eine Einführung. 6., überarbeitete Auflage, Weinheim/Basel: Beltz Juventa.
Bundesamt für Gesundheit (BAG): Nationale Gesundheitsstrategie, [online] https://www.bag.admin.ch/bag/de/home/themen/strategien-politik/nationale-gesundheitsstrategien/strategie-sucht.html?_organization=317 [25.07. 2017].

Dahme, Heinz-Jürgen/Wohlfahrt, Norbert (2005): Sozialinvestition. In: Heinz-Jürgen Dahme/Norbert Wohlfahrt (Hrsg.), Aktivierende Soziale Arbeit. Theorie – Handlungsfelder – Praxis. Baltmannweiler: Schneider Verlag Hohengehren, S. 6–20.

Dollinger, Bernd/Schmidt-Semisch, Henning (2007): Sozialwissenschaftliche Suchtforschung, Wiesbaden: Verlag für Sozialwissenschaften.

Global Commission on Drug Policy (2011): Krieg gegen die Drogen. Bericht der Weltkommission für Drogenpolitik, [online] https://www.globalcommissionondrugs.org/wp-content/uploads/2012/03/GCDP_WaronDrugs_DE.pdf [31.07.2017].

Grosser Rat des Kantons Bern (2017): Sozialhilfegesetz des Kantons Bern (SHG), [online] https://www.belex.sites.be.ch/frontend/versions/1213 [22.08.2017].

Heinz, Andreas (2017): Der sich und andere versuchende Mensch (Abhängigkeit): In: Klaus Dörner et al. (Hrsg.), Irren ist menschlich. Lehrbuch für Psychiatrie und Psychotherapie, 24. Auflage, Köln: Psychiatrie-Verlag, S. 361–423.

Hochuli Freund, Ursula/Stotz, Walter (2015): Kooperative Prozessgestaltung in der Sozialen Arbeit. Ein methodenintegratives Lehrbuch. 3., überarbeitete und erweiterte Auflage, Stuttgart: Kohlhammer.

ICD 10 GM (2017): Internationale statistische Klassifikation der Krankheiten und verwandter Gesundheitsprobleme, 10. Revision, German Modification, Version 2017, [online] https://www.dimdi.de/static/de/klassi/icd-10-gm/kodesuche/onlinefassungen/htmlgm2017/index.htm#V [01.08.2017].

Klingemann, Harald/Carter Sobell, Linda (2006): Selbstheilung von der Sucht. Wiesbaden: VS Verlag für Sozialwissenschaften.

Koordination Schweiz (o. J.): Handbuch Medizinrecht, [online] https://www.koordination.ch/online-handbuch/medizinrecht/sucht/[24.07.2017].

Körkel, Joachim (2005): Zwischen freiem Willen und biologischem Determinismus, [online] https://www.kontrolliertes-trinken.de/kontrolliertes-trinken/de/3/3/hintergrund/determinismus.aspx [31.07.2017].

Moggi, Franz (2014): Behandlung von Suchtpatienten mit komorbiden psychischen Störungen. In: Suchtmagazin, Jg. 2014, Nr. 1, S. 15–19.

Plag, Jens/Rahn, Ewald/Ströhle, Andreas (2017): Der sich und Andere bemühende Mensch (neurotisches Handeln, Persönlichkeitsstörungen und Psychosomatik): In: Klaus Dörner et al. (Hrsg.), Irren ist menschlich. Lehrbuch für Psychiatrie und Psychotherapie, 24. Auflage, Köln: Psychiatrie-Verlag, S. 425–492.

Regierungsrat des Kantons Bern (2017): Sozialhilfeverordnung des Kantons Bern (SHV), [online] https://www.belex.sites.be.ch/frontend/versions/1205 [22.08.2017].

Schabdach, Michael (2009): Soziale Konstruktionen des Drogenkonsums und Soziale Arbeit. Historische Dimensionen und aktuelle Entwicklungen, Wiesbaden: Verlag für Sozialwissenschaften.

Sommerfeld, Peter/Dällenbach, Regula/Rüegger, Cornelia/Hollenstein, Lea (2016): Klinische Soziale Arbeit und Psychiatrie. Entwicklungslinien einer handlungswissenschaftlichen Wissensbasis, Wiesbaden: VS Verlag für Sozialwissenschaften.

Sommerfeld, Peter/Hollenstein, Lea/Calzaferri, Raphael (2011): Integration und Lebensführung. Ein forschungsgestützter Beitrag zur Theoriebildung der Sozialen Arbeit. Wiesbaden: VS Verlag für Sozialwissenschaften.

Steuergruppe der drei Eidg. Kommissionen für Alkoholfragen, für Drogenfragen und für Tabakprävention (2010): Herausforderung Sucht. Grundlagen eines zukunftsfähigen Politikansatzes für die Suchtpolitik in der Schweiz, [online] http://fachverbandsucht.ch/download/154/2010_Leitbild_Herausforderung_Sucht_Langversion.pdf [25.07.2017].

Suchtakademie (2016): Erklärung von Ascona, [online] http://fachverbandsucht.ch/download/164/Erklaerung_Ascona_Grundstze_fr_eine_moderne_Suchtpolitik [25.07.2017].

Zumbeck, Sybille (2006): Prostitution, Sucht und Gewalt. In: Ingo Schäfer/Michael Krausz (Hrsg.), Trauma und Sucht. Konzepte – Diagnostik – Behandlung, Stuttgart: Klett-Cotta, S. 33–55.

4 Herausfordernde Verhaltensweisen von Asylsuchenden

Luzia Jurt

Asylsuchende finden sich nach der Ankunft in einem Aufnahmeland erstmals in Sicherheit und sind in der Regel erleichtert, die Reise bis hierher geschafft zu haben. Im Aufnahmestaat werden sie mit zahlreichen gesellschaftlichen Anforderungen und Erwartungen konfrontiert, die sich oft nur schwer erfüllen lassen und die den Handlungsspielraum der Asylsuchenden einschränken. Dies kann zu Spannungen führen, die sich auf unterschiedliche Art und Weise zeigen, wie im Rahmen der folgenden Fallvignette exemplarisch dargestellt wird.

4.1 Fallvignette

Nach einer dreimonatigen, strapaziösen Flucht hat Herr Ylas mit seiner Frau und seinem vierjährigen Kind in der Schweiz ein Asylgesuch gestellt. Sie verbringen die ersten Wochen in einem Empfangs- und Verfahrenszentrum. Hier findet eine erste Befragung statt, bei der Daten zur Person, Fluchtroute und Fluchtgründe erhoben, die Gesuchstellenden erkennungsdienstlich erfasst werden sowie ein erster Gesundheitscheck durchgeführt wird. Die Asylsuchenden sind in Mehrbettzimmern untergebracht und die Mahlzeiten werden zu fixen Zeiten von der zentralen Küche ausgegeben. Das Zentrum ist mit einem Zaun gesichert und es gibt Eingangs- und Ausgangskontrollen durch uniformiertes Sicherheitspersonal.

Nachdem das Asylgesuch von Herrn Ylas und seiner Familie die erste Hürde im Empfangs- und Verfahrenszentrum genommen hat und feststeht, dass die Schweiz für das Asylverfahren zuständig ist, wird die Familie einem kantonalen Durchgangszentrum zugeteilt. Herr Ylas möchte mit seiner Familie am gleichen Ort leben wie sein Cousin, der vor einem Jahr in der Schweiz Asyl erhalten hat. Allerdings haben Asylsuchende keinen Einfluss auf die Zuteilung und die Familie wird in ein Durchgangszentrum transferiert, das in einem anderen Kanton liegt, weit vom Cousin entfernt. Herr Ylas kann diesen Entscheid nicht nachvollziehen und empfindet ihn als behördliche Schikane. Er möchte sich beschweren, weiss aber nicht, wer dafür zuständig ist, und befürchtet gleichzeitig, dass eine Beschwerde sein Asylgesuch gefährden könnte.

Beim kantonalen Durchgangszentrum handelt es sich auch um eine Kollektivunterkunft. Familie Ylas wird in einem möblierten Zimmer untergebracht. Küche und Duschen müssen sie mit anderen Asylsuchenden teilen. Betreuungspersonen sorgen für einen geregelten Tagesablauf. Das Betreuungspersonal in den Zentren hat nur vereinzelt einen sozialarbeiterischen Hintergrund. Wichtige Anstellungskriterien sind oft Sprachkompetenzen in einer von Flüchtlingen häufig gesprochenen Sprache, wie aktuell z. B. Arabisch. Eine Betreuerin erklärt der Familie Ylas die Hausordnung. Je nach Sprachkompetenzen wird die Hausordnung mündlich in einer gemeinsamen Sprache erklärt, in schriftlicher Übersetzung abgegeben oder es werden Dolmetschende beigezogen. Regelverstösse werden sanktioniert, was meistens eine Kürzung der finanziellen Mittel bedeutet. Es gibt Aufgaben im Haus, wie z. B. Putzen der Aufenthaltsräume, der Küchen oder Bäder, die die Asylsuchenden zum Teil gegen ein kleines Entgelt übernehmen müssen/können. Herr Ylas findet dies eine Zumutung, da er in seinem Herkunftsland nie selber putzen musste. Er weigert sich, diese Tätigkeiten auszuführen, und äussert gegenüber dem Betreuungspersonal laut seinen Unmut. Die Betreuerin weist ihn darauf hin, dass er sich in der Schweiz befinde und Männer hier auch putzen würden. Herr Ylas beschimpft darauf das Personal als rassistisch und bezeichnet die Unterkunft als menschenunwürdig, worauf er mit einer Kürzung des Taschengeldes sanktioniert wird. Dies schürt seinen Zorn zusätzlich, da er sich nun weniger Zigaretten leisten kann. Dadurch wird das Warten auf den Asylentscheid und das Herumsitzen ohne Beschäftigung noch zermürbender.

Auch Frau Ylas leidet unter der Situation im Durchgangszentrum. Das Zusammenleben auf engem Raum mit vielen unterschiedlichen Personen und die ungewisse Zukunft verursachen bei ihr starke Kopfschmerzen. Ausser Kochen und Putzen gibt es für sie kaum Beschäftigungsmöglichkeiten. Die meiste Zeit verbringt sie mit ihrem Kind im Zimmer, hat aber kaum Energie, mit diesem zu spielen. Den gemeinsamen Aufenthaltsraum benutzt sie selten, da sie sich als eine der wenigen Frauen im Zentrum unter den vielen asylsuchenden Männern unwohl fühlt. Frau Ylas möchte wegen ihren Kopfschmerzen einen Arzt konsultieren. Herr Ylas will über die Betreuungspersonen einen Termin vereinbaren. Diese erachten die Kopfschmerzen aber als nicht so gravierend und weigern sich, einen Arzttermin zu organisieren. Hingegen schlagen sie Frau Ylas vor, täglich ein Aspirin gegen die Schmerzen nehmen. Frau Ylas fühlt sich mit ihren Schmerzen nicht ernst genommen. Anders als ihr Mann, der seinen Unmut laut äussert und dem Betreuungspersonal vorwirft, dass sie die Asylsuchenden ignorierten, reagiert Frau Ylas mit Rückzug. Sie holt die Tablette nicht selbst im Büro, sondern schickt ihren Mann.

Nach einem zweimonatigen Aufenthalt im Durchgangszentrum werden Herr Ylas und seine Familie in eine Gemeinde transferiert. Erneut haben sie keine Ahnung, was auf sie zukommt, hoffen aber, dass sich ihre Situation verbessert. Nach ihrer Ankunft in der Gemeinde melden sie sich im Büro der Asylkoordination. In diesen Stellen arbeiten oft Professionelle mit Aus- und/oder Weiterbildungen in Sozialer Arbeit. Erneut werden hier Formalitäten erledigt. Der Familie wird auf Englisch – was Herr Ylas einigermassen versteht – erklärt, wie die Betreuung durch die Asylkoordination funktioniert. Zudem werden die Hausordnung sowie die monatlichen Auszahlungen für den Lebensunterhalt erläutert. Sie werden über ihre Rechte und Pflichten informiert und Herr und Frau Ylas bestätigen mit ihrer Unterschrift, die Informationen erhalten und verstanden zu haben. Die zugewiesene Wohnung teilt sich die Familie mit vier weiteren Asylsuchenden, wobei Familie Ylas für sich ein eigenes Zimmer erhält. Herr Ylas ist erneut enttäuscht über die Unterkunft. Er schreit die Asylkoordinatorin an, dass die Wohnung menschenunwürdig sei und er eine andere verlange. Die Asylkoordinatorin versucht, ihn zu beruhigen, ist aber auch genervt. Sie verweist darauf, dass es keine andere Wohnung gebe und dass er unterschrieben habe, diese Wohnung zu beziehen. Zudem solle er aufhören, unangemessene Forderungen zu stellen.

4.2 Erklärungen

In der Fallvignette zeigt sich deutlich, dass Herr Ylas sehr aggressiv auftritt und mit Beschimpfungen und Rassismusvorwürfen reagiert, wenn auf seine Forderungen nicht eingetreten wird. Er verweigert die Mitarbeit in der Kollektivunterkunft und lässt sich auch durch Sanktionen nicht von seiner Position abbringen. Während Herr Ylas mit aggressivem Verhalten insbesondere gegenüber Betreuungspersonen und Sozialarbeitenden auffällt, zieht sich Frau Ylas immer mehr zurück und entzieht sich fast vollständig ihrer neuen Umgebung. Für die Betreuungspersonen und die Sozialarbeitenden ist dieses aggressive Verhalten bzw. der Rückzug sehr herausfordernd. Es stellt sich die Frage, weshalb sich die Familie nicht kooperativer zeigt, zumal sie in der Schweiz Zuflucht gesucht hat und sich ein Leben im Herkunftsland nicht mehr vorstellen kann. Im Folgenden wird aufgezeigt, welche möglichen Erklärungsansätze sich für diese herausfordernden Verhaltensweisen beiziehen lassen. Neben der unsicheren Zukunft und den strukturellen Bedingungen, können auch unterschiedliche Wertvorstellungen sowie eingeschränkte Handlungsmöglichkeiten dazu führen, dass Asylsuchende sich nicht wie von der Gesellschaft erwünscht anpassen, sondern mit herausfordernden Verhaltensweisen reagieren.

4.2.1 Unsicherheit und Ungewissheit

Asylsuchende geraten mit dem Einreichen eines Asylgesuches in ein komplexes System, das für sie schwer zu durchschauen ist. Es gibt zahlreiche Akteure und Akteurinnen, wie z. B. Grenzbeamte, Dolmetschende, Befragerinnen und Befrager bei der Anhörung, Betreuungspersonen, Rechtsberatende, Freiwillige usw., die unterschiedliche Aufgaben ausüben, miteinander kommunizieren, Informationen austauschen und Entscheidungen treffen. Wie diese Informationen fliessen, wer wem was weitergibt und wer worüber welche Entscheidungen trifft, ist für Herrn Ylas kaum nachvollziehbar. Als Herr Ylas wissen will, wer ihm die Wohnung in der Gemeinde zugeteilt hat, wird ihm zwar der Namen des Verantwortlichen gesagt, aber gleichzeitig führt die Sozialarbeiterin an, dass dieser nur im Auftrag der Gemeinde seine Arbeit mache und diese wiederum nur die Vorschriften des Kantons ausführe. Herr Ylas sieht sich in ein System gezwängt, das sich durch Unsicherheit und Ungewissheit auszeichnet und seine Handlungsfähigkeit massiv einschränkt. Ihm ist nicht klar, wie lange das Asylverfahren dauert, wie es ausgeht, und er hat auch keinen Einfluss darauf, wo und unter welchen Bedingungen er und seine Familie während der Verfahrensdauer untergebracht werden (vgl. Täubig 2009: 207 ff.).

Zusätzlich zu dieser Ungewissheit und Unsicherheit sind viele Asylsuchende durch Erlebnisse vor oder auch während der Flucht belastet. Wie die Asylsuchenden mit diesen Faktoren umgehen, ist ganz unterschiedlich. Herrn Ylas' herausfordernde Verhaltensweise kann gemäss der Reaktanz-Theorie (Miron/Brehm 2006) als eine mögliche Form von Widerstand verstanden werden, mit dem er versucht, seine Handlungsfähigkeit wiederherzustellen. Nicht alle Asylsuchende sind hingegen in der Lage, handlungsfähig zu bleiben. Einige geben auf und reagieren mit Rückzug, wie z. B. Frau Ylas. Wie sich Asylsuchende unter den herrschenden Rahmenbedingungen im Asylverfahren verhalten, ist u. a. davon abhängig, wie sie die strukturellen Bedingungen wahrnehmen und wie sie mit dem unvorhersehbaren Ausgang des Asylentscheides umgehen.

4.2.2 Strukturelle Rahmenbedingungen von Unterkünften

Die Unterbringung von Asylsuchenden löst sowohl auf kommunaler als auch nationaler Ebene immer wieder heftige Diskussionen aus. Die Unterkünfte sollen möglichst billig und so gelegen sein, dass sich die ansässige Bevölkerung nicht gestört fühlt. Aus diesem Grund sind Asylsuchende oft in Kollektivunterkünften und in Wohnungen untergebracht, die sich an abgelegenen und/oder unattraktiven Standorten befinden und entsprechend billig sind.

In diesen Kollektivunterkünften treffen die unterschiedlichsten Personen aufeinander, die sich als Asylsuchende alle in einer neuen Umgebung zurechtfinden müssen. Sie sind erschöpft von der oft monate- oder gar jahrelangen Reise und/oder belastet durch Erlebnisse aus ihrer Vergangenheit, und vor ihnen liegt eine ungewisse Zukunft. In dieser angespannten Situation könnten individuelle Rückzugsmöglichkeiten den Asylsuchenden helfen, sich von den Strapazen zu erholen und etwas Ruhe zu finden. In den Kollektivunterkünften gibt es kaum Rückzugsmöglichkeiten, und auch Privatsphäre ist in den geschlechtergetrennten Mehrbettzimmern, den Familienzimmern und gemeinschaftlichen Aufenthaltsräumen kaum zu finden. Das Zusammenleben auf engstem Raum mit vielen fremden Männern kann insbesondere für Frauen sehr belastend sein und dazu führen, dass sie mit Rückzug reagieren, wie im Falle von Frau Ylas. Dies wird von den Betreuungspersonen nicht immer sofort bemerkt, denn im hektischen Arbeitsalltag dominieren oft administrativ-organisatorische Aufgaben. Für die soziale Unterstützung der Asylsuchenden findet sich kaum Zeit. Ziel ist es, einen möglichst reibungslosen Betrieb zu gewährleisten. Erwachsene und auch Kinder, die sich nicht beschweren und in den gemeinschaftlichen Räumen kaum präsent sind, werden deshalb kaum wahrgenommen und gehen oft vergessen. Es ist allerdings ein Trugschluss davon auszugehen, dass Personen, die nicht auffallen und keine Bedürfnisse anmelden, keinen Unterstützungsbedarf haben.

Sowohl in den Verfahrens- und Empfangszentren als auch in den kantonalen Durchgangszentren erhalten die Asylsuchenden beim Eintrittsgespräch zahlreiche Informationen. Für die Asylsuchenden ist es praktisch unmöglich, diese grosse Menge an Informationen über Regeln und Abläufe in diesem unbekannten Kontext aufzunehmen und zu verarbeiten. Einige Informationen, wie z. B. die Hausordnung, liegen in unterschiedlichen Sprachen in schriftlicher Übersetzung vor. Teilweise sind diese Dokumente aber in einer so komplizierten Sprache verfasst, dass sie trotz Übersetzung in die jeweiligen Muttersprachen nicht adressatengerecht sind. Die Macht- und Informationsasymmetrie zwischen den Betreuungspersonen in den Unterkünften und den Asylsuchenden führt dazu, dass Asylsuchende tendenziell jedes Formular oder Dokument unterschreiben, das ihnen von Akteuren oder Akteurinnen im Asylverfahren vorgelegt wird. Dies zeigte sich auch bei Herrn Ylas. Er ging davon aus, dass er keine andere Wahl habe, als zu unterschreiben, da sich eine verweigerte Unterschrift negativ auf sein Asylgesuch auswirken könne. Teilweise reagieren Betreuungspersonen und Sozialarbeitende im Zeitdruck auf Verständnisfragen von Asylsuchenden auch ungehalten, bzw. sie fassen Inhalte nochmals kurz zusammen oder weisen darauf hin, dass diese oder jene Aspekte nicht so wichtig seien. Für Herrn und Frau Ylas sind die vermittelten Informationen so zahlreich und die erklärten Abläufe in der Asylsozialhilfe so fremd, dass sie sich nicht einmal getrauen, Fragen zu stellen. Während die Eintrittsgespräche für die Betreuungspersonen zum beruflichen Alltag gehören und für sie oft reine Routine sind, geht oft vergessen, dass Asylsuchende wie die Familie Ylas diese Informationen und Erklärungen zum ersten Mal hören und eine Verortung für sie in diesem fremden Kontext umso schwieriger ist.

4.2.3 Unterschiedliche Werte

In den Kollektivunterkünften treffen Personen mit unterschiedlichen Lebensentwürfen und -rhythmen zusammen, die sich in unterschiedlichen Vorstellungen, Überzeugungen und Bedürfnissen manifestieren. Unter diesen Voraussetzungen ist es unabdingbar, dass für ein funktionierendes Zusammenleben Regeln aufgestellt werden. Es gibt Essenszeiten, Putzpläne, Ausgangszeiten, Ruhezeiten usw. Dabei handelt es sich um institutionelle Regeln, die nicht von den Asylsuchenden, sondern von den Verantwortlichen der Unterkünfte festgelegt wurden. Ein solches Regelwerk macht aber nur dann Sinn, wenn es auch überprüft wird. Das bedingt Kontrollen mit allfälligen Sanktionsmöglichkeiten für Personen, die sich nicht daran halten. Die Sanktionsmöglichkeiten des Betreuungsteams reichen von Ermahnungen über Geldkürzungen bis hin zu Wegweisungen aus den Kollektivzentren in spezialisierte Zentren für ›renitente‹ Asylsuchende.

Von den Asylsuchenden kann ein solches Regelwerk auch als eine Art Infantilisierung verstanden werden (vgl. Turnbull 2016: 62), dessen Erwachsene nicht würdig sind und das sie in ihrer Autonomie stark beschränkt. So ist für Herrn Ylas äusserst irritierend, dass angebliche Regelverstösse mit Taschengeldkürzungen sanktioniert werden. Diese Massnahme zeigt, dass Institutionen nicht über beliebig viele Sanktionsmöglichkeiten verfügen und sie deshalb auf Massnahmen zurückgreifen, die nicht erwachsenengerecht sind. Ausgehzeiten, Essenszeiten und Putzpläne machen von der institutionellen Logik her durchaus Sinn, entsprechen in ihrer Ausgestaltung aber nicht zwingend den Bedürfnissen der Asylsuchenden. Für Herrn Ylas, der in seinem Herkunftsland selbstständig erwerbend war, Angestellte angewiesen und entlöhnt sowie in seinem eigenen Haus gelebt hatte, ist es sehr schwierig zu akzeptieren, dass ihm abends nach 22 Uhr kein Einlass mehr gewährt wird, oder dass er sich an der Reinigung der Unterkunft beteiligen muss. Solche Regeln empfindet er als Bevormundung und lehnt sich dagegen auf. Betreuungspersonen hingegen wollen diese Regeln durchsetzen, da sie in ihren Augen einen geordneten Betrieb gewährleisten. In der Diskussion um die Durchsetzung der eigenen Position verweisen sowohl Betreuungspersonen als auch Asylsuchende oft auf ›ihre‹ Kultur. So argumentieren Betreuungspersonen, dass Pünktlichkeit in der Schweiz ein wichtiger kultureller Faktor sei und sich Asylsuchende daran halten müssten. Herr Ylas beharrt aber darauf, dass dies für ihn nicht in Frage komme, da in seinem Land niemand einem Mann Vorschriften mache, wann er zu Hause sein solle. Diese Argumentationsmuster verweisen auf einen immer noch weit verbreiteten Kulturbegriff, wobei Kultur meist als Nationalkultur verstanden wird. Wimmer (2005: 32) hingegen versteht »Kultur als offenen und instabilen Prozess des Aushandelns von Bedeutungen, der im Falle einer Kompromissbildung zur Abschliessung sozialer Gruppen führt«. Diese Gruppen lassen sich aber nicht mit Nationalstaaten gleichsetzen, vielmehr lassen sich innerhalb von Nationalstaaten unterschiedliche soziale Gruppen identifizieren. Die Empirie zeigt denn auch, dass moderne Nationalstaaten kulturell hochgradig differenziert sind. Der Verweis auf eine ›nationale‹ Kultur ist also einerseits nicht zutreffend und trägt andererseits dazu bei, dass sich allfällige Konfliktlinien, wie z. B. bezüglich Pünktlichkeit, entlang dem Argument ›Kultur‹ vertiefen. Aufgrund der ungleichen Machtverhältnisse zwischen den Betreuungspersonen und den Asylsuchenden ist es für die Asylsuchenden aber kaum möglich, ihre Position argumentativ durchzusetzen. Aus seiner Sicht macht Herr Ylas einmal mehr die Erfahrung, dass ihm Anerkennung verwehrt wird, und zwar nicht nur jene seiner Argumente, sondern in seinen Augen auch jene seiner Kultur und seiner Stellung als erwachsener Mann.

4.2.4 Leere im Alltag – warten und hoffen

Eine der grössten Herausforderungen während des Asylverfahrens ist für die Gesuchstellenden das Warten. Asylsuchenden ist es in den ersten drei Monaten nicht erlaubt zu arbeiten. Sie sind dazu gezwungen, sich selber irgendwie zu beschäftigen, während sie auf den Asylentscheid warten und auf eine positive Antwort ihres Antrags hoffen. Das Warten auf den Entscheid mit dem ungewissen Ausgang verhindert gleichzeitig, dass die Asylsuchenden Perspektiven für die Zukunft entwickeln können, da nicht klar ist, ob diese in der Schweiz, im Herkunftsland oder einem Drittstaat (evtl. mit illegalem Aufenthaltsstatus) stattfinden wird. In den Augen von Koshravi (2014) ist das Warten das Resultat von Machtprozessen, wobei die einen die Macht haben, die Zeit von anderen zu manipulieren. Im Asylkontext bedeutet das, dass der Staat mit seinen bürokratischen Prozessen die

Zeiterfahrungen der Asylsuchenden strukturiert. Asylsuchende werden zu Objekten von anderen Menschen, deren Abläufen und Zeitrahmen. Sie führen ein Leben, das durch staatliche Kontrollen und Unterwerfung gekennzeichnet ist und kaum Autonomie zulässt. Jeden Tag besteht die Möglichkeit, dass der Asylentscheid per Post eintrifft und mit ihm das Leben eine entscheidende Wendung erfährt. Für die meisten Asylsuchenden ist das Warten auf den Asylentscheid angstauslösend und stressig, aber gleichzeitig wird es mit Monotonie und Langeweile verbunden (vgl. Griffiths 2014: 2001), da es in der Unterkunft kaum Beschäftigungsmöglichkeiten gibt. Aktivitäten ausserhalb der Unterkunft nachzugehen, ist ebenfalls nicht einfach, da diese oft mit Kosten verbunden sind und die Asylsuchenden häufig nicht über die nötigen Finanzen verfügen. Teilweise stossen sie schon an ihre finanziellen Grenzen, wenn sie ein Tram- oder Busbillett kaufen wollen, um in die Stadt bzw. ins Zentrum zu fahren.

Herr Ylas sieht, wie in der Gemeinde die Männer seines Alters zur Arbeit gehen, ihr eigenes Geld verdienen und es auch nach eigenem Gutdünken ausgeben können. Diese Männer können aus seiner Sicht Perspektiven entwickeln und ihr Leben selbstbestimmt steuern, was ihm aufgrund seines Aufenthaltsstatus nicht möglich ist. Aus seiner Sicht lassen sich nicht einmal Perspektiven entwickeln, wie sein Leben und das seiner Familie weitergehen sollen. Bei vielen Handlungen stösst er an Grenzen und es wird ihm vermittelt, dass dieses oder jenes nicht möglich oder erlaubt ist. Zunehmend kommt Herr Ylas deshalb zum Schluss, dass er seine Rolle als Familienvater nicht mehr adäquat ausüben kann. Das wirkt sich negativ auf sein Selbstverständnis aus und löst bei Herrn Ylas Aggressionen aus. Da seine Handlungsunfähigkeit bzw. seine Handlungsbeschränkung nicht immer auf Anweisungen von Drittpersonen zurückzuführen sind bzw. an konkreten Entscheidungen von Personen festgemacht werden können – sondern oft strukturell bedingt sind –, richtet Herr Ylas seine Wut gegen die Betreuungspersonen. Sie sind es, die das ›System Asyl‹ repräsentieren, und mangels direkter Ansprechpersonen und Entscheidungstragenden geraten sie in den Fokus von Herrn Ylas' Unmut.

Bei den Asylsuchenden kann während des Wartens der Eindruck entstehen, dass sie durch die Flucht zwar ihr Leben gerettet haben und nun in Sicherheit sind, aber ihr Leben mit der unbestimmten Dauer und dem ungewissen Ausgang des Asylgesuches stagniert. Manche betrachten das Warten auf den Entscheid gar als Verschwendung von Lebenszeit. Einige Asylsuchende können oder wollen diese Bedingungen mit eingeschränkten Handlungsmöglichkeiten nicht akzeptieren. Sie versuchen, die Zeit mit Aktivitäten zu füllen und sich eine tägliche Routine zu erarbeiten. Sie bemühen sich, den Tag mit Aktivitäten zu strukturieren. Diese Tätigkeiten können vielgestaltig sein und reichen von Kochen, Putzen, Einkaufen bis hin zum Sammeln von Informationen über das Asylverfahren, zum Verfolgen von politischen Aktualitäten im Herkunftsland und zum Austausch mit andern Asylsuchenden.

In einigen Kollektivunterkünften werden im Sinn einer Alltagsstrukturierung auch vereinzelt Deutschlektionen angeboten. Die Bedeutung des Spracherwerbs wird zwar überall betont, in der Realität lässt sich der Kursbesuch jedoch nicht immer umsetzen. Die Kurskapazitäten sind nicht überall ausreichend, so dass sich auch hier Wartezeiten ergeben können. Die fehlende Möglichkeit des Kursbesuchs bei gleichzeitiger Forderung, die Sprache zu erwerben, wird von Herr Ylas als Widerspruch wahrgenommen. Er stellt die Glaubwürdigkeit der Betreuungspersonen in Frage, die für den Besuch des Sprachkurses plädierten, und zwar nicht nur bezüglich des Spracherwerbs, sondern er erachtet sie grundsätzlich als unglaubwürdig. Der Sprachkurs leistet nicht nur einen Beitrag dazu, die Leere des Alltags auszufüllen, sondern er kann eine wichtige Voraussetzung für die spätere Integration in den Arbeitsmarkt sein (vgl. UNHCR 2014). Gleichzeitig ist er aber auch ein Ort, wo neue Kontakte unter den Kursteilnehmenden geknüpft werden können und sich mit dem Spracherwerb Möglichkeiten eröffnen, mit der Lokalbevölkerung in Kontakt zu treten. Ist keine gemeinsame Sprache vorhanden, kann sich leicht Misstrauen breitmachen bzw. es bleibt bestehen, und die gesellschaftlichen Teilhabechancen der Asylsuchenden bleiben weiterhin eingeschränkt.

4.2.5 Zugang zum Gesundheitssystem

Asylsuchende sind in der Schweiz gegen Krankheit versichert. Sie haben das Recht auf medizinische Grundversorgung, aber sie dürfen – mit Ausnahme von Notfällen – ohne Kostengutsprache (in Deutschland mit einer Kostenbewilligung vergleichbar) des zuständigen Sozialdienstes keine Spitäler oder Arztpraxen aufsuchen (www.migraweb.ch). Der Zugang zum Gesundheitssystem bzw. die Indikationsstellung zur medizinischen Behandlung erfolgt im Asylbereich oft über nichtärztliches Personal (vgl. Spura et al. 2017: 462). Für dieses ist es schwierig abzuschätzen, wie dringend eine Person auf ärztliche Unterstützung angewiesen ist. Wenn es sich aus Sicht der Betreuungspersonen um keinen akuten und gravierenden Vorfall handelt, erhalten die Asylsuchenden schmerzstillende Mittel, die die Ursache des Leidens in der Regel nicht bekämpfen, aber Linderung verschaffen können (wie z. B. Hustensirup oder Schmerztabletten). Zwischen 16 und 55 % der Asylsuchenden sind von posttraumatischen Belastungsstörungen (PTBS) betroffen (vgl. Bozorgmehr et al. 2016: 609), die oft mit Rücken-, Kopf- oder Nackenschmerzen auftreten (vgl. Liedl/Knaevelsrud 2008: 69). Für Betreuungspersonen als medizinische Laien ist es nicht möglich, einen Zusammenhang zwischen PTBS und Kopfschmerzen festzustellen. Allerdings nehmen sie im Zusammenhang mit dem Zugang zu medizinischen Leistungen eine Schlüsselrolle ein und sollten deshalb in Bezug auf Traumatisierungen sensibilisiert sein. Werden beispielsweise Kopfschmerzen ›nur‹ als leichte Beschwerden wahrgenommen werden, die keine Überweisung erforderlich machen, können allfällige tieferliegende und schwerwiegendere Beschwerden nicht diagnostiziert und behandelt werden. Auch Brandmaier (2017: 329) weist auf verbreitete psychosomatische Beschwerden sowie auf Symptome aus dem depressiven Spektrum unter Asylsuchenden hin, denn die Lebensbedingungen in Kollektivunterkünften, die Dauer des Asylverfahrens sowie die erlebte Diskriminierung oder Sprachschwierigkeiten können wesentlich dazu beitragen, dass sich psychische Störungen entwickeln bzw. dass diese aufrechterhalten werden und sich chronifizieren.

Die Zugangsmöglichkeiten zum Gesundheitssystem haben einen Einfluss auf die subjektive Gesundheit der Asylsuchenden. In der ersten Zeit im Aufnahmeland schätzen die Asylsuchenden die subjektive Gesundheit oft als gut ein, da sie sich zunächst einmal in Sicherheit befinden und sich von den Strapazen der Flucht erholen können. Die Lebensumstände in den Kollektivunterkünften und der ungewisse Ausgang des Asylverfahrens können aber dazu führen, dass sich die Gesundheit mit zunehmender Aufenthaltsdauer und ausstehendem Asylentscheid verschlechtert (vgl. Spura et al. 2017: 465). Dies zeigt sich vor allem bei Frau Ylas, die auf den Stress im Asylverfahren und in den Kollektivunterkünften mit Kopfschmerzen und Rückzug reagiert.

Die Weigerung der Betreuungspersonen, kranke bzw. leidende Person bei kleineren Vorfällen in die Notfallstation des Krankenhauses zu überweisen oder einen Arzttermin zu vereinbaren, wird von einigen Asylsuchenden als Missachtung bzw. Entwertung ihrer Beschwerden betrachtet und weiterführend gar als Ablehnung ihrer Person interpretiert. Diese Asylsuchenden knüpfen an gesellschaftliche Erfahrungen an und verbinden Zugangsschwierigkeiten zum Gesundheitssystem mit einer weit verbreiteten Ablehnung gegenüber Asylsuchenden. Dies bestärkt sie in der Wahrnehmung, weniger »wert« zu sein (vgl. Chase et al. 2017: 56). Im Fall von Herrn Ylas werden zum einen die Kopfschmerzen seiner Frau nicht ernst genommen, und zum anderen wird auch seine Autorität bzw. das Verantwortungsgefühl, das er gegenüber seiner Frau empfindet, missachtet. Seine Aussagen bezüglich der Schmerzen seiner Frau scheinen kein Gewicht zu haben, und gegenüber seiner Frau kann er seine Rolle als fürsorgender Ehemann nicht wahrnehmen. Auch wenn sich die Betreuungspersonen regelkonform verhalten, sind sie in den Augen von Herrn Ylas verantwortlich für diesen Entscheid. Dementsprechend richtet sich seine Wut auch auf sie.

Auch wenn die Betreuungspersonen zum Schluss kommen, dass eine ärztliche Konsultation angezeigt ist, gelingt es nicht immer, einen Termin zu vereinbaren. Viele Betreuungspersonen stehen vor der Herausforderung, Hausarztpraxen zu finden, die noch neue Patientinnen und Patienten aufnehmen. Erschwerend kommt hinzu, dass aufgrund der gesetzlichen Vorschriften die Auswahl der Arztpraxen eingeschränkt ist und eine Überweisung in die Notfallstation nur in akuten Fällen erfolgen sollte. Für Asylsuchende, die aus ihren Herkunftsländern die Erfahrung haben, bei gesundheitlichen Beschwerden direkt ins Spital zu gehen, ist das Vorgehen der Betreuungspersonen nicht nachvollziehbar. Diese strukturellen Gegebenheiten führen dazu, dass die Asylsuchenden den Zugang zum Gesundheitssystem als hochschwellig und entmündigend erleben.

Die Arztpraxis oder das Spital werden nicht nur als Orte erlebt, wo die Beschwerden von Asylsuchenden behandelt werden, sondern es sind auch Orte, wo sie Anerkennung erfahren. Im Unterschied zu vielen Bereichen ihres Alltags, werden sie hier nicht auf ihren Status als Asylsuchende reduziert, sondern sie machen im Spital bzw. in der Arztpraxis die Erfahrung, von den medizinischen Fachpersonen primär als Patient bzw. Patientin wahrgenommen zu werden. Das ist unter anderen ein Grund, weshalb Asylsuchende trotz sprachlicher Verständigungsschwierigkeiten mit medizinischen Leistungen sehr zufrieden sind, wenn sie erst mal die Zugangshürde überwunden haben. Die Arztpraxis und das Spital können so als Anerkennungsräume verstanden werden, die für Asylsuchende von grosser Bedeutung sind und die sie gerne aufsuchen (vgl. Jurt 2017: 20).

4.2.6 Eingeschränkte Handlungsspielräume für Asylsuchende und Professionelle

Nicht nur die Handlungsspielräume der Asylsuchenden, sondern auch diejenigen der Sozialarbeitenden, insbesondere der Betreuungspersonen, sind eingeschränkt. Strukturelle Rahmenbedingungen führen dazu, dass im professionellen Alltag die Handlungsoptionen beschränkt sind. Professionelle können die räumlichen Verhältnisse in den Kollektivunterkünften nicht direkt verändern. Der Wohnraum in den Gemeinden wird durch das bestehende Angebot und insbesondere auch die verfügbaren finanziellen Ressourcen für Wohnungen bestimmt. Darauf können die Betreuungspersonen kaum Einfluss nehmen. Auch bezüglich der Integration in den Arbeitsmarkt, der Zuteilung zu Sprachkursen oder des Zugangs zum Gesundheitssystem ist ihr Handlungsspielraum beschränkt. Im Unterschied zu den Asylsuchenden sind die Betreuungspersonen durch das ›System Asyl‹ zwar in ihrem professionellen Alltag, nicht jedoch in ihrer individuellen Lebensführung eingeschränkt. Wie mit diesen strukturellen Einschränkungen umgegangen wird und wie sie vermittelt und kommuniziert werden, hängt zu einem grossen Ausmass auch von der Haltung der Professionellen gegenüber den Asylsuchenden ab. Das Verständnis und die Kommunikation ihres Auftrags ist umso bedeutsamer, als dass es Asylsuchende gibt, die aus ihren Herkunftsländern Soziale Arbeit nicht kennen bzw. diese keine Aufgaben im Asylbereich übernimmt oder andere Zielgruppen im Fokus hat. Die Asylsuchenden haben somit keine Möglichkeit, den Auftrag der Sozialen Arbeit mit eigenen Erfahrungen zu verbinden bzw. mit ihrem Wissen daran anzuknüpfen. Soziale Arbeit mit einem Unterstützungsauftrag für Asylsuchende ist für diese Personen nicht anschlussfähig und kann vor dem Hintergrund bisheriger Erfahrungen nicht verortet werden.

4.3 Empfehlungen

Im bestehenden Asylwesen kommt es zu einem ungünstigen Zusammenspiel von unterschiedlichen Faktoren, die sich gegenseitig verstärken. Zum einen führt die Ungewissheit über den Ausgang des Verfahrens zu Spannungen, die durch die strukturellen Rahmenbedingungen in den Unterkünften mit beengten Platzverhältnissen und einer kaum existierenden Privatsphäre ohne Beschäftigungsmöglichkeiten noch verschärft wird. Auch die Professionellen verweisen vielfach auf die herrschenden Rahmenbedingungen und distanzieren sich so als Person von der Verantwortungsübernahme hinsichtlich der existierenden Bedingungen. Dennoch ist bezüglich Empfehlungen im Umgang mit herausfordernden Verhaltensweisen bei den Fachpersonen im Asylbereich anzusetzen.

Mitarbeitende in Kollektivunterkünften und auf kommunalen Asylkoordinationsstellen sitzen an Schlüsselstellen, wenn es darum geht, zwischen den strukturellen Rahmenbedingungen des Asylwesens und den individuellen Bedürfnissen der Asylsuchenden zu vermitteln. Sie sind mit den strukturellen Rahmenbedingungen des Asylwesens vertraut, kennen aber auch den Alltag der Asylsuchenden mit seinen Herausforderungen.

Die professionellen Fachkräfte müssen sich bewusst sein, dass es für die Asylsuchenden kaum möglich ist zu differenzieren, wer welche Rolle im ›System Asyl‹ einnimmt. In den ersten Wochen sind die vermittelten Informationen und zu unterschreibenden Formulare so zahlreich, dass es für Menschen, die mit dem ›System Asyl‹ nicht vertraut sind, schwierig bis unmöglich ist, einen Überblick, geschweige denn den Durchblick zu erhalten. Erschwerend kommt hinzu, dass die Asylsuchenden erschöpft und eventuell traumatisiert sind, was ihre Aufnahmefähigkeit beeinträchtigen kann. Vor diesem Hintergrund sollten sich Fachpersonen bewusst sein, dass ein unterschriebenes Formular nicht zwingend bedeutet, dass die Asylsuchenden dessen Inhalt auch verstanden haben. Falls immer möglich, sollten ausschliesslich diejenigen Informationen vermittelt werden, die zum jeweiligen Zeitpunkt nötig und in Bezug auf die aktuelle Situation anschlussfähig sind. Informationen über die Einschulung von Kindern zu liefern, macht keinen Sinn, wenn die Kinder erst zwei oder drei Jahre alt sind. Hilfreich ist das Angebot, vermittelte Informationen nochmals zu erläutern, wobei darauf zu achten ist, dass die Information konsistent ist. Hier stehen die Fachpersonen vor der Herausforderung, nicht belehrend aufzutreten. Durch Nachfragen lässt sich feststellen, ob es seitens der Asylsuchenden ein Bedarf für eine Wiederholung gibt. Mehrfach über die gleichen Sachverhalte zu informieren, kann auch deshalb notwendig sein, da Asylsuchende untereinander vernetzt sind und teilweise Gerüchte kursieren, die nicht den Tatsachen entsprechen. Zwar haben nicht alle Asylsuchenden die Gewohnheit, sich über schriftliche Quellen zu informieren, jedoch können adressatengerecht aufbereitete Informationen, z. B. über Apps in der Muttersprache oder in Leichter Sprache, einen Beitrag dazu leisten, dass die Asylsuchenden sich selbstständig zu dem Zeitpunkt informieren können, zu dem sie die Informationen brauchen. Dies reduziert ihre Abhängigkeit von den Betreuungspersonen und fördert ihre Autonomie.

Im Rahmen der Informationsvermittlung haben die Fachpersonen die Möglichkeit, auf ihren Auftrag hinzuweisen und dabei auch dessen Rahmen und Limitationen zu betonen. Dies ist hilfreich, weil so von Beginn weg klar ist, wie weit die Kompetenzen der Fachperson reichen, in welchen Bereichen sie Einfluss hat und wo ihr Handlungsspielraum ebenfalls begrenzt ist. In dem auf die Grenzen des Auftrags hingewiesen wird, kann auch verhindert werden, dass falsche Erwartungen an die Fachpersonen gestellt werden, die zwangsläufig in Enttäuschung münden. Gleichzeitig zeigt sich aber auch, dass es im ›System Asyl‹ schwierig ist, verantwortliche Personen auszumachen. Tendenziell wird die Verantwortung bezüglich Rahmenbedingungen und Entscheidungen an andere Stellen weitergeschoben. Das macht es für die Asylsuchenden praktisch unmöglich, konkrete Ansprechpersonen für ihre Anliegen zu finden. Dies führt dazu, dass die Betreuungspersonen, die von den Asylsuchenden ebenfalls dem ›System Asyl‹ zugerechnet werden, als Repräsentierende dieses Systems wahrgenommen werden, und sich alle Kritik und Frustrationen gegen sie richten. Hier ist es zum einen wichtig, die eigene

Rolle im ›System Asyl‹ aufzuzeigen, und zum anderen, die Kritikpunkte und Vorwürfe kritisch zu reflektieren. Somit können ungerechtfertigte Beschuldigungen verortet und nicht auf die eigene Person bezogen werden, während für gerechtfertigte Vorwürfe Massnahmen gesucht werden können, wie Veränderungen aufgegleist werden können.

Die Forderung nach Vertrauen als Voraussetzung für eine Arbeitsbeziehung zwischen Asylsuchenden und Betreuungspersonen ist vor dem Hintergrund der biografischen Erfahrungen vieler Asylsuchenden als illusorisch einzuschätzen und ein zu hoher Anspruch. Zum einen haben Asylsuchende in der Vergangenheit aber auch aktuell negative Erfahrungen mit Behörden gemacht. Zum anderen sind die undurchsichtigen Informationsflüsse aus Sicht der Asylsuchenden nicht vertrauensbildend, da für sie undurchschaubar ist, wer von wem welche Informationen erhält und an wen weitergibt. Viel wichtiger als Vertrauen sind Zuverlässigkeit, Offenheit und Empathie als Basis für eine wertschätzende und anerkennende Haltung gegenüber Asylsuchenden. Wenn Asylsuchende die Erfahrung machen können, dass Betreuungspersonen zuverlässige und wohlmeinende Ansprechpersonen sind, die ebenso zuverlässige Informationen vermitteln, kann dies ein wichtiger Beitrag für eine gelingende Arbeitsbeziehung sein. Wichtig ist, dass es den Betreuungspersonen gelingt, möglichst bald eine tragfähige Arbeitsbeziehung aufzubauen. So kann im Konfliktfall auf eine ›gute‹ Beziehung aufgebaut werden. Findet der Beziehungsaufbau erst in der Konfliktsituation statt, weil sich eine Person wie z. B. Frau Ylas zurückgezogen hat, ist es viel schwieriger, wenn nicht gar unmöglich, in der Konfliktsituation zu einer gemeinsam getragenen Lösung zu kommen.

Selbstbestimmung, Handlungsfähigkeit und Anerkennung sind entscheidende Faktoren für die psychische Gesundheit der Asylsuchenden (vgl. Brandmaier 2017: 333). Mitarbeitende in den Kollektivunterkünften können im Rahmen von Alltagsinteraktionen hierzu einen wesentlichen Beitrag leisten, indem sie möglichst viele Partizipationsmöglichkeiten schaffen. Zwar ist es illusorisch, dass das Regelwerk zur Hausordnung mit den Asylsuchenden gemeinsam erarbeitet wird. Dies ist aufgrund der hohen Fluktuation unter den Asylsuchenden nicht möglich. Dennoch sollten sich Betreuungspersonen bemühen, Wünsche und Anregungen z. B. zur Gestaltung und Organisation des Alltags aufzunehmen und so im Sinne einer reflektierten Parteilichkeit (vgl. ebd.: 337) zu Anerkennungserfahrungen von Asylsuchenden beitragen. Dadurch können Asylsuchende im ›System Asyl‹ dringend benötigte Erfahrungen von Selbstbestimmung und/oder Partizipation machen. Zentral ist, dass Partizipationsmöglichkeiten tatsächlich existieren und in keine Scheinpartizipation münden. Den Asylsuchenden muss vermittelt werden, dass sie Teil der Gesellschaft sind. Um zu einem solchen Verständnis zu gelangen, sind Kontakte mit der Bevölkerung unabdingbar. Die Fachpersonen können in diesem Zusammenhang einen wichtigen Beitrag zur Vernetzung von Asylsuchenden und der Bevölkerung leisten. Diese Vernetzung herzustellen, ist nicht einfach, und Asylsuchende und Einwohnerinnen und Einwohner sind dabei auf Hilfe angewiesen. Wenn es gelingt, diesen Kontakt herzustellen, können die Asylsuchenden die Enge der Kollektivunterkünfte verlassen, das ›Warten‹ auf den Entscheid für kurze Zeit (während der Interaktion) in den Hintergrund schieben und temporär aus dem Alltag der Kollektivunterkunft ausbrechen. Den Einwohnerinnen und Einwohnern verhilft es dazu, neue Personen kennenzulernen. Allerdings gelingt es nicht immer, einen solchen Austausch zu realisieren, was zum einen der fehlenden gemeinsamen Sprache geschuldet ist, zum anderen aber auch auf Zurückhaltung oder Ablehnung der Bevölkerung gegenüber den Asylsuchenden beruht. In diesem Zusammenhang ist es zentral, dass Fachpersonen allfällige Aussagen zur Diskriminierung der Asylsuchenden ernst nehmen und nicht als Bagatellfälle oder Missverständnisse abwerten. Dies wäre einmal mehr eine missachtete und verweigerte Anerkennung der Asylsuchenden.

Personen mit externalisierenden, herausfordernden Verhaltensweisen binden viele Ressourcen und beanspruchen die Aufmerksamkeit der Betreuungspersonen. Personen mit introvertierten herausfordernden Verhaltensweisen werden hingegen oft nicht beachtet. Auch Letztere sollten bewusst im Fokus der Betreuungspersonen sein. In diesem Kontext gehen insbesondere Kinder von Elternteilen, die herausfordernde Verhaltensweisen zeigen, oft vergessen. Hier bedarf es seitens der Fachpersonen eine besondere Sensibilisierung, dass sie die Kinder nicht aus den Augen verlieren. Diese sind ebenso auf Unterstützung angewiesen wie ihre Eltern, auch wenn sie (noch) keine herausfordernden Verhaltensweisen entwickelt haben.

Wie aufgezeigt, entsprechen die strukturellen Rahmenbedingungen im ›System Asyl‹ nicht den Bedürfnissen der Asylsuchenden, die oft mehrfach belastet sind. Gemäss dem Berufskodex von AvenirSocial gehört es zum Auftrag der Sozialen Arbeit, sich für benachteiligte Personen in der Gesellschaft einzusetzen. Die Soziale Arbeit hat aber auch einen politischen Auftrag. Dazu gehört, dass sich die Professionellen in politische Debatten einmischen und sich für bessere Rahmenbedingungen für Asylsuchende einsetzen, auch wenn dieses Anliegen gesellschaftlich unpopulär ist. Viel zu oft akzeptieren die Professionellen jedoch die herrschenden Rahmenbedingungen oder resignieren, so dass herausfordernde Verhaltensweisen kaum mit den Strukturen, sondern vielmehr mit den individuellen Asylsuchenden in Verbindung gebracht werden. Leider ist es eine Tatsache, dass die herausfordernden Verhaltensweisen einiger Asylsuchender die ganze Gruppe stigmatisiert. So werden Asylsuchende mit herausfordernden Verhaltensweisen von der Bevölkerung nach dem Prinzip einer negativen Pars-pro-Toto-Verzerrung (vgl. Elias 1990: 13) wahrgenommen, und positive Elemente werden ausgeblendet. Dabei wird das Verhalten einzelner Asylsuchender negativ bewertet und generell auf alle Asylsuchende übertragen und mit Forderungen nach strengeren Verfahren und rigoroseren Rahmenbedingungen verknüpft. Für Asylsuchende mit herausfordernden Verhaltensweisen ist eine solche Entwicklung aber kontraproduktiv und kann dazu führen, dass es sich noch verstärkt, womit ein Teufelskreis beginnt.

4.4 Interview mit Fachperson

Jeanette Dinkel (1964), Bereichsleiterin Asyl- und Flüchtlingswesen einer Sozialregion im Kanton Solothurn

Sie arbeiten mit Klientinnen und Klienten im Bereich Asylbeantragende, anerkannte oder vorläufig aufgenommene Personen. Welche Verhaltensweisen Ihrer Klientel nehmen Sie in Ihrem Berufsalltag als herausfordernd wahr?
Für mich haben herausfordernde Verhaltensweisen einen inhaltlich-sachlichen Aspekt oder einen persönlich-emotionalen. Beim inhaltlich-sachlichen Aspekt findet sich z. B. keine gemeinsame Sprache als Grundlage der Begegnung und Kommunikation unabhängig von Inhalten oder den gewohnten, anerzogenen Wertvorstellungen. Weitere Aspekte sind rechtliche Vorschriften, Auflagen, Rahmenbedingungen. Der persönlich-emotionale Aspekt beinhaltet z. B. gegenseitige Erwartungshaltungen, mögliche Empathiefähigkeit oder persönlich entwickelte Ressourcen, wie auch die ›Chemie‹ in der zwischenmenschlichen Begegnung.

Was macht für Sie das ›Herausfordernde‹ aus?
Herausfordernd ist, die Person innert Sekunden dort abzuholen, wo sie sich gerade befindet. Weiter gilt es, allenfalls zuerst auf emotionaler Ebene zu arbeiten, wenn beispielsweise jemand gereizt ist. Im zweiten Schritt folgt eine Situationsanalyse, ein Versuch zu eruieren, wo sich das Problem ansiedelt. Welches sind die Emotionen und Bedürfnisse der Klientel? Dies auf Grund von Fakten, Tatsachen und nicht anhand von Vermutungen oder Interpretationen. Relevant ist auch meine aktuelle Verfassung, die Tagesform; wie sehr kann ich mich in einem Thema zurücknehmen? Wie gehe ich fachkompetent mit allfälliger Antipathie um? Das sind Herausforderungen an mich selber als Fachperson.

Ein klassisches Beispiel dafür ist die Forderung an die Migrantinnen und Migranten, sich die Landessprache schnellstmöglich anzueignen. Trotz dieser unabdingbaren Dringlichkeit warten diese Leute oft monatelang, bis sie einen Sprachkurs belegen können. Unsere Klientel versteht diese Diskrepanz nicht und fordert immer wieder nach Kursangeboten. Wir haben nicht die nötigen Angebote, das ist ein sachlicher Fakt. Wir versuchen zu erklären, dass das Angebot nicht ausreichend ist, aber eine Lösung können wir nicht bieten.

Wie erklären Sie sich herausfordernde Verhaltensweisen Ihrer Klientel? Was sind die Ursachen dafür?
Das herausfordernde Verhalten zeigt sich insbesondere gegenüber Auflagen, Forderungen durch den Staat, Bestimmungen im Asylgesetz und in Integrationsartikeln der Bundesverfassung oder in Hausordnungen etc. Diese Widerstände wirken negativ, als Ausdruck von »nicht gewillt« oder »nicht anpassungsfähig«. Nimmt man jedoch die Sichtweise ein, dass dieser Widerstand die einzig übriggebliebene Selbstbestimmung der Asylbewerbenden in ihrer ausgelieferten Situation ist, bekommt dieser einen positiven Inhalt. Weitere Gründe liegen in den verschiedenen

Wertvorstellungen, ungewohnten gesellschaftlichen und sozialen Stellungen oder den geschlechterspezifischen Rollen von Mann und Frau.

Zudem spielen auch die vielen Abhängigkeiten eine Rolle, hauptsächlich in finanzieller Hinsicht. Sie geniessen wenig bis kein Selbstbestimmungsrecht im Alltag (im Wohnen, in der Arbeit etc.). Das gilt vor allem während des Asylverfahrens, beim langen Warten auf den Aufenthaltsentscheid. Bis es zur allfälligen Ernüchterung kommt bei einer Nichtanerkennung oder lediglich vorläufigen Aufnahme anstelle einer Anerkennung als Flüchtling. Hinzu kommen falsche Erwartungen zur Situation im reichen Land Schweiz, in Europa. Diese betreffen das Klima, die Kultur, die niederschwelligen und alltäglichen Diskriminierungen.

Wie werden herausfordernde Verhaltensweisen in spezifischen Situationen ausgelöst?
Schwierig ist oft in der ersten Begegnung, dass man keine gemeinsame Sprache findet, da ist kein Deponieren von Wünschen, Bedürfnissen möglich. Oder z. B. beim ersten Augenschein des neuen Zimmers. Das ist kein Einzelzimmer, keine Wohnung, sondern einmal mehr eine Kollektivunterkunft, mit wenig bis keiner Privatsphäre – dies nach monatelangem Unterwegssein, teilweise unter bedenklichen Umständen (in Flüchtlingslagern etc.). Dazu kommt die Erkenntnis, während des Aufenthalts innerhalb des Dublinraumes in der Illegalität gelandet und nicht allzu willkommen zu sein. Mit dem Eintritt in ein Durchgangszentrum der Schweiz erfolgt das Erfassen der Personalien, ein Erstinterview zur Klärung des Asylantrages. Nach ein paar Wochen oder Monaten folgt die Verlegung in ein kantonales Durchgangszentrum mit erneutem Warten und einer weiteren Station der Flucht. In dieser Phase leben viele, sich fremde Personen zusammen. Wenn endlich der Transfer in eine Gemeinde erfolgt, geht das Leben mit unbekannten Personen weiter. Darin steckt ein grosses Potenzial an Herausforderungen für alle Beteiligten. Eine weitere, häufige Herausforderung stellt der Arbeitsmarkt dar. Die Erwartung, in der Schweiz schnell und einfach Geld zu verdienen, besteht oft. Die Realität ist meist sehr ernüchternd für die Betroffenen. Besonders einschneidend ist diese Erfahrung oder Einschränkung für Personen, die in ihrer Heimat eine gute Ausbildung bis hin zum Hochschulabschluss absolviert haben. Keine Geduld mehr aufbringen können, ist oft der Nährboden von Unzufriedenheit, Frustration und kann schnell in Provokationen enden. Diese Behinderung in Form einer Macht, die den Zugang zur Gesellschaft unterbindet, macht krank und isoliert, endet in Unmut bis hin zu Gewalt.

Das Zusammenbrechen von Familiengefügen, deren Mitglieder sich oft weltweit verstreut aufhalten oder noch auf der Flucht sind, oder sogar der komplette Kontaktabbruch, lösen oft Panik aus bei den Betroffenen. Sie hören in den Medien, dass etwas passiert ist und erfahren nichts Genaueres. Das kann Personen so stark absorbieren, dass sie auf der Vernunftebene kaum noch ansprechbar sind.

Wie gehen Sie mit herausfordernden Verhaltensweisen um?
Ich versuche, analytisch vorzugehen, indem ich eruiere, welches die Ursachen der Herausforderungen sind. Das analytische Vorgehen bedingt aber, dass ich zuhören kann und nicht direkt im Gespräch die Lösung finden muss, sondern mir Zeit dafür nehme. So kann ich abklären und Ursachen der Problematik prüfen.

Wenn ich davon ausgehe, dass es sich um inhaltlich-sachliche Ursachen handelt, muss ich mir die Frage stellen, ob ich die Kompetenzen besitze, das Problem anzugehen, oder ob es ausserhalb meines Handlungsraumes liegt. Ebenso muss ich abwägen, ob ich fachlich kompetent bin für die Lösungssuche oder lediglich die Triage übernehme und die Person entsprechend vernetze, indem ich den Kontakt herstelle und Termine vereinbare. Ebenso wichtig ist die Frage nach persönlichen Ressourcen der Betroffenen: Was hat die Person selber bereits abgeklärt? Was hat sie dazu beigetragen oder könnte sie beitragen? Dies immer unter der Voraussetzung, dass eine Verständigung möglich ist. Liegt die Ursache eher im emotionalen Bereich, einem persönlichen Bedürfnis, wird es schwieriger. Der Ansatz zu einer Lösung oder Veränderung ist oft so vielfältig, wie die Charaktere der Personen individuell sind.

Was ist besonders wichtig im Umgang mit herausfordernden Verhaltensweisen?
Man sollte versuchen, Ruhe und Geduld auszustrahlen, Verständnis zu zeigen für die Situation, ohne zu werten, ob es richtig oder falsch, angebracht oder kleinlich ist. Herausforderungen sind als solche anzunehmen, nicht zu ignorieren, auch wenn noch kein Lösungsansatz möglich ist. Wichtig ist es, die Situation möglichst objektiv aus verschiedenen Gesichtspunkten anzusehen. Ich nutze oft das Beispiel des Bergs: Einen Berg kann man aus mindestens zwei Seiten ansehen, von meiner Seite her sehe ich Bäume und Wald, von der Seite des Klienten/der Klientin her gesehen hat es vielleicht vorwiegend Steine – ein Berg hat beides, beide haben recht. Wenn ich jederzeit eine Idee auftische, einen Lösungsansatz einbringe, dann kann mein Vis-à-vis keinen Beitrag dazu leisten und wird dies kaum akzeptieren. Die Möglichkeit einer Partizipation im Sinne von Mitreden, Mitentscheiden und Mitverantworten ist wichtig. Oft gilt es auch aufzuzeigen, dass es noch eine andere Seite gibt, die eventuell nicht verändert werden kann, wie z. B. Gesetze und Auflagen, und die auch eine Bedeutung hat in der Situation. Ich fordere die Leute oft heraus in punkto Selbstständigkeit, z. B. drucke ich ihnen einen Kartenausschnitt aus, gebe die Adresse und sage, dorthin musst du gehen, um das abzuklären.
   Ich erkläre ihnen, was zu tun ist. Ich sehe meine Aufgabe im wegweisenden Begleiten und nicht im Übernehmen von Unannehmlichkeiten. Es sind erwachsene Personen, ich muss sie nicht bemuttern oder bevormunden, sondern Erfahrungen machen lassen, und das geht nicht, wenn ich alles für sie erledige.

Wie unterstützt Sie Ihre Institution beim Umgang mit herausfordernden Verhaltensweisen?
Meine Institution, eine Gemeindeverwaltung und Leitgemeinde der Sozialregion, ermöglicht den Mitarbeitenden Weiterbildungskurse, Fachtagungen, Workshops oder Seminare im Rahmen eines Gesamtbudgets für diesen Bereich. Fachspezifische Weiterbildungen über längere Zeit werden auf Antrag hin finanziell unterstützt, bedingen aber nach Abschluss der Weiterbildung eine Verpflichtung zu bestimmten Arbeitsjahren. Das Interesse beruht meist auf Eigeninitiative, wird aber positiv wahrgenommen und unterstützt. Beratungen, Inter- oder Supervisionen finden nicht statt. Notfall- oder Sicherheitssysteme sind wenige vorhanden, dringliche Notfälle müssen über polizeiliche Einsätze geregelt werden.

Welche Auswirkungen haben herausfordernde Verhaltensweisen für die Klientel?
Oft entstehen so Missverständnisse. Sie werden in der Öffentlichkeit als arrogant, unverschämt, zu fordernd o.Ä. wahrgenommen – oft auch auf politischer Ebene. So wird die Thematik einseitig gewichtet und schadet dem Image der Migrierenden. Je nach Handlung oder Äusserung sind auch Sanktionen wie Geldkürzungen mögliche Auswirkungen, besonders wenn es um rechtliche oder sonstige Auflagen geht, die nicht eingehalten werden. Die Auswirkungen sind aber je nach Person unterschiedlich. Im persönlichen Bereich sind sie vielseitig und abhängig von Ressourcen, der Wertung des Bedarfs an sozialer Inklusion, den Verlusten von familiären Beziehungen. Wenn traumatische Erlebnisse die Ursache sind, können die Folgen davon nicht einfach ohne Betreuung aus der Welt geschaffen werden, dann sind das Einschränkungen über längere Zeit oder sogar lebenslang. Wird der Aufenthaltsstatus über Jahre hinweg nicht geklärt, sind nicht selten Depressionen die Folge, bis hin zur Selbstaufgabe. Auch Personen, die zunächst positiv eingestellt waren, verlieren mit der Zeit die Hoffnung. Der Fokus auf das Wesentliche geht verloren, die neugewonnene Sicherheit oder Freiheit ist plötzlich wie ein ›Käfig‹. Psychosomatische Beschwerden belasten den Alltag.

Welche Auswirkungen haben herausfordernde Verhaltensweisen für Sie und andere Mitarbeitende?
Sie bedingen eine Migrationsfachkompetenz als Grundlage der Arbeit. Jeder Kontakt kann sich zur Herausforderung entwickeln, im Sinne von anstrengend, schwierig, heikel im Handeln, mit einer vulnerablen Persönlichkeit als Gegenüber, die in ihrer Reaktion unberechenbar ist. Trotz offizieller Funktion und Autorität gilt es, einen guten Draht zur einzelnen Person zu finden. Kumulierte Herausforderungen können die Geduld sehr auf die Probe stellen – diese Momente werden schwierig oder heikel, weil dann das Werten, Urteilen kaum noch abdingbar ist. Es besteht die Gefahr, hart zu werden, sich abzuschotten und die Arbeit ohne Empathie zu erledigen. Der Weg zum diskriminierenden Verhalten wird so geebnet.

Was möchten Sie Berufseinsteigenden, die mit dieser Klientel arbeiten (werden), mit auf den Weg geben?
In dieser Arbeit ist ein ›Helfersyndrom‹ nicht nützlich. Die Klientel wird schon als hilfebedürftig stigmatisiert, als nicht intelligent und als problematisch wahrgenommen. Der Arbeit in diesem Bereich sollte ein vorurteilsloses Begegnen mit Menschen zugrunde liegen. Sie bedingt Freude am Menschen und Offenheit gegenüber Diversität in jeder Hinsicht. Zudem ist ein Interesse an personenspezifischen Ressourcen und Potenzialen nötig. Es sind nicht persönlich motivierte Lösungen gefragt, sondern eher pragmatische, sachliche Ansätze zu suchen. Offensichtliche psychische Probleme oder Schwierigkeiten sind meist nur das Symptom, nicht die Ursache.

Empathiefähigkeit, Kenntnisse über verschiedene Kulturen, Wertvorstellungen und die Bereitschaft, eigenes Handeln und eigene Werte zu reflektieren, sind relevant. Weiter sind viel Geduld, Bodenständigkeit und Lebenserfahrung nötig für diese Arbeit – denn Integration ist ein lebenslanger Prozess, kein Seminar oder Kurs. Integration kann nicht auf den Spracherwerb reduziert werden. Sie bedingt, sich mit der Gesellschaft und sich selber kritisch auseinanderzusetzen. Humor schadet dabei nicht. Die Art der Kommunikation wechselt stetig, das ist zum einen abhängig von der Herkunft der Klientel und der Krisengebiete und zum anderen von der schnellen Entwicklung der Technologien. Die Bereitschaft, sich auf diese Umstände einzulassen, erfordert ein flexibles Denken und Handeln.

Literatur

Bozorgmehr, Kayvan et al. (2016): Systematische Übersicht und »Mapping« empirischer Studien des Gesundheitszustands und der medizinischen Versorgung von Flüchtlingen und Asylsuchenden in Deutschland (1990–2014): In: Bundesgesundheitsblatt – Gesundheitsforschung – Gesundheitsschutz, Jg. 59, Nr. 5, S. 599–620.

Brandmaier, Maximiliane (2017): (Verwehrte) Anerkennung und Handlungsfähigkeit von Geflüchteten in Sammelunterkünften. In: Klaus-Jürgen Bruder/Christoph Bialluch (Hrsg.), Migration und Rassismus: Politik der Menschenfeindlichkeit, Giessen: Psychosozial-Verlag, S. 327–340.

Chase, Liana E. et al. (2017): The Gap between Entitlement and Access to Healthcare: An Analysis of »Candidacy« in the Help-Seeking Trajectories of Asylum Aeekers in Montreal. In: Social Science & Medicine, Jg. 182, S. 52–59.

Elias, Norbert/Scotson, John L. (1990): Etablierte und Außenseiter. Frankfurt a. M.: Suhrkamp.

Griffiths, Melanie B. E. (2014): Out of Time: The Temporal Uncertainties of Refused Asylum Seekers and Immigration Detainees. In: Journal of Ethnic and Migration Studies, Jg. 40, Nr. 12, S. 1991–2009.

Jurt, Luzia (2017): Vorläufig aufgenommene Menschen in der Schweiz. In: Zeitschrift Angewandte Gerontologie, Jg. 2, Nr. 4, S. 19–20.

Koshravi, Shahram (2014): Waiting. In: Anderson, Bridget und Keith, Michael. (Hrsg.), Migration: The COMPAS Anthology. Oxford: Centre on Migration, Policy and Society, S. 74–75.

Liedl, Alexandra/Knaevelsrud, Christine (2008): Chronic Pain and PTSD: the Perpetual Avoidance Model and Its Treatment Implications. In: Torture, Jg. 18, Nr. 2, S. 69–76.

Migraweb (o. J.): Gesundheit, [online] www.migraweb.ch/de/themen/asylrecht/aufenthalt/gesundheit/ [25.10.2017].

Miron, Anca M./Brehm, Jack W. (2006): Reactance Theory: 40 Years Later. In: Zeitschrift für Sozialpsychologie, Jg. 37, Nr. 1, S. 9–18.

Spura, Anke et al. (2017): Wie erleben Asylsuchende den Zugang zu medizinischer Versorgung? In: Bundesgesundheitsblatt, Jg. 60, Nr. 4, S. 462–470.

Täubig, Vicki (2009): Totale Institution Asyl: Empirische Befunde zu alltäglichen Lebensführungen in der organisierten Desintegration. Weinheim/München: Juventa.

Turnbull, Sarah (2016): ›Stuck in the Middle‹: Waiting and Uncertainty in Immigration Detention. In: Time & Society, Jg. 25, Nr. 1, S. 61–79.

UNHCR (2014): Arbeitsmarktintegration. Die Sicht der Flüchtlinge und vorläufig Aufgenommenen in der Schweiz. Genf: UNHCR.

Wimmer, Andreas (2005): Kultur als Prozess: Zur Dynamik des Aushandelns von Bedeutungen. Wiesbaden: VS Verlag für Sozialwissenschaften.

5 Herausfordernde Verhaltensweisen in der justiziellen Straffälligenhilfe

Patrick Zobrist

Zur Straffälligenhilfe in der Sozialen Arbeit gehören die justizielle Straffälligenhilfe (Bewährungshilfe, Gerichtshilfe, Führungsaufsicht, stationäre Soziale Arbeit in Untersuchungshaft und Strafvollzug) und die Jugendhilfe im Strafverfahren. Dazu zählen auch Angebote von freien Trägern, die nicht im direkten Justizauftrag stehen, sondern Resozialisierungsangebote bereitstellen, sowie Angebote, die soziale Probleme adressieren, von denen nicht nur straffällige Menschen betroffen sind (Suchthilfe, Streetwork etc.) (vgl. Kawamura-Reindl/Schneider 2015: 36 ff.). Im vorliegenden Beitrag sollen herausfordernde Verhaltensweisen theoretisch und methodisch reflektiert werden, die im Kontext der justiziellen Straffälligenhilfe auftreten können. Diese Arbeit findet in Zwangskontexten statt, die mit Beschränkungen der Handlungsspielräume für alle Beteiligten einhergehen (vgl. Zobrist/Kähler 2017: 31). Herausfordernde Verhaltensweisen dieser Klientel können nicht nur in Gefängnissen, Sozialtherapie oder im Massregelvollzug, sondern auch in ambulanten Sozialen Diensten der Justiz auftreten. Für diesen Beitrag wurde die Situation in einer Justizvollzugsanstalt (JVA) als Handlungsrahmen gewählt, in der sich herausfordernde Verhaltensweisen aufgrund der strukturellen Rahmenbedingungen zuspitzen können (vgl. ebd.: 23–32; Trotter 2009).

5.1 Fallvignette

Jens Müller, 24 Jahre alt, wurde wegen Gewaltdelikten zu einer mehrjährigen Freiheitsstrafe verurteilt und befindet sich für vier Jahre in einer JVA. Er hat zusammen mit anderen jungen Männern aus der »Hooligan«-Szene am Rande von Fussballspielen mehrmals unbeteiligte Passanten angegriffen. Eine Person wurde besonders schwer verletzt. Es handelt sich um einen 18-jährigen Mann mit einer kognitiven Beeinträchtigung (Trisomie 21).

Die drogenkonsumierende Mutter von Jens Müller verstarb, als er fünf Jahre alt war, sein Vater ist unbekannt. Zunächst wuchs er bei der Grossmutter auf, die allerdings mit seinem aufbrausenden Verhalten überfordert war. Die weiteren Kindheits- und Jugendjahre verbrachte er in Heimen und in der Jugendpsychiatrie. Die Aufenthalte waren durch häufige Wechsel von Einrichtungen und Bezugspersonen gekennzeichnet. Mit elf Jahren begannen die Straftaten von Jens Müller (Diebstähle, Sachbeschädigungen und Prügeleien). Im Alter von 15 Jahren war er an einem bewaffneten Überfall auf einen Kiosk beteiligt. Mit 18 Jahren schloss er sich den ›Hooligans‹ an. Ein Schul- oder Ausbildungsabschluss gelang ihm nicht. Jens Müller hielt sich finanziell mit Gelegenheitsjobs über Wasser.

Im Rahmen der psychologischen Abklärung in der JVA wurde bei Jens Müller eine »dissoziale Persönlichkeitsstörung (ICD-10, F 60.2)« diagnostiziert. Jens Müller gilt als »schwieriger Gefangener«: Er verweigert jegliche inhaltliche Auseinandersetzung mit seiner Straftat, weist jede Verantwortung von sich und diffamiert sein verletztes Opfer: »Der ›Mongo‹ hat mich provoziert, der ist selber schuld, wenn er ›eins in die Fresse‹ kriegt.« Am Anti-Gewalttraining werde er nicht teilnehmen, weil er kein Gewaltproblem habe und unschuldig sei. Eine Herausforderung ist sein aggressives Verhalten gegenüber den Mitarbeitenden der JVA. Er beschimpft die Vollzugsbediensteten und sozialpädagogischen Mitarbeitenden auf der Vollzugsgruppe, wenn er im Rahmen der üblichen Kontrollen auf Drogen oder Waffen untersucht wird. Die Zellenkontrollen gehen einher mit Weigerungen, die Zelle zu verlassen, er muss jeweils mit Gewalt herausgetragen werden. Im Sozialdienst der JVA wirkt Jens Müller abweisend oder fordernd. Er äussert Drohungen, wenn seine Anliegen nicht sofort umgesetzt werden, und beschimpft den Sozialarbeiter als »unfähig«. Seine Verhaltensweisen in der JVA haben mehrfach zu Disziplinarmassnahmen geführt (TV-Entzug, Einschluss in der Arrestzelle, Urlaubssperre, Beschränkung von Aussenkontakten), diese scheinen aber wirkungslos zu bleiben. Jens Müller lacht die Mitarbeitenden aus, wenn sie ihm eine neue Disziplinarstrafe eröffnen. Er deckt die Leitung mit unzähligen Dienstaufsichtsbeschwerden ein. In der interdisziplinären Vollzugsplankonferenz hat sich bei den Fachkräften das Fallverständnis entwickelt, dass die Verhaltensweisen von Jens Müller zur Symptomatik der dissozialen Persönlichkeitsstörung gehören. Er sei nicht in der Lage, durch Sanktionen zu lernen. Nur eine langfristige Psychotherapie könne ihn ein Stück weit beeinflussen, dazu sei er aber nicht bereit. Es wurde beschlossen, sein Verhalten weiterhin hart zu sanktionieren, um die innere Ordnung der JVA aufrechtzuerhalten. Eine vorzeitige Haftentlassung komme unter diesen Umständen sowieso nicht in Frage. Die diffamierenden Äusserungen zum Opfer und die Externalisierung der Verantwortung müssten weiterhin pädagogisch-konfrontativ angegangen werden. Diese Äusserungen seien ebenfalls Symptome der Persönlichkeitsstörung.

5.2 Erklärungsansätze und theoriegestützte Handlungsempfehlungen

Zunächst werden die Implikationen und Auswirkungen der psychopathologischen Diagnose erörtert, bevor auf weitere sozialwissenschaftliche Erklärungsansätze und darauf gestützte Handlungsempfehlungen eingegangen wird.

5.2.1 Die Grenzen der psychopathologischen Erklärung

Die herausfordernden Verhaltensweisen werden mit einem eigenschaftsbezogenen Modell erklärt: Sie seien Merkmale seiner Persönlichkeitsstörung. Dabei handelt es sich – gestützt auf die internationalen psychiatrisch-diagnostischen Kriterien der WHO (ICD-10, F 60) – um »tief verwurzelte, anhaltende Verhaltensmuster, die sich in starren Reaktionen auf unterschiedliche persönliche und soziale Lebenslagen zeigen« (Dilling/Mombour/Schmidt 1999: 225). Bei einer dissozialen Persönlichkeitsstörung fällt »eine grosse Diskrepanz zwischen dem Verhalten und den geltenden sozialen Normen auf«. Die Störung ist charakterisiert durch ein »herzloses Unbeteiligtsein«, »Verantwortungslosigkeit und Missachtung sozialer Normen«, »Unvermögen zur Beibehaltung langfristiger Beziehungen«, »sehr geringe Frustrationstoleranz und niedrige Schwelle für aggressives, auch gewalttätiges Verhalten«, »Unfähigkeit zum Erleben von Schuldbewusstsein oder zum Lernen aus Erfahrung, besonders aus Bestrafung« sowie durch die »Neigung, andere zu beschuldigen« (ebd.: 229). Persönlichkeitsstörungen werden in justiziellen Settings häufig diagnostiziert (vgl. Mayer 2016: 101 f.), die dissoziale Persönlichkeitsstörung gilt als zentraler Risikofaktor für Straftaten (Andrews/Bonta 2010: 193 ff.). Hinter der deskriptiven psychopathologischen Diagnose »dissoziale Persönlichkeitsstörung« stehen medizinisch-psychologische Erklärungsmodelle, die den biologisch-genetischen Faktoren und deren Interaktion mit problematischen Entwicklungsbedingungen eine hohe Bedeutung zumessen (vgl. Beelmann/Raabe 2007). Wichtig ist die Konsequenz der Diagnose einer Persönlichkeitsstörung für die psychosoziale Intervention: »Es findet keine Trennung zwischen Person und Verhalten statt, vielmehr werden Interaktionsprobleme, die in Verbindung mit der betroffenen Person auftreten, der gestörten Person zugeschrieben« (Mayer 2016: 111). Im Fall von Jens Müller bedeutet dies, dass die auffälligen Verhaltensweisen im Vollzugsalltag durch seine krankhafte Persönlichkeit erklärt werden. Damit treten die strukturellen Bedingungen der JVA und das Verhalten der Mitarbeitenden in den Hintergrund.

Mayer weist im Kontext der Straffälligenhilfe auf das Stigmatisierungspotenzial einer Persönlichkeitsstörungsdiagnose hin und betont, dass die psychotherapeutische Behandlung und der psychosoziale Umgang mit der Störung zwar schwierig, aber nicht unmöglich seien, sofern man die Störung als Interaktionsstörung verstehe (vgl. ebd.: 111 ff.). Dieses Verständnis als Interaktionsstörung soll zum Anlass genommen werden, die persönlichkeitsbezogene, psychopathologische Betrachtung der herausfordernden Verhaltensweisen durch zusätzliche sozialwissenschaftliche Konzepte zu erweitern, welche das Interventionsspektrum in der Straffälligenhilfe vergrössern. Gleichzeitig soll dafür sensibilisiert werden, wie bedeutend Erklärungsmodelle für die Intervention und das professionelle Selbstverständnis in der Sozialen Arbeit sein können (vgl. Schallberger 2009).

Für die forensisch-kriminologische Einordnung und Erklärung der Straftaten von Jens Müller, die über den Erklärungsansatz der Persönlichkeitsstörung hinausgehen, muss aus Platzgründen auf die einschlägige Literatur verwiesen werden (vgl. Lamnek 2007; Suhling/Greve 2010; Endrass et al. 2012). Im Fokus der Betrachtung stehen nachfolgend die in der Fallvignette geschilderten Herausforderungen im Vollzugsalltag. Der Fall von Jens Müller wird unter bedürfnistheoretischen, kognitionspsychologisch-motivationalen, reaktanztheoretischen und identitätstheoretischen Gesichtspunkten reflektiert.

5.2.2 Selbstregulation und psychische Grundbedürfnisse

Nach Grawe (2004) strebt das Gehirn im Rahmen von psychischen Selbstregulationsprozessen den Zustand von Konsistenz an und versucht, bestimmte Soll-Zustände, die als ›Grundbedürfnisse‹ bezeichnet werden können, zu erreichen und in ihr Gleichgewicht zu bringen. Diese Bedürfnisbefriedigung ist ein basaler Prozess der psychischen Selbstregulation, die allen Menschen gemein ist. Dabei wird von folgenden psychischen Grundbedürfnissen ausgegangen:

1. Bedürfnis nach Orientierung und Kontrolle
2. Bedürfnis nach Lustgewinn/Unlustvermeidung
3. Bedürfnis nach Bindung und Beziehung
4. Bedürfnis nach Selbstwerterhöhung/-schutz
   (vgl. ebd.: 189).

Diese Bedürfnisse sind nicht hierarchisch gegliedert. Vielmehr sorgen spezifische Muster der Bedürfnisspannung und -regulation dafür, dass bestimmte Bedürfnisse situativ dringlicher reguliert werden müssen als andere. Während die Bedürfnisse universell sind, prägen sich die Muster der Bedürfnisbefriedigung im Rahmen von Sozialisationsprozessen und in Abhängigkeit von den konkreten Lebensbedingungen unterschiedlich aus. Die psychischen Muster, mit denen Kognitionen und Emotionen zur Bedürfnisbefriedigung funktional werden, nennt Grawe »motivationale Schemata«. Sie können annähernd oder vermeidend ausgestaltet sein, sind in der Regel unbewusst (resp. ›automatisiert‹) und führen zu bedürfnisbefriedigenden Verhaltensweisen. Diese Selbstregulationsprozesse werden durch Vorgänge des Lernens stabilisiert. Im Austausch und in Rückkoppelungen zwischen Individuum und Umwelt reguliert der Organismus seine Bedürfnisbefriedigung. Sobald eine durch ein spezifisches motivationales Schema ausgelöste Verhaltensweise zur Bedürfnisregulation führt, schwächt sich die Verhaltensweise ab. Eine erneute wahrgenommene Inkongruenz führt zur neuen Aktivierung der bedürfnisregulierenden (annähernden oder vermeidenden) Schemata, wiederum bis zum Moment der Kongruenz und darauffolgenden Konsistenz der psychischen Selbstregulation (anwendungsorientierte Vertiefung dieses Modells bei Klug/Zobrist 2016: 29 ff.; Mayer 2016).

In der Fallsituation von Jens Müller können im Rahmen einer Plananalyse (Caspar 2007) die Bedürfnisse, motivationalen Schemata und Verhaltensweisen – in Ausschnitten – rekonstruiert werden (▶ Abb. 5.1). Während sich Verhaltensweisen beobachten lassen, können motivationale Schemata und Bedürfnisse nur interpretativ erschlossen werden.

In der Plananalyse zeigen sich folgende hypothesenartige Zusammenhänge: Das von den Mitarbeitenden problematisch bewertete Verhalten von Jens Müller erfüllt

5.2 Erklärungsansätze und theoriegestützte Handlungsempfehlungen

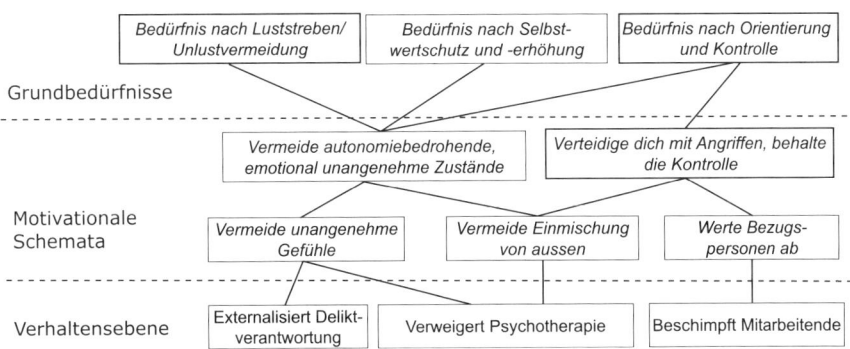

Abb. 5.1: Plananalyse (Ausschnitt) des Verhaltens von Jens Müller (Fallvignette) (eigene Darstellung)

eine normalpsychologische Funktion. Er reguliert damit seine (universellen und legitimen) Grundbedürfnisse. Er könnte versuchen, sein Grundbedürfnis nach Orientierung und Kontrolle, sein Bedürfnis nach Selbstwertschutz und sein Unlustvermeidungsbedürfnis in einen Konsistenzzustand zu bringen. Das bedeutet, dass sich seine auffälligen Verhaltensweisen reduzieren dürften, wenn die Selbstregulation gelingt. Umgekehrt heisst das: Je intensiver seitens der Fachkräfte ein Schuldeingeständnis und/oder eine Verantwortungsübernahme für die Straftaten gefordert wird, desto wahrscheinlicher werden die vermeidenden motivationalen Schemata aktiviert, was die Grundbedürfnisse zwar stabilisiert, aber in der konkreten Interaktion mit den Fachkräften zu einer Zuspitzung des Konfliktes oder gar zu einer gewalttätigen Eskalation führen könnte. Die bedürfnistheoretische Perspektive kann die Fachkräfte dazu anleiten, weniger auf das Verhalten von Jens Müller zu reagieren, sondern auf die hinter dem Verhalten stehenden motivationalen Schemata einzugehen und ihre Funktion in der Bedürfnisregulation zu verstehen. Das bedeutet auf der Ebene der Gestaltung der Arbeitsbeziehung, dass die selbstwertbedrohende Infragestellung von Jens Müller unterlassen wird und dafür selbstwertstabilisierende Reaktionen der Fachkräfte erfolgen. Sie achten zusätzlich darauf, dass Jens Müller im Kontakt mit ihnen die Kontrolle nicht verliert (vgl. Mayer 2016). Um zu verhindern, dass sich dysfunktionale Verhaltensweisen verstärken, muss gleichzeitig auf der inhaltlichen Ebene an den im Vollzugsplan festgelegten Themen festgehalten werden: Deliktfördernde Einstellungen sind ein gewichtiger Rückfallfaktor und sie sollen im Rahmen der Rückfallprävention und Resozialisierung unbedingt adressiert werden. Parallel zur motivorientierten Beziehungsgestaltung werden in einer nicht-konfrontativen Weise die ›Kosten‹ des Verhaltens von Jens Müller im Strafvollzug thematisiert (Disziplinarmassnahmen, verzögerte Entlassung) und in einer konstruktiv-hinterfragenden Art die deliktfördernden Einstellungen angesprochen (vgl. ebd.).

Die Forschung hat dargelegt, dass eine motivorientierte Beziehungsgestaltung die Effekte von Psychotherapie verbessern kann (vgl. z. B. Stucki 2004). Im Feld der Straffälligenhilfe hat die Gestaltung der Arbeitsbeziehung einen wichtigen Einfluss auf die Rückfälligkeit (vgl. Skeem/Manchak 2008; Kennealy et al. 2012), bedürfnisorientierte Vorgehensweisen werden für diese Zielgruppe schon länger vorgeschlagen (vgl. Mayer 2009) und scheinen sich in der Strafvollzugspraxis zu bewähren (vgl. Zobrist 2015). Darüber hinaus bietet die bedürfnistheoretische Perspektive einen Reflexionsrahmen für die Bedürfnisregulation der Fachkräfte im Kontakt mit den Klientinnen und Klienten und hilft dabei, eigene Anteile an problematischen Interaktionen besser zu verstehen.

Handlungsempfehlungen

- Die motivationalen Schemata und Grundbedürfnisse, die hinter »herausfordernden Verhaltensweisen« stehen, rekonstruieren.
- Komplementär auf die Schemata reagieren und die universellen Grundbedürfnisse auf der Beziehungsebene zu befriedigen versuchen, damit auf der Sachebene die ›heiklen‹ Punkte thematisiert werden können.
- Solange bedürfnisorientiert agieren, bis die Selbstregulation funktioniert und sich herausfordernde Verhaltensweisen reduziert haben.
- Als Fachperson die eigenen typischen motivationalen Schemata, ihre Funktion für die Bedürfnisregulation reflektieren und überlegen, wie sie im Kontakt mit herausfordernden Verhaltensweisen von Klientinnen und Klienten interagieren.

5.2.3 Neutralisierungen: Legitimierende Funktion und motivationales Hindernis

Nachfolgend soll die kognitive Ebene von Jens Müller genauer betrachtet und ihre Funktionalität für sein Verhalten dargelegt werden.

Neutralisierungen als kognitive Verzerrungen

Im Fallbeispiel wird dargelegt, dass Jens Müller die Verantwortung für seine Straftaten ablehnt und zusätzlich das von ihm verletzte Opfer diffamiert. Bereits in den 1950er-Jahren wurden solche Äußerungen von Tätern erforscht und als Neutralisierungsstrategien bezeichnet. Es zeigte sich, dass Täter die persönliche Verantwortung abwälzen, das Unrecht verneinen, ein wirkliches Opfer negieren oder ihre Tat mit höheren Normen legitimieren (vgl. Sykes/Matza 1957; Maruna/Copes Heith 2005). Solche kognitiven Verzerrungen haben die Funktion, dass Tatverhalten vorab und in der Nachtatphase zu legitimieren sowie unangenehme Gefühle (›schlechtes Gewissen‹, Scham) nach der Tat zu reduzieren. Die Veränderung solcher Einstellungen wirkt rückfallpräventiv (vgl. Rossegger/Endrass/Borchard 2012). In der kognitiven Verhaltenstherapie mit Tätern hat sich die Überzeugung durchgesetzt, dass allzu konfrontative Vorgehensweisen, die das Ziel haben, Neutralisierungen zu verändern, wenig zielführend sind. Vielmehr wird versucht, in einem sokratischen Dialog daran zu arbeiten, dass der Klient/die Klientin selber erkennt, dass die Kognition eine Verzerrung darstellt:

»Das Prinzip besteht darin, dass (d)er (Klient) von selbst herausfindet, was wir ihm hätten sagen wollen – aus dem Grund, dass die von ihm selbst entdeckten Einsichten sehr viel verhaltenswirksamer und veränderungsmotivierender sind als ›Predigten‹ und Appelle« (Mayer 2009: 222).

Dieses gemeinsame Entdecken geschieht durch die Formulierung von gezielten sokratischen Fragen, welche die bestehenden Einstellungen in Frage stellen und neue Einstellungen entstehen lassen (Zobrist/Kähler 2017: 85 f.). Folgenden Fragen lassen sich unterscheiden (Frageformen nach Stavemann 2007; Fuller/Taylor 2012):

- Fragen nach Wahrheitsgehalt und Realitätsbezug einer Einstellung
  - »Ist das immer so?«
  - »Wie wahrscheinlich ist es, dass (…)?«
  - »Muss das so kommen, oder was könnte noch geschehen?«
  - »Kennen Sie jemanden, der keine Fehler macht?«
  - »Ganz sicher?«
  - »Immer?«
  - »Alle?«
- Fragen nach der Logik einer Einstellung
  - »Wie kommen Sie darauf?«
  - »Woraus schliessen Sie das?«
  - »Weshalb muss das so sein?«
  - »Steht das in Ihrer Macht?«
  - »Was hat das mit Ihnen zu tun?«
  - »Wieso bedeutet das, dass Sie (…), wenn Sie (…)?«
  - »Sie sagten vorhin (…), jetzt (…). Wie passt das zusammen?«
  - »Ich verstehe nicht, wie Sie darauf kommen, können Sie mir das erklären?«
- Fragen nach dem Normbezug einer Einstellung
  - »Woher kennen Sie diese Norm?«
  - »Wer sagt Ihnen das?«
  - »Welche anderen Sichtweisen kennen Sie?«
  - »Möchten Sie das weiterhin glauben?«
  - »Welche Ihrer Normen sprechen für und welche gegen so eine Vorstellung?«
  - »Weshalb sollten Sie das nicht tun dürfen?«
  - »Wie fänden Sie es, wenn (…)?«
- Fragen nach der Zielgerichtetheit (Funktionalität) der Einstellung
  - »Hilft Ihnen das dabei, Ihr Ziel (…) zu erreichen?«
  - »Was sind die Konsequenzen aus dieser Einstellung?«
  - »Möchten Sie das?«
  - »Erreichen Sie damit eigene Ziele?«
  - »Welche Alternative hilft Ihnen am ehesten dabei, Ihr Ziel zu erreichen?«
  - »Nützt Ihnen (…) dabei, aus dem Strafvollzug entlassen zu werden?«
- Fragen nach der kurzfristigen Orientierung der Einstellung
  - »Hilft Ihnen diese Einstellung auf längere Zeit?«
  - »Wollen Sie auf die Vorteile der Alternative verzichten?«
  - »Sie haben früher Ihre Probleme mit Gewalt gelöst, wie beurteilen Sie das heute?«
  - »Worin besteht heute der Vorteil von (…)?«

Anzufügen ist, dass Veränderungen von Einstellungen Geduld und Zeit auf Seiten der Fachkräfte erfordern und die Handlungswirksamkeit einer neuen, funktionalen Einstellung wiederum durch Lernprozesse gefestigt werden muss (vgl. Stavemann 2007).

Fehlende Problemeinsicht und Motivation

Die bereits diskutierten Neutralisierungen stehen zusätzlich im Hintergrund von fehlender Veränderungsmotivation (vgl. Zobrist/Kähler 2017: 83 f.): In der motivationalen Stufe der »Absichtslosigkeit« nehmen Menschen keine Probleme wahr, erleben sich stabil und wollen sich nicht verändern (Prochaska/Norcross/ DiClemente 1994). Das mangelnde Problembewusstsein kann (u. a.) durch Neutralisierungen erklärt werden, die subjektiv »psycho-logisch« sind: Wenn ich denke, der Geschädigte »hat mich provoziert« und ich habe ihn in »gerechtfertigter Weise bestraft«, weshalb sollte ich dann etwas ändern? Die Veränderungsmotivation hat in der psychosozialen Begleitung von Veränderungsprozessen eine hohe Bedeutung. Die Synchronisierung der Interventionen der Fachkräfte mit den motivationalen Veränderungsstufen der Klientinnen und Klienten ist für einen erfolgreichen Veränderungsprozess unterstützend. Die Gefahr besteht dabei, von den Klientinnen und Klienten Einsichten oder Veränderungen zu erwarten, die motivational in dieser Stufe noch nicht erreicht werden können. Von der Stufe der »Absichtslosigkeit« bis hin zur Stufe der »Handlung« und »Aufrechterhaltung« sind einige Schritte zu bestehen (Klug/Zobrist 2016: 41 ff.).

Bei Jens Müller kann vermutet werden, dass er sich zum Thema der Auseinandersetzung mit seiner Straftat auf der Motivationsstufe der »Absichtslosigkeit« befindet, die mit mangelnder Problemeinsicht einhergeht und durch Neutralisierungen konstituiert wird. Eine funktionale Problemeinsicht erscheint im Moment eine unrealistische Erwartung zu sein, weshalb das vorgeschlagene Anti-Gewalt-Training auf Widerstand stösst. Das Training als handlungsorientierte »Lösung« macht erst Sinn, wenn Jens Müller ein initiales Problembewusstsein entwickeln konnte. Dafür muss er die stabilisierende Funktion der Neutralisierung auf eine andere Weise »kompensieren«, weil andernfalls unangenehme Gefühle auftreten. Die Förderung des Problembewusstseins könnte mit der Bearbeitung der Neutralisierungen durch die oben skizzierte sokratische Fragetechnik unterstützt werden. Dies wiederum erfordert – wie bereits dargelegt – eine tragfähige, bedürfnisorientierte Beziehungsgestaltung (für weitere motivationsfördernde Techniken in den Motivationsstufen vgl. Klug/Zobrist 2016).

Handlungsempfehlungen

- Fehlende Verantwortungsübernahme oder Opferdiffamierungen von Klientinnen und Klienten werden als funktionale (und rückfallrelevante!) Neutralisierungen verstanden.

- Den sokratischen Dialog suchen, damit der Klient/die Klientin – angeleitet durch gezielte Fragen – sich selber angemessene Kognitionen und später eine Verantwortungsübernahme und Opferempathie erarbeiten kann.
- Die Motivationsstufe des Klienten/der Klientin bei der zu bearbeitenden Thematik analysieren und versuchen, die Motivierungsstrategie mit der motivationalen Stufe zu synchronisieren. Das Problembewusstsein fördern und handlungsorientierte Lösungen vermeiden, bevor der Klient/die Klientin ein Problembewusstsein entwickeln kann.

5.2.4 Reaktanz und erlernte Hilflosigkeit als Umgang mit fehlender Autonomie

Eine klassische sozialpsychologische Theorie geht davon aus, dass Menschen in einem Zustand von Reaktanz sind (lat. re actio; zurück Handlung), wenn ihre Handlungsautonomie bedroht oder eingeschränkt wird. Die Reaktanz ist umso stärker, je höher die Wichtigkeit der Freiheit für die Person ist und je ausgeprägter sich die Freiheitseinschränkung auswirkt. Zudem tritt eine grössere Reaktanz auf, wenn die Freiheitseinschränkung stärker ist, als sie erwartet wurde. Die Person kann auf die mit einem Spannungszustand zu vergleichende Reaktanz mit Ärger und Wut (und entsprechenden Verhaltensweisen) reagieren oder im Falle der Nichtveränderbarkeit oder Unkontrollierbarkeit in eine »erlernte Hilflosigkeit« geraten, die durch Traurigkeit, Resignation und Depression gekennzeichnet ist (vgl. Wortman/Brehm 1975; Seligman 1999, ▸ Abb. 5.2). Manchmal reagieren die Fachkräfte auf die Passivität mit der Abnahme von Verantwortung und der Übernahme von Aktivitäten, was wiederum die »erlernte Hilflosigkeit« verstärken kann. Auch bei der Reaktanz sind ähnliche Verhaltensweisen der Fachkräfte denkbar: Auf reaktantes Verhalten, z. B. Aggressivität, wird mit zusätzlicher Freiheitsbeschränkung reagiert, was die Reaktanz verstärkt. Rooney (2009: 109) hat dies für Zwangskontexte als »Macht/Reaktanz-Teufelskreis« bezeichnet.

In der Sozialen Arbeit in Zwangskontexten werden Reaktanzphänomene häufig beobachtet (Zobrist/Kähler 2017: 98 ff.). Sie führen zu einer geringeren Kooperation der Klientinnen und Klienten mit den Fachpersonen, wie dies empirisch in Kinderschutzfällen bestätigt werden konnte (Mirick 2014). Die Reaktanztheorie verdeutlicht, dass Reaktanz eher als normalpsychologische Reaktion auf eine Autonomieeinschränkung verstanden werden kann und weniger als böswillige Obstruktion oder als psychopathologisches Symptom. Eine reaktanztheoretisch begründete Handlungsempfehlung, die auch die Phänomene einer »erlernten Hilflosigkeit« vermindern kann, erscheint simpel und effektiv: Die Handlungsspielräume sind zu erweitern und den Klientinnen und Klienten Verantwortung zu übergeben.

Die bedrohlich, diffamierend und ›querulatorisch‹ wirkenden Verhaltensweisen von Jens Müller können vor dem Hintergrund der Reaktanztheorie als Bewältigungsstrategie verstanden werden. Sie stehen in Zusammenhang mit der durch den Strafvollzug bedingten Freiheitsbeschränkung, die zudem durch den »Macht/Reaktanz-Teufelskreis« verstärkt wird: Die Fachkräfte reagieren auf das herausfordernde

5 Herausfordernde Verhaltensweisen in der justiziellen Straffälligenhilfe

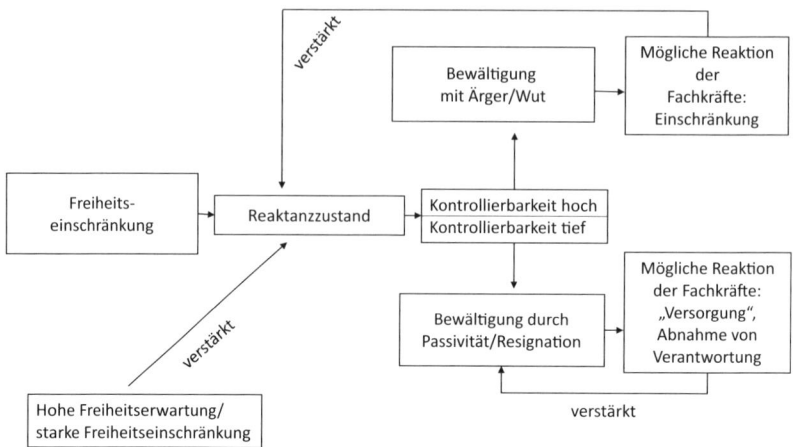

Abb. 5.2: Reaktanztheorie und erlernte Hilflosigkeit (eigene Darstellung)

Verhalten mit einer weiteren Freiheitsbeschränkung, beispielsweise in Form von Disziplinarmassnahmen. Im vorgestellten Praxisfall wäre zu überprüfen, wie aus dem Teufelskreis mit Jens Müller ausgestiegen werden könnte. Was kann getan werden, um die Handlungsspielräume von Jens Müller zu erweitern? Wo kann ihm Verantwortung übergeben (und diese eingefordert) werden? Auf übergeordneter, konzeptioneller Ebene wäre zu fragen, was unternommen werden kann, um im Vollzugsalltag die Handlungsspielräume der Gefangenen nicht über Gebühr einzuschränken und sie im Alltag partizipieren zu lassen.

Handlungsempfehlungen

- ›Widerständige‹ Verhaltensweisen oder passiv-resignative Verhaltensweisen als Reaktanz oder »erlernte Hilflosigkeit« einordnen.
- Die Handlungsspielräume überprüfen und in Kooperation mit dem Klienten/der Klientin klären.
- Als Fachperson die Übernahme von Aktivitäten vermeiden und die (Handlungs-)Möglichkeiten der Klientinnen und Klienten erweitern.
- »Macht/Reaktanz-Teufelskreise« erkennen und unterbrechen.
- Handlungsspielräume der Klientinnen und Klienten auf der konzeptionellen Ebene erweitern.

5.2.5 Schutz der Identität in »totalen Institutionen«

Gefängnisse können als »totale Institutionen« verstanden werden, in denen sich die verschiedenen Lebensbereiche erheblich verdichten: »Alle Angelegenheiten des Lebens finden an ein und derselben Stelle, unter ein und derselben Autorität statt«

(Goffman 1973: 17). Die Autorität wird durch ein Straf- und Privilegiensystem aufrechterhalten, welches vor allem die Funktion hat, die Kooperation der Insassen herzustellen (vgl. ebd.: 56 f.). In seinen klassischen soziologischen Studien über Interaktionsordnungen in psychiatrischen Kliniken, Heimen und Gefängnissen geht Goffman u. a. der Frage nach, wie die Insassen die Bedrohung und den (teilweisen Verlust) ihrer Identität innerhalb von solchen Strukturen bewältigen. Es wurden verschiedene Formen von »sekundärer Anpassung« der Klientinnen und Klienten an die Institution herausgearbeitet. Dabei werden unerlaubte Mittel oder Ziele operationalisiert, um die Ziele der Organisation zu umgehen und sich den Rollenzuschreibungen und der Aussendefinition sowie der Bedrohung der Identität zu entziehen: Eine erste Form dieser sekundären Anpassung ist der »Rückzug aus der Situation«, der beispielsweise in Form einer »Knastpsychose« oder »Regression« auftreten kann. Eine zweite Anpassungsweise ist der »kompromisslose Standpunkt«, der sich durch Bedrohung und Verweigerung gegenüber der Institution zeigt. Als dritte Anpassungsform wurde die »Kolonisierung« herausgearbeitet, in der sich ein Insasse in der Situation einrichtet und sich »ein Zuhause« schafft. Eine vierte Strategie kann als »Konversion« bezeichnet werden, in welcher der »perfekte Insasse« gespielt wird (vgl. ebd.: 65–68). Die beobachteten sekundären Anpassungsstrategien der Klientinnen und Klienten werden von den Mitarbeitenden wiederum als Bestätigung für die Zugehörigkeit der Insassen zur Institution und als Indikation für den Aufenthalt verstanden. Diese Zuschreibungsprozesse verstärken einen »Teufelskreis« von Zuschreibung und Anpassungsstrategien (vgl. ebd.: 292). Ähnliche Strategien »sekundärer Anpassung« finden sich in aktuellen Studien auch in Institutionen, die offen ausgestaltet sind (Jugendhilfe). Sie dienen dazu, die Identität zu schützen oder eine Zuschreibung zu einer problembehafteten Klienten- und Klientinnen-Identität zu verhindern (vgl. Severinsson/Markström 2015).

Vor dem Hintergrund dieser theoretischen Betrachtungsweise wäre zu überlegen, ob das herausfordernde Verhalten von Jens Müller gegenüber den Mitarbeitenden, d. h. seine Beschimpfungen, Bedrohungen oder das Sich-lächerlich-Machen über die Disziplinierungen, als Strategie des »kompromisslosen Standpunkts« innerhalb der »totalen Institution« JVA eingeordnet werden könnte. Diese Strategie könnte Jens Müller dabei helfen, seine bedrohte oder verletzte Identität zu schützen. Dieser Aspekt ist besonders deshalb interessant, weil aufgrund der biografischen Entwicklung und verschiedenen identitätsbedrohenden früheren Erfahrungen von Jens Müller vermutet werden kann, dass die Zugehörigkeit zu den »Hooligans« bereits eine identitätsstabilisierende Leistung darstellte, welche durch die justizielle Sanktionierung in Frage gestellt wurde. Durch den Strafvollzug und die damit verbundenen Restriktionen könnte sich diese Identitätsbedrohung in der JVA weiter akzentuiert haben. Offenbar verfügt er nicht über die Ressourcen und Fertigkeiten, andere Anpassungsstrategien zu wählen, und/oder er hat im Rahmen seiner Heimsozialisation durch Lernprozesse festigen können, dass der ›kompromisslose‹ Standpunkt seine Identität in Institutionen erfolgreich zu schützen vermag. Diese Überlegungen sind anschlussfähig an die bedürfnistheoretische Erklärungslinie des herausfordernden Verhaltens (▶ Kap. 5.2).

Es stellt sich die Frage, ob durch eine identitätstheoretisch angeleitete Reflexionsleistung der Fachkräfte der von Goffman beschriebene Teufelskreis unterbrochen werden könnte. Es wäre – in Kenntnis der rückfallpräventiven und resozialisierungsfördernden Bedeutung der Identität des straffällig gewordenen Menschen (vgl. zum Desistance-Resozialisierungsparadigma: Hofinger 2013) – zu überlegen, wie im Rahmen der psychosozialen Unterstützung in der JVA den Gefangenen dabei geholfen werden könnte, eine prosoziale Identität zu entwickeln. Auf der Ebene der Institution und ihrer Strukturen könnte konzeptionell darüber nachgedacht werden, wie die typischen identitätsbedrohenden Auswirkungen einer »totalen Organisation« auf die Klientinnen und Klienten reduziert werden könnten. Das im europäischen Strafvollzugsystem zunehmend umgesetzte »Normalisierungsprinzip« (Baechtold/Weber/Hostettler 2016: 30 f.) stellt dabei einen wichtigen Baustein dar.

Handlungsempfehlungen

- Reflektieren, ob herausfordernde Verhaltensweisen als Strategien der sekundären Anpassung verstanden werden können, die dazu dienen, eine bedrohte oder verletzte Identität zu schützen.
- Überlegen, ob im Einzelfall eine biografisch bedingte ›brüchige‹ Identität durch die strukturellen Bedingungen einer totalen Institution zusätzlich bedroht wird.
- Die Klientinnen und Klienten dabei unterstützen, eine prosoziale Identität zu entwickeln, und identitätsbedrohende Aktivitäten vermeiden.
- Nach konzeptionellen Lösungen suchen, um organisational oder kriminalpolitisch bedingte Identitätsbedrohungen zu vermindern, und das »Normalisierungsprinzip« anwenden.

5.3 Erkenntnisse und Empfehlungen für die Soziale Arbeit

Mit Blick auf die verschiedenen Erklärungsmodelle von herausfordernden Verhaltensweisen von Menschen in der justiziellen Straffälligenhilfe werden nun übergeordnete Erkenntnisse und Empfehlungen für die Soziale Arbeit diskutiert.

5.3.1 Herausfordernde Verhaltensweisen als interaktionales Phänomen verstehen und Perspektiven erweitern

Zusammenfassend zeigt sich mit Blick auf die Fallvignette von Jens Müller, der sich im Strafvollzug befindet, dass seine herausfordernden Verhaltensweisen, die in der Praxissituation zunächst als eigenschaftsbezogene Symptome einer dissozialen Persönlichkeitsstörung gedeutet werden, durch den Blick auf die Interaktion zwischen

Individuum (Gefangener) und Umwelt (Mitarbeitende) in der konkreten Situation (eingeschränkte Handlungsspielräume im Strafvollzug/Zwangskontext, »totale Institution«) das Interventionsrepertoire öffnen können: Die Verhaltensweisen von Jens Müller, welche die Fachkräfte zweifellos herausfordern, können als konfliktbehaftete Strategien zur Befriedigung legitimer Grundbedürfnisse (▶ Kap. 5.2.2) eingeordnet werden. Sie sind vielleicht Ausdruck von Neutralisierungen/kognitiven Verzerrungen, die vor unangenehmen Gefühlen schützen und mit einer motivationalen Absichtslosigkeit einhergehen, in der die ›Lösungen‹ der Fachkräfte von den Klientinnen und Klienten nachvollziehbar abgewehrt werden (▶ Kap. 5.2.2). Ausgehend von eingeschränkten Handlungsspielräumen und bedrohter oder entzogener Autonomie erscheinen die Verhaltensweisen von Jens Müller vielleicht als Phänomene von normalpsychologischer Reaktanz, die in einem Teufelskreis durch die Reaktionen der Mitarbeitenden verstärkt werden (▶ Kap. 5.2.3). Eine weitere Perspektive fokussiert den Schutz der bedrohten Identität von Klientinnen und Klienten im Kontext von »totalen Organisationen«, wie dies Justizvollzugsanstalten darstellen. Dabei werden die Verhaltensweisen von Jens Müller zu den »sekundären Anpassungsstrategien« (»kompromissloser Standpunkt«) gezählt (▶ Kap. 5.2.4). Diese Betrachtungen sind keinesfalls abschliessend, sie sollen vielmehr dazu anregen, die Interventionsmöglichkeiten mit weiteren theoretischen Zugängen zu erweitern.

Allen theoretischen Betrachtungen ist die Annahme gemein, dass herausfordernde Verhaltensweisen von Klientinnen und Klienten eine nachvollziehbare, menschliche und grundsätzlich legitime Funktion haben, die durch die Interaktionssituation hervorgebracht wird. Mit anderen Worten: Die Mitarbeitenden und die institutionellen Rahmenbedingungen tragen ihren Teil zum herausfordernden Verhalten des Klienten/der Klientin bei (vgl. dazu die Befunde zur Arbeit mit beeinträchtigen Menschen von Calabrese 2017). Diese eigenen Anteile bei der Analyse von ›schwierigen‹ Klientinnen und Klienten zu erkennen, sie kritisch zu reflektieren, Teufelskreise zu unterbrechen, eigenschaftsbezogene, psychopathologische Erklärungsansätze mit zusätzlichen sozialwissenschaftlichen Theorien und Modellen zu erweitern und dabei psychopathologische Sichtweisen in Modelle der Sozialen Arbeit zu integrieren (vgl. die Vorschläge von Gahleitner/Hahn 2008; Mayer 2016), erscheinen als wichtigste Empfehlung für die Soziale Arbeit in der Straffälligenhilfe.

5.3.2 Individualisierungen ermöglichen

Die Fallvignette von Jens Müller verdeutlicht biografische, individuelle und interaktionale Einflussfaktoren bei herausfordernden Verhaltensweisen. Dem stehen – nicht nur in geschlossenen Einrichtungen – in der Tendenz Strukturen, Konzepte und Abläufe gegenüber, die dem individuellen Bedarf im Einzelfall möglicherweise weniger Rechnung tragen. Dieses Spannungsfeld zeigt sich bei der Umsetzung von neuen Konzepten in der Straffälligenhilfe, wie der »Risikoorientierung«, in der individuelle Risikofaktoren gezielt bearbeitet werden sollen (Mayer 2014). Die Individualisierung der Angebote und die Partizipation der Beteiligten gelten in der Heimerziehung als wichtige Erfolgsfaktoren (vgl. Macsenaere/Esser 2012). Es ist zu überlegen, wie es gelingen kann, auch im Strafvollzugssystem einen partizipativen Zugang zu etablieren.

Die Soziale Arbeit in der Straffälligenhilfe könnte dabei mit ihren theoretischen und methodischen Zugängen (vgl. Kawamura-Reindl/Schneider 2015) einen wichtigen unterstützenden Beitrag leisten.

5.3.3 Zum Schluss: Die Bedeutung der Handlungsspielräume

In allen gewählten theoretischen Zugängen wird der Einfluss der Handlungsspielräume der Klientinnen und Klienten auf ihr Verhalten hervorgehoben. In Zwangskontexten gehören diese eingeschränkten Handlungsspielräume für Klientinnen und Klienten und für die Fachkräfte zum Alltag. Giddens hat darauf hingewiesen, dass Strukturen das Handeln gleichzeitig beschränken und ermöglichen (vgl. Giddens 1997: 78). Für Giddens sind Strukturen wie die Wände eines Raumes, »innerhalb dessen sich der Handelnde aber frei bewegen kann« (ebd.: 227). Die Fachkräfte der Sozialen Arbeit in Zwangskontexten sind besonders im Umgang mit herausfordernden Verhaltensweisen von Klientinnen und Klienten angehalten, einerseits die »Wände« – gemeinsam mit den Klientinnen und Klienten – genau zu lokalisieren und andererseits die Möglichkeiten, die sich darin bieten, zu nutzen. In der justiziellen Straffälligenhilfe wird von Fachkräften teilweise geäussert, dass »die Strukturen« oder das »System« nicht geändert werden könne. Dazu ist festzuhalten, dass »Strukturen« nicht »vom Himmel fallen«, sondern dass sie das (Re-)Produkt von Handlungen sind. Durch das praktische Umsetzen von neuen Vorgehensweisen und Konzepten durch Fachkräfte verändern sich gleichzeitig die Strukturen, die wiederum das Handeln begrenzen bzw. ermöglichen (vgl. ebd.: 77 ff.). Handlungsspielräume zu schaffen und die Autonomie von Klientinnen und Klienten zu unterstützen, gehört (auch) in der Straffälligenhilfe zur Aufgabe der Sozialen Arbeit (vgl. Kawamura-Reindl/Schneider 2015), und es ist davon auszugehen, dass diese professionelle Orientierung Verhaltensweisen seitens der Klientinnen und Klienten, die als ›herausfordernd‹ wahrgenommen werden, reduzieren kann.

5.4 Interview mit Fachperson

Fanny Schläppi (1970), Sozialarbeiterin und Leiterin der Aussenwohngruppe Steinhof der Justizvollzuganstalt Hindelbank

Sie arbeiten in einer Aussenwohngruppe, in der erwachsene Frauen einen Teil des Vollzugs verbringen (offener Vollzug, Arbeitsexternat, Massnahmen). Welche herausfordernden Verhaltensweisen sind Ihnen in Ihrer Tätigkeit schon begegnet oder welche Verhaltensweisen nehmen Sie als herausfordernd wahr?
Es ist sehr unterschiedlich, aber was sehr herausfordernd ist, sind die Frauen mit einer psychischen Erkrankung. Wenn eine Eingewiesene beispielsweise eine Bindungsstörung hat und daher nur sehr schwer Vertrauen aufbauen kann, kann dies unseren

Alltag ganz stark prägen. Man muss ganz genau abwägen, welche Wörter man in der Kommunikation benutzt, denn jedes Wort kann gleich eine Abwehr- und Vermeidungshaltung auslösen. Herausfordernd sind auch Frauen, die meinen, alles zu wissen und alles zu können. Gerade diese Frauen leiten etliche Informationen an ihre Anwältinnen und Anwälte weiter. Dadurch haben wir Mitarbeitende eher das Gefühl, dass sie gegen uns arbeiten und uns kontrollieren. Das ist sehr herausfordernd. Des Weiteren ist auch der Umgang mit sog. ›Betrugsfrauen‹ anspruchsvoll. Diese versuchen, sich durch galantes Auftreten und geschicktes Sprechen Vorteile zu verschaffen. Wir arbeiten generell mit Vertrauen, aber gerade bei diesen Frauen müssen wir stets daran denken, dass sie auch uns hintergehen können.

Waren Sie auch schon mit Gewaltvorfällen hier in diesem Haus konfrontiert?
Nein, das nicht. Einfach mit verbaler Aggression war ich schon konfrontiert, aber körperliche Gewalt habe ich weder unter den Eingewiesenen noch gegenüber den Mitarbeitenden erlebt. Ich kann mich ganz gut an eine Frau erinnern, die sehr schnell sehr laut wurde. Das war beispielsweise, wenn die Medikamentenausgabe nicht ihrem Tempo entsprach oder ihr die Türe nicht gleich geöffnet wurde. Dann konnte sie unheimlich laut schreien. Sie wurde aber nicht körperlich aggressiv, obschon sie wegen eines Gewaltdelikts eine Strafe verbüsste. Bei ihr musste ich aufpassen, dass ich ihr gegenüber nicht eine Angst und Abneigung entwickelte. Das war eine der herausforderndsten Frauen, die ich begleitet habe.

Sie haben jetzt schon verschiedene Beispiele für Formen von herausfordernden Verhaltensweisen genannt, wo liegt die konkrete Herausforderung für Sie als Mitarbeiterin?
Herausfordernd finde ich immer wieder, den Frauen Verständnis entgegenzubringen und ihnen auch Freiräume zu gewähren. Gleichzeitig müssen wir auch unsere Regeln einfordern und dies möglichst bei allen gleich. Zu wissen, dass sich mehr Verständnis und mehr Freiraum positiv auf die Verhaltensweisen auswirken würden, ist manchmal auch anstrengend auszuhalten. Teilweise ist es auch anspruchsvoll, ihnen die nötige Geduld entgegenzubringen. Für mich persönlich ist das aber eine positive Herausforderung und macht die Arbeit auch spannend.

Sie haben bereits erwähnt, dass ein Teil der herausfordernden Verhaltensweisen auch psychisch bedingt ist. Haben Sie noch weitere Hypothesen für die Entstehung von herausfordernden Verhaltensweisen?
Die meisten Frauen bringen einen Rucksack an Erfahrungen und eigener Geschichte mit, der mitunter auch dazu führte, dass sie zu Täterinnen wurden oder sich neben dem Gesetz bewegten. In der Wohngruppe ist es häufig auch ein Auflehnen gegen all diese Regeln. Manchmal denke ich auch, dass es gut ist, dass sie sich noch auflehnen. Es ist häufig eine gesunde Art zu versuchen, sich Freiheiten zu erkämpfen.

Wie gehen Sie persönlich mit herausfordernden Situationen um, haben Sie eine spezifische Strategie?
Es ist natürlich sehr individuell. Mit einer spezifischen Frau, die in manchen Situationen auch laut werden kann, versuche ich im Kontakt und Gespräch zu

bleiben. Vom Ansatz her bin ich sehr lösungsorientiert. Ich probiere, wenn immer möglich, nicht in die direkte Konfrontation zu gehen. Ich versuche, individuell zu überlegen, was braucht die Frau jetzt, damit sie sich an die Regeln halten kann und damit wir eine Arbeitsbeziehung weiterhin eingehen können. Ich selber brauche natürlich auch meine Psychohygiene. Diese besteht u. a. darin, einfach mal Dampf abzulassen bei meinen Teamkolleginnen und -kollegen. Doch dies hat nur eine kurzfristige Wirkung und befriedigt mich als Professionelle nicht. Viel wichtiger finde ich eine systematische Analyse und Reflexion von herausfordernden Verhaltensweisen, die mich zu konkreten weiterführenden Handlungsschritten leiten.

Sie haben genannt, dass es in herausfordernden Situationen wichtig ist, nicht direkt zu konfrontieren. Was ist generell wichtig im Umgang mit herausfordernden Verhaltensweisen in Ihrer Tätigkeit?
Das kann man nicht so verallgemeinern, denn in gewissen Situationen ist eine direkte Konfrontation auch gut. Ich glaube, es braucht generell Raum, um Sachverhalte zu besprechen und spezifische Situationen mit der Frau oder auch im Team zu reflektieren. Man braucht Formate wie eine Supervision und Zugänge zu Fachpersonen, wie beispielsweise zu unserer Psychologin, die uns bezüglich des Weiteren Vorgehens beraten können. Wichtig sind auch ein Wissen zu psychischen Erkrankungen sowie ein ausgeprägtes Bewusstsein für das doppelte Mandat der Sozialen Arbeit. Für die Mitarbeitenden ist die Psychohygiene ganz wichtig. Bei uns findet beispielsweise ein reger Austausch im Team statt, denn für die Mitarbeitenden ist es bedeutsam zu wissen, dass sie die Herausforderungen und Belastungen nicht als Einzelpersonen tragen müssen.

Was bietet die Institution selber den Mitarbeitenden, um professionell mit herausfordernden Situationen und Verhaltensweisen der Klientinnen und Klienten umgehen zu können?
Der Besuch von internen und externen Weiterbildungen wird grosszügig unterstützt, und wir können Supervision in Anspruch nehmen, wenn wir das brauchen. Wir haben ein Sicherheits- und Notfallkonzept und werden diesbezüglich regelmässig geschult.

Herausfordernde Verhaltensweisen haben immer Auswirkungen. Wie schätzen Sie die Auswirkungen ein für diejenige Person, die sich herausfordernd verhält?
Ich stelle mir das als Betroffene unglaublich anstrengend und schwierig vor. Vor allem die emotionalen Gefühlsschwankungen in herausfordernden Situationen, die von »ich hasse mich« bis »ich habe mich gern« innerhalb von fünf Minuten variieren. Ihr gesamter Alltag ist geprägt davon, und sie erschweren sich dadurch auch die künftige Reintegration.

Welche Auswirkungen haben herausfordernde Verhaltensweisen der Klientel für die Mitarbeitenden?
Einerseits ist es dadurch ein spannender Job, andererseits ist diese Tätigkeit aber auch sehr anstrengend und kann überfordernd sein. Gerade wenn man von einzelnen Frauen regelmässig persönlich verbal angegriffen wird, verlangt das eine

enorme Stärke. Auch ich habe mich schon gefragt: »Was mache ich hier eigentlich, brauche ich das wirklich?«. Man kommt teilweise an die eigenen Grenzen.

Gibt es für die Institution selber Auswirkungen aufgrund der herausfordernden Verhaltensweisen der Klientel?
Eine Auswirkung ist sicherlich die hohe Personalfluktuation, obschon unser Team im Moment stabil ist. Aber einige neue Mitarbeitende gehen nach den ersten Monaten auch gleich wieder. Dies kommt immer mal wieder vor. Es gibt auch Mitarbeitende, die aufgrund von Burnouts oder anderen Überlastungserscheinungen ausfallen.

Was raten Sie berufseinsteigenden Personen im Umgang mit herausfordernden Verhaltensweisen im Kontext des Strafmassnahmevollzugs?
Ich finde es wichtig, dass die Personen ein gewisses Selbstbewusstsein mitbringen und mit sich selber im Reinen sind. Die Personen müssen eine Selbstsicherheit im Umgang mit den Eingewiesenen zeigen und adäquat mit Kritik, welche häufig von den Eingewiesenen kommt, umgehen können. Sie müssen Interesse an den Menschen zeigen und wissen, dass es immer subjektiv gute Gründe gibt, die die Eingewiesenen zu diesem Leben geführt haben, und hierfür auch ein gewisses Verständnis aufbringen.

Literatur

Andrews, D. A./Bonta, James (2010): The Psychology of Criminal Conduct; 5. Auflage, Cincinnati: Anderson.
Baechtold, Andrea/Weber, Jonas/Hostettler, Ueli (2016): Strafvollzug. Straf- und Massnahmenvollzug an Erwachsenen in der Schweiz, 3. Auflage, Bern: Stämpfli Verlag.
Beelmann, Andreas/Raabe, Tobias (2007): Dissoziales Verhalten von Kindern und Jugendlichen: Erscheinungsformen, Entwicklung, Prävention und Intervention, Göttingen: Hogrefe.
Calabrese, Stefania (2017): Herausfordernde Verhaltensweisen – herausfordernde Situationen: Ein Perspektivenwechsel. Eine qualitativ-videoanalytische Studie über die Gestaltung von Arbeitssituationen von Menschen mit schweren Beeinträchtigungen und herausfordernden Verhaltensweisen, Bad Heilbrunn: Klinkhardt.
Caspar, Franz (2007): Beziehungen und Probleme verstehen. Einführung in die psychotherapeutische Plananalyse, 3. Auflage, Bern: Huber.
Dilling, Horst/Mombour, Werner/Schmidt, M. H. (1999): Internationale Klassifikation psychischer Störungen, 3. Auflage, Bern: Huber.
Endrass, Jérôme et al. (2012): Interventionen bei Gewalt- und Sexualstraftätern. Risk-Management, Methoden und forensische Konzepte, Berlin: Medizinisch Wissenschaftliche Verlagsanstalt MWV.
Fuller, Catherine/Taylor, Phil (2012): Therapie-Tools Motivierende Gesprächsführung, Weinheim: Beltz.
Gahleitner, Silke/Hahn, Gernot (2008): Klinische Sozialarbeit. Zielgruppen und Arbeitsfelder, Bonn: Psychiatrie-Verlag.
Giddens, Anthony (1997): Die Konstitution der Gesellschaft. Grundzüge einer Theorie der Strukturierung, 3. Auflage, Frankfurt a. M.: Campus Verlag.
Goffman, Erving (1973): Asyle. Über die soziale Situation psychiatrische Patienten und anderer Insassen, Frankfurt a. M.: Suhrkamp.
Grawe, Klaus (2004): Neuropsychotherapie, Göttingen: Hogrefe.

Hofinger, Veronika (2013): Desistance from Crime – Neue Konzepte in der Rückfallforschung. In: Neue Kriminalpolitik, Jg. 25, Nr. 4, S. 317–325.
Kawamura-Reindl, Gabriele/Schneider, Sabine (2015): Lehrbuch Soziale Arbeit mit Straffälligen, Weinheim: Beltz Juventa.
Kennealy, Patrick et al. (2012): Firm, Fair, and Caring. Officer-Offender Relationships Protect Against Supervision Failure. In: Law and Human Behavior, Jg. 36, Nr. 6, S. 496–505.
Klug, Wolfgang/Zobrist, Patrick (2016): Motivierte Klienten trotz Zwangskontext. Tools für die Soziale Arbeit, 2. Auflage München: Reinhardt.
Lamnek, Siegfried (2007): Theorien abweichenden Verhaltens, Paderborn: W. Fink.
Macsenaere, Michael/Esser, Klaus (2012): Was wirkt in der Erziehungshilfe? Wirkfaktoren in Heimerziehung und anderen Erziehungsarten, München: Reinhardt.
Maruna, Shadd/Copes Heith (2005): What Have We Learned from Five Decades of Neutralization Research? In: Crime and Justice, Jg. 32, S. 221–320.
Mayer, Klaus (2009): Beziehungsgestaltung im Zwangskontext. In: Klaus Mayer/Huldreich Schildknecht (Hrsg.), Dissozialität, Delinquenz, Kriminalität. Ein Handbuch für die interdisziplinäre Arbeit, Zürich: Schulthess, S. 209–230.
Mayer, Klaus (2014): Risikoorientierung – der nächste Schritt. Herausforderungen und Bedingungen der Förderung der Interventionsresponsivität. In: Bewährungshilfe, Jg. 61, Nr. 2, S. 171–188.
Mayer, Klaus (2016): Gesprächsführung und Beziehungsgestaltung mit Menschen mit Persönlichkeitsstörungen und besonderen Persönlichkeitsstilen. In: Bewährungshilfe – Soziales, Strafrecht, Kriminalpolitik, Jg. 63, Nr. 2, S. 101–138.
Mirick, Rebecca G. (2014): The Relationship between Reactance and Engagement in a Child Welfare Sample. In: Child and Family SocialWork, Jg. 19, Nr. 3, S. 333–342.
Prochaska, James O./Norcross, John C./DiClemente, Carlo C. (1994): Changing for Good. A Revolutionary Six-Stage Programm for Overcoming Bad Habits and Moving Your Life Positively Forward, New York: Avon.
Rooney, Ronald (2009): Strategies for Work with Involuntary Clients, 2. Auflage, New York: Columbia University Press.
Rossegger, Astrid/Endrass, Jérôme/Borchard, Bernd (2012): Fehlerhafte Kognitionen: Grundlagen und Interventionen. In: Jérôme Endrass et al. (Hrsg.), Interventionen bei Gewalt- und Sexualstraftätern. Risk-Management, Methoden und forensische Konzepte, Berlin: Medizinische Wissenschaftliche Verlagsgesellschaft, S. 217–233.
Schallberger, Peter (2009): Diagnostik und handlungsleitende Individuationsmodelle in der Heimerziehung. Empirische Befunde im Lichte der Professionalisierungsdebatte. In: Becker-Lenz, Roland et al. (Hrsg.), Professionalität in der Sozialen Arbeit. Standpunkte, Kontroversen, Perspektiven, Wiesbaden: VS-Verlag für Sozialwissenschaften, S. 265–286.
Seligman, Martin E. (1999): Erlernte Hilflosigkeit, Weinheim: Beltz.
Severinsson, Susanne/Markström, Ann-Marie (2015): Resistance as a Means of Creating Accountability in Child Welfare Institutions. In: Child and Family Social Work, Jg. 20, Nr. 1, S. 1–9.
Skeem, Jennifer L./Manchak, Sarah (2008): Back to the Future: From Klockar's Model of Effective Supervision to Evidence-based Practice in Probation. In: Journal of Offender Rehabilitation, Jg. 47, Nr. 3, S. 220–247.
Stavemann, Harlich (2007): Sokratische Gesprächsführung in Therapie und Beratung, 2. Auflage, Weinheim: Beltz.
Stucki, Christoph (2004): Die Therapiebeziehung differentiell gestalten. Intuitive Reaktionen, Patientenwahrnehmung und Beziehungsverhalten von Therapeuten in der Psychotherapie, Diss. Universität Bern.
Suhling, Stefan/Greve, Werner (2010): Kriminalpsychologie, Weinheim: Beltz.
Sykes, G./Matza, D. (1957): Techniques of Neutralization: A Theory of Delinquency. In: American Journal of Sociology, Jg. 22, S. 664–670.
Trotter, Chris (2009): Work with Involuntary Clients in Corrections. In: Roland Rooney (Hrsg.), Strategies for Work with Involuntary Clients. 2. Auflage, New York: Columbia University Press, S. 387–401.

Wortman, Camille B./Brehm, Jack W. (1975): Responses to Uncontrollable Outcomes: An Integration of Reactance Theory and the Learned Helplessness Model. In: Advances in Experimental Social Psychology, Jg. 8, S. 277–336.

Zobrist, Patrick (2015): Motivationsförderung im Frauenstrafvollzug. Kontextualisierung und Erprobung von manualisierten Interventionen im sozialpädagogischen Betreuungsalltag. In: Bewährungshilfe – Soziales, Strafrecht, Kriminalpolitik, Jg. 62, Nr. 4, S. 336–348.

Zobrist, Patrick/Kähler, Harro D. (2017): Soziale Arbeit in Zwangskontexten. Wie unerwünschte Hilfe erfolgreich sein kann, 3. Auflage, München: Reinhardt.

6 Herausfordernde Verhaltensweisen von Menschen mit kognitiven Beeinträchtigungen

Stefania Calabrese & Eva Büschi

Menschen mit kognitiven Beeinträchtigungen, die in Institutionen leben und herausfordernde Verhaltensweisen zeigen, sind nicht nur selber gefordert, sondern fordern damit häufig auch Mitbewohnende sowie Fachpersonen heraus und stellen sie vor Handlungsprobleme. Dies zeigt auch nachfolgende Fallvignette.

6.1 Fallvignette

Frau Berger ist 20 Jahre alt und lebt seit zwei Jahren in einer Einrichtung des Behindertenbereichs. Davor lebte sie bei ihrer Familie und besuchte in der Nähe des Wohnortes eine Heilpädagogische Schule. Nun lebt sie auf einer Wohngruppe gemeinsam mit fünf Mitbewohnerinnen und -bewohnern. Sie arbeitet in der internen Förderstätte, in der sie oft kreative Tätigkeiten wie Malen, Kleistern und Töpfern ausübt. Sowohl im Wohnbereich wie auch bei der Arbeit wird sie von Fachpersonen begleitet, die sie in der Alltagsbewältigung unterstützen. Frau Berger pflegt einen engen Kontakt zu ihren Eltern sowie zu ihrer älteren Schwester. Diese besuchen sie regelmässig oder laden sie zu sich nach Hause ein. Manchmal verbringt sie auch Wochenenden oder ganze Ferienwochen mit ihrer Familie. In ihrer Freizeit geniesst Frau Berger lange, begleitete Waldspaziergänge und freut sich an Begegnungen mit diversen Leuten im Dorfladen. Sie bewegt sich gerne zu Musik und besucht die interne Tanzgruppe. Frau Berger hat eine mittelschwere kognitive Beeinträchtigung und kann sich verbalsprachlich nicht ausdrücken bzw. benützt in gewissen Situationen eine eigene Lautsprache, die jedoch für die Fachpersonen kaum zuverlässig interpretierbar ist. Sie kann ihre Emotionen gut nonverbal zum Ausdruck bringen; Bedürfnisse benennt sie manchmal gezielt mit Piktogrammen. Die Piktogramme kann sie aber nicht selbstständig vorlegen oder hervornehmen, denn sie besitzt kein portables Kommunikationssystem und ist auch nicht geübt darin. Sie ist darauf angewiesen, dass Fachpersonen mit ihr in Interaktion treten und die Piktogramme zur Kommunikation einsetzen.

In gewissen Situationen zeigt Frau Berger massives selbstverletzendes Verhalten. Dabei beisst sie sich in die rechte Hand, die bereits von Hornhäuten gezeichnet ist. Gleichzeitig schlägt sie rhythmisch mit der linken Hand fest in ihr Gesicht. Dieses weist phasenweise blaue und rote Flecken auf, die von ihren eigenen Schlägen herstammen. Diese selbstverletzenden Verhaltensweisen zeigte Frau Berger bereits in ihrer Kindheit und Jugendzeit. Sie verstärkten sich seit Eintritt in die Institution zunehmend. Fachpersonen, die Frau Berger bereits seit einiger Zeit kennen, vermuten, dass diese Verhaltensweisen besonders in stressreichen und sozial dichten Situationen auftreten, wie z. B. während des Nachtessens. Dieses gestaltet sich häufig gleich: Das Essen wird in der zentralen Küche angefertigt und um 18.00 Uhr auf die Wohngruppe geliefert. Die Bewohnerinnen und Bewohner warten bereits gespannt am gedeckten Esstisch, bis die Fachpersonen die portionierten Menus servieren. In der Regel sind zwei Begleitpersonen und sechs Bewohnerinnen und Bewohner anwesend. Es kann aber auch sein, dass lediglich eine Begleitperson dabei ist. Gerade in den Situationen des Wartens (vor dem Essen oder vor dem Servieren der zweiten Portion) reagiert Frau Berger oft mit selbstverletzenden Verhaltensweisen. Teilweise eskaliert diese Situation derart, dass ein Essen am gemeinsamen Tisch nicht mehr möglich ist. Aktuell diskutiert das Team, ob ein separater Esstisch für Frau Berger angeschafft wird, um sozial dichte Situationen zu entflechten und ihr beim Essen mehr Ruhe zu bieten.

In der Förderstätte, in der Frau Berger arbeitet, stehen diverse Wechsel bevor: Zum einen haben mehrere Fachpersonen, u. a. auch ihre Bezugsperson, gekündigt. Aktuell wurden zwei neue Fachpersonen eingestellt, und einige weitere sind bereits zum Probearbeiten gekommen. Zum anderen werden die inhaltlichen Schwerpunkte der Ateliergruppen neu diskutiert. Künftig sollen die Klientinnen und Klienten in neuen Gruppenkonstellationen und mit anderen inhaltlichen Foki arbeiten. Dieses Klima des Wechsels spüren alle. Die Fachpersonen auf der Wohngruppe stellen fest, dass Frau Berger in letzter Zeit nicht mehr mit der gleichen Freude und Begeisterung wie bis anhin zur Arbeit geht. An manchen Tagen ist sie kaum zu motivieren, reagiert eigensinnig, stur und zeigt die bekannten selbstverletzenden Verhaltensweisen.

Seit einiger Zeit wird zudem beobachtet, dass Frau Berger immer häufiger auch Mitbewohnerinnen und -bewohner körperlich attackiert. Diese fremdverletzenden Verhaltensweisen reichen von Kneifen in die Arme, Schlagen gegen das Schienbein bis hin zu gezielten Schlägen mit der offenen Hand ins Gesicht. Die Verhaltensweisen treten scheinbar plötzlich und unmittelbar auf. Sie geschehen sowohl auf der Wohngruppe als auch im Arbeitsbereich. Bislang konnten die Teams keine vorgängigen Anzeichen ausmachen, die die fremdverletzenden Verhaltensweisen anzeigten. Auf der Wohngruppe wurde vereinbart, dass Frau Berger bei einer fremdverletzenden Attacke sofort in ihr Zimmer gebracht wird. Die Zimmertüre wird dabei zugemacht, aber nicht abgeschlossen. Nach einer bestimmten Zeit wird Frau Berger von einer Fachperson aufgefordert, das Zimmer zu verlassen und sich in den Gemeinschaftsraum zu begeben. Ähnlich wird auch in der Förderstätte reagiert: Zeigt sich Frau Berger gegenüber anderen fremdverletzend, wird sie zurück auf die Wohngruppe in ihr Zimmer begleitet. Nach einer bestimmten Zeit, die oft von der anwesenden Begleitperson abhängig ist, darf sie sich wieder im Gemeinschaftsbereich aufhalten. Zurück zur Arbeit darf sie aber an diesem Halbtag nicht mehr.

Sowohl die selbst- als auch die fremdverletzenden Verhaltensweisen von Frau Berger stellen im Moment für die Fachpersonen eine grosse Herausforderung dar. Interne Fallbesprechungen mit Fachpersonen aus dem Arbeits- und dem Wohnbereich dienen dazu, die aktuelle Situation einzuschätzen und professionelle Handlungsoptionen daraus abzuleiten. Die Fachpersonen hoffen, dass sich insbesondere die fremdverletzenden Verhaltensweisen bald reduzieren resp. dass sie nicht weiter zunehmen, denn sonst scheint Frau Berger für die Leitungsperson und die Fachpersonen des Wohn- und Arbeitsbereichs in der Institution nicht mehr tragbar zu sein.

6.2 Herausfordernde Verhaltensweisen im institutionellen Kontext

Bevor auf herausfordernde Verhaltensweisen bei Erwachsenen mit kognitiven Beeinträchtigungen eingegangen wird, soll zunächst erläutert werden, was eine kognitive Beeinträchtigung ist. Sie wird in der International Classification of Functioning (ICF) unter der Rubrik »mentale Funktionen« klassifiziert. Neben allgemeinen mentalen Funktionen wie Bewusstsein, Orientierung und Intelligenz gehören auch spezifische mentale Funktionen wie Aufmerksamkeit, Gedächtnis, Wahrnehmung und Denken dazu (vgl. Deutsches Institut für Medizinische Dokumentation und Information 2005: 58–69). Sarimski (2013: 45) fasst zusammen, dass unter kognitiven Funktionen »alle Prozesse (zu) verstehen (sind), durch die ein Individuum Wissen über die Umwelt erwirbt«. Kognitive Beeinträchtigungen führen zu Einschränkungen der mentalen Funktionen und beeinflussen Verarbeitungsprozesse, die für Bewältigungs- und Problemlösestrategien sowie die Impulskontrolle relevant sind (vgl. ebd.). Das Spektrum der kognitiven Beeinträchtigungen ist sehr breit und reicht von leichten bis zu schwersten kognitiven Beeinträchtigungen. Beeinträchtigungen beziehen sich explizit auf individuelle Körperfunktionen und umfassen »die Gesamtheit der Einschränkungen der körperlichen, geistigen oder seelischen Funktionen von Menschen« (Stein 2006: 9).

In der Schweiz leben Erwachsene mit kognitiven Beeinträchtigungen in der Regel in stationären Einrichtungen (vgl. Bundesamt für Statistik BFS 2014: 55. Die strukturellen Rahmenbedingungen und deren Einfluss sind bei der Analyse von herausfordernden Verhaltensweisen stets mitzudenken. Untersuchungen von Mühl (2001) und Sigafoos et al. (1994) zeigen, dass die Auftrittshäufigkeit von herausfordernden Verhaltensweisen von Menschen mit kognitiven Beeinträchtigungen in Institutionen weitaus grösser ist als in anderen (beispielsweise gemeindenahen oder privaten) Wohnformen. Gerade bei Erwachsenen mit kognitiven Beeinträchtigungen manifestieren sich herausfordernde Verhaltensweisen oft über einen längeren Zeitraum hinweg, zum Teil durch aufrechterhaltende umfeldspezifische Bedingungen (vgl. Bienstein 2016: 363).

Zentral ist es daher, auch das Umfeld dieser Menschen in den Blick zu nehmen. Zum Umfeld gehören architektonische Bedingungen (Infrastruktur), Ort/Lage (zentral, peripher) sowie die zur Verfügung gestellten Angebote bezüglich Wohnen, Arbeit und Freizeit. Neben Spezifika der Klientel (Kommunikation, Gruppenkonstellationen, Dynamiken), der Fachpersonen (Kommunikation, Teamwork, Teamkonflikte, Unsicherheit) und der Leitung (Kommunikation, Leitbild, Führungsverständnis) sind auch finanzielle Ressourcen (Personalschlüssel, Gruppengrösse), inhaltliche Konzepte (Fachwissen), inter- und intrainstitutionelle Zusammenarbeit und die institutionelle Haltung (Selbstverständnis, Ethik, Werte, Handlungsansätze) von Bedeutung. Diese Aspekte machen das Umfeld aus, in dem Erwachsene mit Beeinträchtigungen leben. Sie können alle für die Entstehung von herausfordernden Verhaltensweisen eine Rolle spielen und sind durch die Leitung bzw. die Fachpersonen gestalt- und damit veränderbar. Weiter beeinflussen auch Drittpersonen ausserhalb des institutionellen Kontexts wie Eltern, weitere Angehörige oder involvierte externe Fachpersonen herausfordernde Verhaltensweisen. Zudem können auch Umweltbedingungen (Helligkeit, Lärmbelastung, Wetter) relevant sein für die Entstehung von herausfordernden Verhaltensweisen. Diese Aspekte werden hier unter dem Begriff Umfeld zusammengefasst. Sie sind somit relevant und bei der Falldiagnostik einzubeziehen.

6.3 Theoretische Zugänge zu herausfordernden Verhaltensweisen

Nachfolgend werden aus einer Vielfalt von möglichen Erklärungsansätzen sechs dargelegt (▶ Abb. 6.1). Diese werden im aktuellen Fachdiskurs im Zusammenhang mit herausfordernden Verhaltensweisen von Menschen mit kognitiven Beeinträchtigungen häufig diskutiert. Sie bieten in Bezug auf das Fallbeispiel von Frau Berger mögliche Erklärungen für ihre herausfordernden Verhaltensweisen.

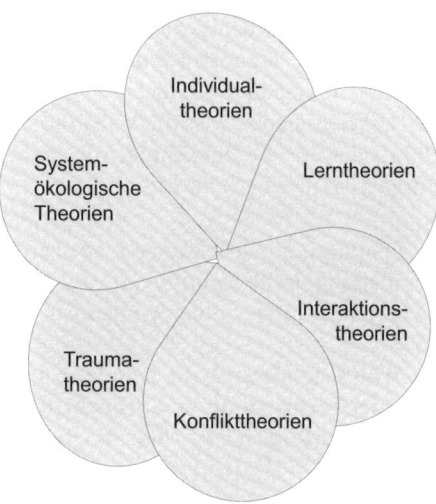

Abb. 6.1: Ausgewählte theoretische Zugänge zu herausfordernden Verhaltensweisen (eigene Darstellung)

Jeder Erklärungsansatz wird jeweils kurz vorgestellt, bevor seine Bedeutung für Frau Berger (siehe Kästen) erläutert wird.

6.3.1 Individualtheoretische Ansätze mit Fokus auf Kognition und Emotion

In der Vergangenheit wurden Verhaltensweisen, die als aggressiv wahrgenommen und bezeichnet wurden, bei Menschen mit kognitiven Beeinträchtigungen oft als unmittelbarer Ausdruck eines Hirndefekts resp. ihrer kognitiven Beeinträchtigung ausgelegt (vgl. Theunissen 1999: 76). So argumentiert auch Day (1993: 79): »Viele Verhaltensstörungen (von Menschen mit kognitiven Beeinträchtigungen) haben eine organische Grundlage«. Es konnte klinisch erwiesen werden, dass einzelne Syndrome auf organische und biochemische Veränderungen hinweisen, die in einem unmittelbaren Zusammenhang mit potenziell herausfordernden Verhaltensweisen stehen. Beim Lesh-Nyhan-Syndrom z. B. bilden schwere selbstverletzende Verhaltensweisen eine ausgeprägte Symptomatik auf der Verhaltensebene. Auch das Cornelia-De-Lange-Syndrom zeichnet sich durch ausgeprägte selbstverletzende Verhaltensweisen aus. Des Weiteren gehören herausfordernde Verhaltensweisen auch zum spezifischen Verhaltensphänotyp des Fragilen-X-Syndroms, des Rett-Syndroms und des Tourette-Syndroms (vgl. Weber 1999: 40 f.).

Herausfordernde Verhaltensweisen treten bei Menschen mit kognitiven Beeinträchtigungen weit häufiger auf als bei Menschen ohne kognitive Beeinträchtigungen (vgl. Schanze/Sappok/Kehrle 2014; Weber Long 2014; Luiselli 2012). Neben organischen Erklärungsversuchen wird häufig das Vulnerabilitätskonzept beigezogen: Menschen mit kognitiven Beeinträchtigungen weisen aufgrund von biologisch-genetischen Belastungsfaktoren eine grössere individuelle Vulnerabilität auf. Zusätzlich sind sie während ihrer Entwicklung in ihrem Lebensumfeld überdurchschnittlich häufig ausserordentlichen psychosozialen Belastungsfaktoren ausgesetzt, wie beispielsweise Traumatisierungen, (sexuellen) Missbräuchen, Momenten der Fremdbestimmung und Ähnliches (vgl. Schanze 2014: 27–29). Erdélyi und Mischo (2011) resümieren, dass die Vulnerabilität von Menschen mit kognitiven Beeinträchtigungen für die Entstehung von herausfordernden Verhaltensweisen aufgrund dreier Faktoren erhöht ist:

a) sie weisen diverse Funktionseinschränkungen im Bereich Kommunikation, emotionale Selbstregulierung und Kognition auf;
b) sie erleben oft unsichere Beziehungen, die zu ungünstigen Interaktionsmustern führen können und
c) sie verfügen über soziale Erfahrungen, die geprägt sind durch unzureichende Gelegenheiten zu sozialer Partizipation und Selbstbestimmung, Misserfolge in sozialen Beziehungen und unzureichende Unterstützung (vgl. ebd.: 144).

Es kann auch davon ausgegangen werden, dass Menschen mit kognitiven Beeinträchtigungen eine geringere Resilienz entwickeln als andere. Insbesondere die Herausbildung von individuellen Schutzfaktoren wie einem positiven Selbstwertgefühl, altersangemessenen Kommunikationsfähigkeiten, gut entwickelter Impulskontrolle oder der Fähigkeit, Aufmerksamkeit zu fokussieren, setzt ein gewisses Mass an kognitiven Fähigkeiten voraus. In der Folge kann mangelnde Resilienz dazu führen, dass auf belastende oder stressreiche Situationen eher mit herausfordernden Verhaltensweisen reagiert wird (vgl. Theunissen 2011a: 63).

In entwicklungstheoretischen Ansätzen wird in Bezug auf herausfordernde Verhaltensweisen von Menschen mit kognitiven Beeinträchtigungen in der Regel personenzentriert argumentiert. Generell dominierten in der Vergangenheit personenzentrierte, medizinische Modelle zur Erklärung von herausfordernden Verhaltensweisen. Damit wurden sie als »wesensbedingt« definiert (vgl. Theunissen 1999: 76). Für pädagogische Bemühungen ist diese ausschliesslich personenbezogene Perspektive nicht immer dienlich, da sich daraus wenige Handlungsmöglichkeiten ableiten lassen und umfeldspezifische Aspekte missachtet werden (vgl. Calabrese 2017, Hejlskov Elvén 2015, Palmowski 2015, Theunissen 2011a). Theunissen (2001: 51) hält fest, dass eine rein personenbezogene Sichtweise »zu einer Vernachlässigung ›krankmachender‹ sozialer Faktoren« und zu reiner Symptombehandlung verleitet, die oft mit Einschränkungen von Freiheits- und Persönlichkeitsrechten einhergeht. Interventionen können demnach nicht nur auf die Verhaltensweisen einer Person gerichtet sein, sondern müssen immer auf die gesamte Lebenssituation sowie das spezifische Umfeld zielen.

Obschon Menschen mit kognitiven und emotionalen Entwicklungsbeeinträchtigungen unterschiedlichen Schweregrads eine erhöhte Vulnerabilität für herausfordernde Verhaltensweisen aufweisen, wäre es demnach inadäquat anzunehmen, dass herausfordernde Verhaltensweisen allein in der Beeinträchtigung der Person begründet sind. Es ist vielmehr so, dass Verhaltensweisen gezeigt werden, die dem kognitiven, emotionalen und auch sozialen Entwicklungsniveau entsprechen, das jedoch oft nicht mit dem Lebensalter übereinstimmt.

Bedeutung für Frau Berger

Frau Berger hat eine mittelschwere kognitive Beeinträchtigung, jedoch ist keine Diagnose erstellt, die auf ein spezifisches Syndrom verweist. Somit kann grundsätzlich ausgeschlossen werden, dass die von ihr gezeigten herausfordernden Verhaltensweisen auf einen bestimmten Verhaltensphänotyp zurückzuführen sind. Was sich aber bei Frau Berger offensichtlich zeigt, ist eine kognitive und emotionale Entwicklungsbeeinträchtigung, die mitunter ihre herausfordernden Verhaltensweisen beeinflusst. Sie scheint über ein begrenztes Repertoire an Problemlösestrategien zu verfügen. Insbesondere in stressreichen, sozial dichten und unsicheren Momenten zeigt sie häufig herausfordernde Verhaltensweisen und hat oder kennt scheinbar keine anderen Möglichkeiten, damit umzugehen. Um den effektiven Entwicklungsstand von Frau Berger vor allem hinsichtlich ihres kognitiven, emotionalen und sozialen Entwicklungsniveaus zu eruieren, bedarf es spezifischer Erhebungsinstrumente. So kann beispielsweise das Schema der emotionalen Entwicklung (SEO) genutzt werden (vgl. Sappok/Zepperitz 2016: 38).

6.3.2 Lerntheoretischer Ansatz

In einer Vielzahl von Lerntheorien werden unter herausfordernden Verhaltensweisen Aggressionen verstanden, denen ein erlerntes Muster zugrunde liegt. Erlerntes Verhalten wird primär eingesetzt, um ein bestimmtes Ziel zu erreichen (vgl. Weber 1999: 32). Die verhaltensbezogenen Lerntheorien unterscheiden grundlegend zwischen drei Lernkonzepten: Klassisches (1) und operantes (2) Konditionieren sowie Lernen am Modell (3) (vgl. Tschöpe 2011: 72):

Der klassische Konditionierungsprozess impliziert ein eindimensionales Reiz-Reaktions-Muster. Derartige Muster erklären besonders emotionale und affektive Reaktionen. Das operante Lernen basiert auf einem Erfolgs- und Belohnungslernen. Unter diesem Fokus werden herausfordernde Verhaltensweisen explizit dafür eingesetzt, erfolgreich Ziele und Absichten zu realisieren. Im Vergleich mit anderen Verhaltensweisen versprechen sie mehr Erfolg für die Zielerreichung. Gerade für Menschen mit kognitiven Beeinträchtigungen scheinen herausfordernde Verhaltensweisen eine der wenigen Möglichkeiten darzustellen, um in ihrem oft fremdbestimmten Alltag etwas Kontrolle ausüben zu können. Die negative Verstärkung von herausfordernden Verhaltensweisen zeigt sich in einem Vermeidungsmodell. Demnach scheinen herausfordernde Verhaltensweisen durchaus sinnvoll zu sein, um unangenehme und anstrengende Aufgaben oder gefürchtete Situationen zu vermeiden (vgl. Tschöpe 2011: 72–75). Bandura (1979) konnte in zahlreichen Studien nachweisen, dass Verhaltensweisen nicht nur über das Erfolgs- und Belohnungslernen, sondern auch über das Beobachtungslernen erworben werden (vgl. zit. in ebd.: 76). Gemäss dem theoretischen Zugang Lernen am Modell können »aggressive Verhaltensweisen (…) durch Beobachtung eines aggressiven Verhaltensmodells gelernt werden« (ebd.: 76). Dabei geht es weder um ein blosses Imitieren von Verhaltensweisen noch um bestimmte emotionale Abhängigkeiten, die für die beobachtende Person ausschlaggebend sind, um ein Verhalten zu erlernen. Vielmehr sondiert die beobachtende Person diejenigen Verhaltensweisen, die sie selber als sinnvoll und zielführend erachtet und eignet sich diese an (vgl. ebd.).

Gemäss der allgemeinen Auffassung der psychologischen Lerntheorien werden herausfordernde Verhaltensweisen nicht als angeboren und natürlich betrachtet. Vielmehr entstehen die erlernten Verhaltensweisen aufgrund von wiederholten Frustrationserlebnissen (vgl. Weber 1999: 32). Dieser Annahme gehen zwei Hypothesen voraus (vgl. Tschöpe 2011: 72):

a) Aggression setzt stets die Existenz von Frustration voraus und
b) Frustration führt immer zu Aggression.

Die zweite Hypothese ist jedoch kaum zu halten, da sie in vielen Situationen nicht zutrifft. Untersuchungen diesbezüglich haben ergeben, dass Frustrationen nicht zu aggressivem und somit herausforderndem Verhalten führen, wenn die frustrierenden Bedingungen und Faktoren vom Individuum weder als gefährlich erlebt werden, noch besondere emotionale Zustände in ihm hervorrufen. Des Weiteren folgt auf Frustration in der Regel kein aggressives Verhalten, wenn das Individuum davon überzeugt ist, dass es sich nicht um einen Akt der Willkür handelt (vgl. Weber

1999: 32). Frustrationen führen daher nicht zwangsläufig zu Aggressionen, können aber durchaus Anreize für aggressives Verhalten bieten (vgl. Tschöpe 2011: 72).

Kritisch anzumerken ist, dass die klassischen Lerntheorien von einem eher mechanischen Menschenbild ausgehen, wonach menschliches Verhalten durch eine Vielzahl von antrainierten und angelernten Reiz-Reaktions-Mustern bedingt ist.

Bedeutung für Frau Berger

Inwiefern die Verhaltensweisen von Frau Berger erlernt sind, ist schwierig zu beurteilen. Es kann durchaus sein, dass sie im Verlauf ihres Lebens gewisse herausfordernde Verhaltensweisen erlernt hat und diese nun aufgrund ihrer bekannten Wirkung reproduziert. So kann es beispielsweise sein, dass sie gelernt hat, sich in stressreichen und sozial dichten Situationen herausfordernd zu zeigen, damit sie sich in der Folge in ihrem Zimmer aufhalten kann. Fest steht, dass die situativ bedingten herausfordernden Verhaltensweisen für Frau Berger durchaus sinnvoll sind, da ihr alternative Verhaltensmöglichkeiten fehlen. Unter der Annahme, dass herausfordernde Verhaltensweisen erlernt sind, sollten Bedingungen geschaffen werden, in denen sie durch alternative und sozial erwünschte Verhaltensweisen ersetzt werden können resp. die herausfordernden Verhaltensweisen verlernt werden. Eine solche Herangehensweise folgt mitunter dem Grundsatz der Positiven Verhaltensunterstützung (vgl. Theunissen 2011b).

6.3.3 Interaktionistischer Ansatz

Eine interaktionistische Perspektive beleuchtet zwischenmenschliche Interaktionen, so auch die verbalen und nonverbalen Kommunikationsformen als spezifische Komponenten von Interaktionen zwischen Individuen. Interaktionen, in die Menschen mit kognitiven Beeinträchtigungen und herausfordernden Verhaltensweisen involviert sind, »sind ausserordentlich störanfällig und oft Auslöser für Krisen, Konflikte oder Verhaltensprobleme« (Theunissen 2011a: 81). Die Interaktionssysteme zwischen Menschen mit kognitiven Beeinträchtigungen und ihren Mitmenschen sind zum einen dadurch belastet, dass wechselseitige Kommunikationsprozesse durch unterschiedliche Beeinträchtigungsformen verlangsamt und durch die Mehrdeutigkeit von nonverbalen Äusserungen erschwert werden (vgl. Terfloth/Lamers 2013: 387). Zum anderen resultieren Störungsmomente auch aus der Schwierigkeit der Fachkräfte, eine reziproke Kommunikationsbasis herzustellen, die Personen zu verstehen und auf Fragen oder Anliegen adäquat einzugehen (vgl. Hennig 2011: 285).

Bei Menschen mit herausfordernden Verhaltensweisen besteht die Gefahr, in einem kontakt- und somit interaktions- sowie kommunikationsarmen Umfeld zu leben: Einerseits können Angehörige und Fachpersonal aus Angst vor möglichen Übergriffen eine eher distanzierte und zurückhaltende Haltung einnehmen. Aspekte der sozialen Kommunikation sowie der Beziehungsgestaltung können unter solchen Bedingungen nur marginal elaboriert werden (vgl. Calabrese 2017: 141 f.). Andererseits werden vielfach repressive Interventionsformen wie Isolations- und Exklusionsmassnahmen ergriffen, um herausfordernde Verhaltensweisen zu verhindern resp. herausfordernde Situationen aufzulösen (vgl. Emerson et al. 2000: 197). Durch derartige Massnahmen werden Kontakt- und Kommunikationsmöglichkeiten, die als Lern- und Explorationsfelder für eine wechselseitig gelingende Kommunikation notwendig sind, verhindert. Menschen mit kognitiven Beeinträchtigungen und herausfordernden Verhaltensweisen sind daher besonders gefährdet, dass ihnen Interaktions- und Kommunikationsmöglichkeiten vom Umfeld teilweise systematisch entzogen werden (vgl. Calabrese 2017: 52). Weber (1999) stellt fest, dass länger andauernde soziale Isolation und Deprivation sich oft extrem negativ auf das Sozialverhalten auswirken und dadurch herausfordernde Verhaltensweisen begünstigen (vgl. 29). Insbesondere selbstverletzende Verhaltensweisen deuten auf einen Beziehungs- und Kommunikationsverlust hin (vgl. Kutscher 1999: 139). Zugleich ist aber auch empirisch erwiesen, dass herausfordernde Verhaltensweisen negativ mit dem individuellen Niveau der kommunikativen Fähigkeiten korrelieren (vgl. Dieckmann/Haas 2007: 23). D. h., je schwerer die kommunikativen Beeinträchtigungen sind, desto höher ist die Wahrscheinlichkeit für herausfordernde Verhaltensweisen. Interaktionistisch betrachtet sind daher herausfordernde Verhaltensweisen keine absoluten und personeninhärenten Phänomene, sondern interaktional, kommunikativ, relational und situativ gebundene Ereignisse zwischen mindestens zwei Individuen. Nicht eine Person allein ist Ursachenträgerin, sondern gestörte dysfunktionale und wenig erfolgreich gestaltete interaktionale Wechselbeziehungen zwischen Individuen sind ausschlaggebend für die Entstehung von herausfordernden Verhaltensweisen (vgl. Calabrese 2017: 140 ff.).

> **Bedeutung für Frau Berger**
>
> Wie aus der Fallbeschreibung hervorgeht, verfügt Frau Berger über keine Verbalsprache und äussert sich teilweise über eine eigene Lautsprache, die jedoch für ihre soziale Umwelt nur schwer interpretierbar ist. Frau Berger kann sich hingegen mit Instrumenten der Unterstützten Kommunikation ausdrücken. Sie kann diese jedoch nicht spontan und von sich aus einsetzen, sondern ist darauf angewiesen, dass ihre Begleitpersonen ihr die Piktogramme vorlegen. Dies stellt eine grosse Abhängigkeit dar und kann sich als Barriere für eine gelingende wechselseitige Kommunikation auswirken. Hierbei stellt sich die Frage, welche Bedingungen geschaffen werden müssen, damit entweder Frau Berger in der Lage ist, selbstständig die benötigten Kommunikationsmittel einzusetzen, oder die Begleitpersonen ihr diese konsequent und zuverlässig zur Verfügung stellen. Es wird deutlich, dass im Fall von Frau Berger eine teilweise und situativ bedingte wechselseitige Kommunikationsstörung besteht, die mitunter herausfordernde Verhaltensweisen auslöst.

6.3.4 Konflikttheoretischer Ansatz

In seinem konflikttheoretischen Ansatz betrachtet Wüllenweber (2009) soziale Konflikte als pädagogisches Problem. Damit lässt er sich den interaktionistischen Ansätzen zuordnen, die soziale Beziehungen fokussieren. Er geht davon aus, dass pädagogische Interaktionen in Gruppen durch diverse Faktoren geprägt werden. Bedeutsam sind der soziale Status von Individuen in einer Gruppe, die Vergleichsfunktion der sozialen Interaktion, gegenseitige Erwartungen, aber auch Regeln und Strukturen einer Gruppe. Hinzu kommen Aspekte wie gegenseitige Anerkennung, Konkurrenz, Einfluss, Macht und Sympathie. Aber auch Ziel und Aufgabe einer Gruppe, die Rollendifferenzierungen, Kontakthäufigkeit, Gruppenatmosphäre und die Unterteilung in Untergruppen sowie ihre Geschichte und Dynamiken sind zentrale Faktoren, die laut Wüllenweber (2009: 54 f.) Interaktionen in Gruppen prägen. Diese werden noch überlagert durch die institutionellen Zusammenhänge wie Regeln und Philosophie einer Institution, Hierarchie und Führungsverhalten, Informationsfluss, Atmosphäre, Interaktion zwischen verschiedenen Bereichen, Aufgaben und Ziele sowie Geschichte einer Institution (vgl. ebd.: 55). Konflikte unterscheidet Wüllenweber (ebd.: 96 f.) in seiner Typologie in:

- alltägliche und aussergewöhnliche Konflikte,
- einfache und komplexe (undurchsichtige, unübersichtliche) Konflikte,
- manifeste (Konfliktverhalten erkennbar) und latente Konflikte,
- echte (konfliktverursachender Gegensatz vorhanden) und unechte Konflikte,
- initiative (aktiv auslösendes Konfliktverhalten) und reaktive Konflikte,
- konstruktive (Gegensätzlichkeit wird gelöst) und dekonstruktive Konflikte,
- punktuelle (sehr kurz), temporäre (ein bis mehrere Tage) und chronische Konflikte (Wochen, Monate),
- repetitive und eskalierende Konflikte (Konfliktverlauf variiert aufgrund der Dynamik im Konfliktverhalten).

Für die Analyse von Konflikten ist nach Wüllenweber zu berücksichtigen, ob eher personen- oder eher interaktionsbezogene Kausalitäten im Vordergrund stehen (vgl. ebd.: 114 f.). Als personenbezogene Kausalitäten bezeichnet er: erregungsbedingte Aspekte (Wunde Punkte), belastungsbedingte Aspekte (Überforderung), veränderungsbedingte und entwicklungsbedingte Aspekte. Interaktionsbezogen sind Kausalitäten, die instrumentell und appellbedingt sind, Kommunikations-/Interaktionsstörungen sowie Diskrepanzen zwischen Selbstbestimmung und Erwartungen der Fachpersonen.

Bedeutung für Frau Berger

Frau Bergers Verhaltensweisen können nach Wüllenwebers konflikttheoretischem Ansatz als alltägliche, einfache, manifeste Konflikte bezeichnet werden. Das Konfliktverhalten ist erkennbar, der Konflikt jeweils echt, denn es lassen sich konfliktverursachende Aspekte eruieren (soziale Dichte, Stress durch Warten, anstehende personelle Veränderungen). Das Konfliktverhalten wirkt eher reaktiv (Frau Berger reagiert damit auf gewisse Situationen bzw. Belastungen) als initiativ (sie löst nicht aktiv Konflikte aus). Es finden sich jeweils kaum konstruktive Lösungen, weshalb die Konflikte als eher dekonstruktiv bezeichnet werden können. Sie sind in der Regel punktuell, treten jedoch wiederholt auf, und in der letzten Zeit zunehmend häufiger. Laut Wüllenweber wäre nun zu prüfen, wie die Kausalitäten beschaffen sind.

6.3.5 Traumatheoretischer Ansatz

Herausfordernde Verhaltensweisen können auch eine Folge von traumatischen Erlebnissen sein. Um dies zu erläutern, wird zunächst auf den Traumabegriff eingegangen, bevor die Folgen von traumatischen Erlebnissen insbesondere für Menschen mit kognitiven Beeinträchtigungen dargestellt werden.

Der Begriff ›Trauma‹ stammt aus dem Griechischen und meint: Wunde, seelische Verletzung. Es handelt sich um ein Erlebnis, das derart gravierend ist, dass es die Betroffenen massiv belastet, seelisch tief erschüttert und überwältigt, oder, wie Fischer und Riedesser es formulieren, »ein vitales Diskrepanzerlebnis zwischen bedrohlichen Situationsfaktoren und individuellen Bewältigungsmöglichkeiten«, das die Belastungsfähigkeit eines Menschen um ein Vielfaches übersteigt (vgl. Fischer/Riedesser 2009: 142 f.).

In einer traumatischen Situation wird erlebt, dass bisher erlernte Hilfestrategien, wie Flucht bzw. Widerstand, sinnlos sind. Betroffene erfahren einen totalen Kontrollverlust, das löst Entsetzen und (Todes-)Angst sowie Ohnmachtsgefühle aus. Dies überfordert das angeborene biologische Stresssystem. Das Gehirn wird in einer solch überwältigenden Stresssituation dermassen überflutet, dass es nur Fragmente des Erlebten speichern und verarbeiten kann. Hirnphysiologisch werden traumatische Erlebnisse entsprechend als vorsprachliche Erfahrungen gespeichert, deren Verarbeitung erst später erfolgen kann (vgl. Gahleitner/Loch/Schulze 2012: 6). Menschen, die ein Trauma erlebt haben, können diese Erfahrung daher oft nicht wie gewohnt in ihren Erlebnisschatz integrieren und Abstand dazu gewinnen, sondern ihr Organismus verharrt auf einem erhöhten Stressniveau (Arousal).

Die unmittelbaren Folgen traumatischer Erfahrungen sind akute traumatische Belastungsreaktionen (ABR), die in vielen Fällen wieder abklingen. Dauern die Reaktionen mehrere Monate an, kann dies zu einer Posttraumatischen Belastungsstörung (PTBS) führen. Diese ist gekennzeichnet durch das unfreiwillige Wiedererleben (Intrusionen/Flashbacks) der traumatischen Situation, durch Vermeidungsverhalten sowie einen andauernden, unnatürlich erhöhten Erregungszustand, der sich auch körperlich beispielsweise durch Zittern äussern kann. Komplexe Posttraumatische Belastungsstörungen sind anhaltende Belastungen, die über mehrere Monate andauern und allenfalls sogar zu Persönlichkeitsveränderungen führen können. Die psychische Fragmentierung, in der die Verbindungen von Erleben, Erinnern, Wissen und Fühlen aufgelöst sind, dauert an und wird zur Überlebensstrategie, die sich fortsetzt, obwohl sie ihre Funktion verloren hat. Das Selbstschutzsystem von traumatisierten Menschen ist in ständiger Alarmbereitschaft. Die Tatsache, dass die Erinnerungen stark affektgeladen sind, macht es hirnphysiologisch schwierig, sie mit der Sprache zu verbinden. Weil jedoch erst die Versprachlichung kognitive Zuordnungen ermöglicht, können sie das Erlebte nur schwer verstehen (vgl. ebd.: 24 ff.). Entsprechend kann es ihnen schwerfallen, Erlebtes in Worte zu fassen und darüber zu reden.

Die Folgen von traumatischen Erlebnissen sind je nach Alter und kognitivem Entwicklungsstand der traumatisierten Person unterschiedlich. Wichtige Einflussfaktoren sind aber auch Art, Umstände und Dauer des traumatisierenden Ereignisses sowie die Frage, ob unterstützende Bedingungen fehlen oder vorhanden sind. Alle Menschen sind nach einem traumatischen Ereignis damit beschäftigt, das erlebte Trauma einzuordnen und emotional zu verarbeiten. Sie tun dies jeweils gemäss ihren kognitiven Möglichkeiten. Bei Menschen mit Entwicklungsbeeinträchtigungen kann es sein, dass diese Bewältigungsversuche sie so stark beschäftigen, dass Entwicklungen in anderen Bereichen verzögert oder aufgehalten werden. Oft ist ihr Verhältnis zum eigenen Körper erschüttert und Bewusstsein sowie Emotionen sind verzerrt. Durch die erlebten affektiven Extremzustände entsteht ein Gefühl der Überwältigung. So werden Erlebnisse und Erinnerungen aufgespalten, teilweise auch dissoziative Fähigkeiten entwickelt.

Ohne adäquate Unterstützung prägen Trauma bezogene Angst-, Scham- und Schuldgefühle das Selbst- und Weltbild der Betroffenen. Sie suchen die Gründe für die Erlebnisse oft in ihrer Person. Häufig reinszenieren sie die Erlebnisse und zeigen unterschiedliche herausfordernde Verhaltensweisen wie Rückzug, Selbst- und/oder Fremdaggressionen. Sie verfügen oft über kein Grundgefühl von Entspannung, und die Angstproblematik kann sich auf unterschiedliche Bereiche in ihrem Leben ausweiten. Sie verlieren die Fähigkeit, ihre Gefühle zu regulieren, und fühlen sich ihnen schutzlos ausgeliefert (vgl. ebd.: 28).

Betroffene versuchen sich in der unerträglichen Lebenssituation oft durch einen Mix zwischen Anpassung und Widerstand zurechtzufinden. Nicht selten zeigen sie Verhaltensweisen wie Diebstahl, Alkoholkonsum, Drogen-, Medikamentenmissbrauch sowie Selbst- oder Fremdaggressionen. Gelingt es nicht, ihre Selbstregulation mithilfe von professioneller Unterstützung zu erlernen, können herausfordernde Verhaltensweisen sich verfestigen. Traumafolgen beinhalten oft massive Schuld- und Schamgefühle, die Betroffene in ihren weiteren Entwicklungsaufgaben behindern (vgl. ebd.: 9).

Bezüglich PTBS kann für Menschen mit kognitiven Beeinträchtigungen gesagt werden, dass nur wenig Evidenz basiertes Wissen besteht. In einer Metastudie stellen Mevissen und de Jongh (2010: 308 ff.) fest, dass PTBS trotz ihrer Bedeutung nur selten diagnostiziert werden. Sie bemängeln denn auch das Fehlen von diagnostischen Instrumenten, um Symptome einer PTBS bei dieser Zielgruppe überhaupt festzustellen. Weiter weisen sie darauf hin, dass die Symptome einer PTBS sich je nach kognitivem Entwicklungsstand unterschiedlich präsentieren und potenziell traumatisierende Erlebnisse auch unterschiedlich interpretiert werden können. Hinzu kommt, dass für Menschen mit kognitiven Beeinträchtigungen

Ereignisse potenziell traumatisierend sind, die dies für andere nicht sind. Zudem sind Bezugspersonen oft nicht geschult, solche Symptome zu erkennen.

> **Bedeutung für Frau Berger**
>
> Seit ihrer Kindheit und Jugend zeigt Frau Berger selbstverletzende Verhaltensweisen. Ab ihrem Eintritt in die Institution vor zwei Jahren nehmen diese eher zu. Es gibt jedoch in der Fallvignette keine Hinweise auf traumatisierende Erlebnisse. Der Kontakt zur Familie besteht und ist gut. Frau Berger ist im Wohn- wie auch im Arbeitsbereich integriert. Seit einiger Zeit ist sie für die Arbeit in der Förderstätte teilweise nicht zu motivieren. Es wäre mit allen Beteiligten sowie allenfalls durch Aktenanalyse (bestehende Unterlagen zu Frau Berger) zu klären, ob es in ihrer Kindheit und Jugend traumatisierende Erlebnisse gab bzw. ob sie in letzter Zeit ein traumatisches Erlebnis hatte, das die (eher neu auftretenden) fremdverletzenden Verhaltensweisen erklären könnte. Dabei ist jedoch ein äusserst sorgfältiges Vorgehen geboten, besteht doch die Gefahr, Ängste zu schüren, Unsicherheiten und Scham- und Schuldgefühle zu generieren oder gar Retraumatisierungen auszulösen. Sofern keinerlei Hinweise auf ein traumatisches Erlebnis vorhanden sind, kann ein Trauma als Erklärung für die herausfordernden Verhaltensweisen mit grosser Wahrscheinlichkeit ausgeschlossen werden.

6.3.6 Systemökologischer Ansatz

Der systemökologische Ansatz setzt sich aus Erkenntnissen aus der allgemeinen Systemtheorie und der Sozioökologie zusammen (vgl. Theunissen 2011a: 60). Die systemtheoretische Grundannahme besteht darin, dass herausfordernde Verhaltensweisen sowie »die wechselseitige, zirkuläre Bedingtheit dieser Verhaltensweisen in komplexen Kontextbedingungen mit zahlreichen, meistens nicht überschaubaren Faktoren entsteht und aufrechterhalten wird« (Hennicke 1999: 149). Herausfordernde Verhaltensweisen sind somit kontextuell gebunden und stehen in engem Zusammenhang mit der Gesamtsituation, in der sich die Person befindet (vgl. Mühl 2004: 169). Vor diesem Hintergrund ist nicht die Person ›gestört‹, die herausfordernde Verhaltensweisen zeigt, sondern die Wechselbeziehung zwischen ihr und ihrer Umwelt (vgl. Calabrese 2017; Theunissen 2011a). Dem sozioökologischen Grundsatz liegt die Erkenntnis zugrunde, dass Ereignisse in den einzelnen Lebensbereichen (z. B. Familie, Wohngruppe, Schule, Arbeit u. a. m.) sowie die Beziehungen zwischen den Lebensbereichen Einfluss auf die Entwicklung aller Menschen nehmen. Ein Lebensbereich ist ein Ort, an dem Menschen leicht direkte Interaktionen mit anderen aufnehmen können (auch als Mikrosystem bezeichnet). Dieses Mikrosystem zeichnet sich neben den zwischenmenschlichen Interaktionen und Beziehungen durch darin stattfindende Tätigkeiten und Aktivitäten sowie die übernommene Rolle aus. Die unmittelbare Umwelt beeinflusst dabei nicht nur die individuelle Entwicklung, sondern bestimmt auch etliche Verhaltensweisen. Gleichzeitig wird die Umwelt bestehend aus den verschiedenen Lebensbereichen auch von den Individuen reziprok beeinflusst (vgl. Bronfenbrenner 1981: 19–38). Basierend auf den sozioökologischen Erkenntnissen resümiert Theunissen (2011a: 64):

> »Diskrepanzen zwischen diesen Systemen, gegenläufige pädagogische Intentionen und Interaktionen sowie instabile, fragile Systeme erschweren die Entwicklung des Einzelnen, befördern soziale Probleme oder Konflikte und sind womöglich ein fruchtbarer Boden für Verhaltensauffälligkeiten.«

Eine systemökologische Betrachtung von herausfordernden Verhaltensweisen geht der Frage nach geeigneten Lebensräumen für Menschen mit kognitiven Beeinträchtigungen nach und stellt den Kontext, in dem herausfordernde Verhaltensweisen gezeigt werden, in den Mittelpunkt des Interesses. Von zentraler Bedeutung ist dabei die Suche nach (verborgenen oder latenten) Schwierigkeiten in einem Kontext, auf deren Basis herausfordernde Verhaltensweisen entstehen und eine bestimmte Funktion einnehmen (vgl. Calabrese 2017; Theunissen 2011a; Elbing 2003). Insbesondere bei Menschen mit kognitiven Beeinträchtigungen, die in Institutionen des Behindertenwesens leben und arbeiten, gilt es, den institutionellen Kontext zu berücksichtigen und in angestrebte Veränderungsprozesse einzubauen. Denn institutionelle und strukturelle Bedingungen können als Umgebungsfaktoren die Entstehung von herausfordernden Verhaltensweisen vorbereiten und begünstigen (vgl. Walter/Nau/Oud 2012: 100).

Bedeutung für Frau Berger

Frau Berger lebt in einem institutionellen Kontext, der tendenziell geprägt ist von vielen Strukturen und Regeln, die fremdbestimmend auf sie einwirken. Allein diese Tatsache kann ein Nährboden für herausfordernde Verhaltensweisen sein. Unter einer systemökologischen Perspektive gilt es, besonders Situationen systematisch zu erfassen, in denen sich Frau Berger regelmäßig herausfordernd zeigt. Dabei sollen mögliche Funktionen der herausfordernden Verhaltensweisen eruiert werden. So ist beispielsweise das wiederkehrende gemeinsame Essen eine herausfordernde Situation, in der sich nicht nur Frau Berger herausfordernd zeigt, sondern auch alle anderen Beteiligten gefordert sind. Der Blick sollte bei der Analyse daher nicht ausschließlich auf Frau Berger gerichtet werden, sondern auch die räumlichen, sozialen und strukturellen Faktoren müssen berücksichtigt werden.

6.4 Empfehlungen für die Praxis der Sozialen Arbeit

Wenn institutionell lebende Menschen mit kognitiven Beeinträchtigungen regelmäßig und über eine bestimmte Zeitspanne hinweg herausfordernde Verhaltensweisen zeigen, ist eine systematische Falldiagnostik unablässig. Ein Vorgehen beispielsweise entlang dem Modell der Kooperativen Prozessgestaltung nach Hochuli Freund und Stotz (2016) bedeutet demnach, dass in einem ersten Schritt die Situationserfassung erfolgt. Diese beinhaltet, dass die Vorgeschichte von Frau Berger und ihre aktuelle Situation erfasst werden. Es geht darum, ein erstes Bild ihrer Situation zu erhalten, Anliegen und vorläufige Themen festzustellen. In einem zweiten Schritt wird im Rahmen der Analyse die Fallthematik präzisiert, indem weitere Daten erfasst und strukturiert ausgewertet werden (vgl. ebd.: 175 ff.). Um die herausfordernden Verhaltensweisen von Frau Berger wissensbasiert besser zu verstehen, bietet sich als dritter Schritt im Rahmen einer sozialen Diagnose der Beizug der oben dargestellten Erklärungsansätze an. Auf der Basis dieser unterschiedlichen Ansätze kann der Fall gedeutet werden. Damit entstehen erklärende Hypothesen, die im Idealfall Hinweise für hilfreiche Ziele, Interventionen und Evaluationen enthalten.

6.4.1 Individualtheoretischer Ansatz mit Fokus auf Kognition und Emotion

Frau Berger hat eine kognitive und emotionale Entwicklungsbeeinträchtigung. Sie verfügt über ein begrenztes Repertoire an Problemlösestrategien. Damit fehlen ihr offenbar in bestimmten Situationen Alternativen zu ihren herausfordernden Verhaltensweisen. Weil das Niveau ihrer kognitiven, emotionalen und sozialen Entwicklung unklar ist, kann es sein, dass sie konstant sozialpädagogische Angebote erhält, die für sie nicht passend sind (nämlich über- oder unterfordernd). Es bietet sich daher an, beispielsweise mit dem Schema der emotionalen Entwicklung (SEO) (vgl. Sappok/Zepperitz 2016: 38) ihr Entwicklungsniveau zu bestimmen, um ihr in der Folge speziell darauf abgestimmte, für sie entwicklungsadäquate sozialpädagogische Angebote zu erstellen und ihr entwicklungsfreundlich zu begegnen.

6.4.2 Lerntheoretischer Ansatz

Herausfordernde Verhaltensweisen sind für Frau Berger sinnhaft und werden aufgrund ihrer Wirkung reproduziert. Es wird davon ausgegangen, dass sie erlernt sind, daher müssen künftig Bedingungen geschaffen werden, in denen sie diese verlernen und stattdessen alternative und sozial erwünschte Verhaltensweisen erlernen kann. So könnte es sinnvoll sein, dass ihre Begleitpersonen im Bereich Wohnen und im Bereich Arbeit sich über ihre Verhaltensweisen austauschen und eruieren, ob es Momente gibt, an denen Frau Berger bereits alternative Verhaltensweisen zeigt, die verstärkt werden könnten. Gleichzeitig könnten sie festhalten, welche Situationen Herausforderungen für Frau Berger beinhalten und gemeinsam herausarbeiten, wie diese auf Frau Bergers Bedürfnisse hin umgestaltet und wie ihr Alternativen aufgezeigt werden könnten. Hilfreich für ein solches Vorgehen kann der Ansatz der Positiven Verhaltensunterstützung sein, dessen integraler Bestandteil das SABC-Schema für eine systematische Beobachtung von herausfordernden Situationen ist. Dabei werden auch die Reaktionen der Begleitpersonen auf herausfordernde Verhaltensweisen in Bezug auf Angemessenheit, Logik und Lerneffekt reflektiert (vgl. Theunissen 2011b: 75 ff.). Im Fall von Frau Berger reagieren die Begleitpersonen auf die fremdverletzenden Verhaltensweisen mit Separation in ihrem Zimmer, wobei die zeitliche Isolation von der zuständigen Begleitperson abhängig ist. Auf der Basis einer lerntheoretischen Analyse könnte diese Reaktionsweise hinterfragt werden.

6.4.3 Interaktionistischer Ansatz

Aufgrund der generellen Bedeutung von Kommunikation und wegen Frau Bergers starker Abhängigkeit von Begleitpersonen bezüglich der Nutzung ihrer Piktogramme, müssen Bedingungen geschaffen werden, dass sie entweder selber in der Lage ist, die nötigen Kommunikationsmittel einzusetzen, oder dass die Begleitpersonen ihr diese konsequent und zuverlässig zur Verfügung stellen. Die Begleitpersonen sind für die strukturelle Asymmetrie (Abhängigkeit) in der Kommunikationsbeziehung mit Frau Berger zu sensibilisieren. Sie verpflichten sich, diese auszugleichen und eine geeignete, wechselseitige Kommunikationsbasis zu etablieren, die es Frau Berger erlaubt, sich gemäss ihren Bedürfnissen und Fähigkeiten zu artikulieren und möglichst selbstständig und barrierefrei zu kommunizieren. Beim Auftreten von Kommunikationsstörungen (wie Missverständnissen, Unklarheiten etc.) wird diesen besondere Aufmerksamkeit gewidmet. Sie werden prioritär angegangen, um die wechselseitige Kommunikationsbasis möglichst umgehend wiederherzustellen und die strukturell bestehende Asymmetrie auszugleichen.

6.4.4 Konflikttheoretischer Ansatz

Bezogen auf die Konflikttheorie wird deutlich, dass bei Frau Berger sog. konfliktverursachende Aspekte bestehen: So reagiert sie z. B. bei gewissen Belastungen, wie in Momenten von sozialer Dichte, von Stress durch Wartezeit oder bei personellen Veränderungen. Dies ergibt Hinweise für die Handlungsansätze. In Anlehnung an Wüllenweber wäre nun zu prüfen, ob die Kausalitäten eher im Zusammenhang mit Frau Bergers Stressgefühl stehen (also ob z. B. die Wartezeit vor dem Essen ein sog. ›wunder Punkt‹ von ihr ist), oder ob es sich eher um belastungs- oder veränderungsbedingte Kausalitäten handelt (sind z. B. die personellen Veränderungen eine Belastung für sie?). Dies bedeutet, dass ihre Begleitpersonen zum einen über zusätzliche spezifische Beobachtungen und Abklärungen diese Kausalitäten zu klären versuchen, sie zum andern aber auch direkt mit Frau Berger thematisieren (ihren kognitiven Fähigkeiten entsprechend). Stellt sich heraus, dass es eher um individuelle Stressmomente in bestimmten Situationen geht, gilt es, diese zu entschärfen und Frau Berger zu entlasten. Sind es veränderungsbedingte Kausalitäten, steht eher eine aktive Auseinandersetzung damit an und eine Unterstützung von Frau Berger in der für sie belastenden Zeit des Umbruchs (Sicherheit geben, auf Kontinuitäten achten, Abschiede ermöglichen, Trauerarbeit leisten, für Neuanfang motivieren etc.).

6.4.5 Traumatheoretischer Ansatz

Bei Hinweisen auf traumatisierende Erlebnisse ist durch Erkundungsgespräche mit allen Beteiligten (ihren Angehörigen, ihren Bezugspersonen, ihrer Hausärztin etc.) sowie im Rahmen einer fundierten Aktenanalyse zu klären, was zu welchem Zeitpunkt vorgefallen ist und inwiefern Frau Berger involviert war (direkt betroffen oder beispielsweise als Zeugin mitbetroffen?). Wird deutlich, dass sie ein traumatisierendes Erlebnis hatte und dieses ihre herausfordernden Verhaltensweisen erklären könnte, wird empfohlen, mithilfe einer/eines spezifisch ausgebildeten Traumatherapeutin/-en zu klären, wie die weiteren Vorgehensschritte sind. So kann festgelegt werden, ob Stabilisierungsmassnahmen angezeigt sind, und wenn ja, welche angeboten werden können. Weiter muss geklärt werden, ob das Trauma mit Frau Berger thematisiert bzw. aufgearbeitet werden kann/soll. Aufgrund der Gefahr einer Retraumatisierung ist davon abzuraten, dass Begleitpersonen ohne spezifische Fachkompetenz diese Thematik allein mit Frau Berger aufgreifen – hier ist also interdisziplinäre Zusammenarbeit zwingend notwendig und entsprechende Fachexpertise beizuziehen.

6.4.6 Systemökologischer Ansatz

Systemökologisch gilt es, das institutionelle Setting, in dem Frau Berger lebt, in den Blick zu nehmen und dabei nach aufrechterhaltenden Bedingungen sowie nach Funktionen der herausfordernden Verhaltensweisen zu suchen. Die Begleitpersonen erfassen die Strukturen und Regeln, die das Leben von Frau Berger (fremd-)bestimmen und arbeiten heraus, in welchen Situationen sie Freiräume hat, sich wohlfühlt, selbstwirksam und selbstbestimmt agieren kann und in welchen sie (eher) herausfordernde Verhaltensweisen zeigt. Dabei wird neben Frau Bergers individuellen Verhaltensweisen insbesondere auch auf soziale Aspekte fokussiert: So kann z. B. relevant sein, wer in einer Situation anwesend bzw. abwesend ist; es kann spezifisch ungünstige bzw. günstige Gruppenkonstellationen mit Mitbewohnenden geben, und die Präsenz gewisser Leute kann auf sie beruhigend oder gerade stressfördernd wirken etc. Weiter gilt es auch, Übergänge (räumliche, zeitliche, personelle) zu beachten und so zu gestalten, dass sie für Frau Berger als solche erkennbar und zu bewältigen sind. Auch räumliche und gegenständliche Faktoren sind einzubeziehen: Wie sind Räume gestaltet? Welche Gestaltungsmöglichkeiten hat Frau Berger? Gibt es beispielsweise räumliche Anordnungen, die sie in ihrer Bewegungsfreiheit einengen oder Stress hervorrufen? Auch hier sind die Bezugspersonen gefordert, diese (situativen) Aspekte systematisch zu beobachten und im Team zu besprechen, um intersubjektive Einschätzungen zu erhalten und gemeinsame Alternativen zu entwickeln. Unter einer systemökologischen Perspektive ist es zentral, herausfordernde Verhaltensweisen als Produkt einer Störung zwischen dem Individuum und dem Umfeld zu verstehen. Dabei trägt eine Veränderung und Neugestaltung des Umfeldes resp. einzelner Bereiche des Umfeldes wesentlich zur Veränderung von herausfordernden Verhaltensweisen resp. Situationen bei.

Es wird somit deutlich, dass alle oben genannten Ansätze theoretische Erklärungen bieten und als Grundlage für ein vertieftes Fallverstehen dienen können. Aufgrund der Komplexität der Situation ist es im konkreten Fall von Frau Berger (wie oft bei herausfordernden Verhaltensweisen) sicher von Vorteil, das Wissen aus den verschiedenen Ansätzen zu nutzen und zu kombinieren. So können auf unterschiedlichen Ebenen Ziele gesetzt und angegangen werden. Wesentlich ist, dass die Begleitpersonen sich mit Frau Berger auf einige zentrale Aspekte einigen und diese gezielt über längere Zeit hinweg verfolgen, dokumentieren und mit Blick auf erreichte Wirkungen systematisch reflektieren und evaluieren. Wichtig erscheint generell, dass in den Handlungsplänen die Ebenen der Prävention, Intervention und Postvention (Nachsorge) gleichermassen Berücksichtigung finden und dass das Umfeld als gestalt- und veränderbarer Faktor miteinbezogen wird.

6.5 Interview mit Fachperson

Cathrin Holzer (1986), Sozialpädagogin und Wohngruppenleiterin in der Stiftung Züriwerk

Sie arbeiten schon sehr lange mit Menschen mit Beeinträchtigungen und herausfordernden Verhaltensweisen zusammen, wie begegnen Sie jetzt an Ihrem neuen Arbeitsort herausfordernden Verhaltensweisen von Ihren Klientinnen und Klienten?
Das ist sehr unterschiedlich, denn die Klientinnen und Klienten weisen ein grosses Spektrum an verschiedenen herausfordernden Verhaltensweisen auf. Viele Klientinnen und Klienten zeigen sich vor allem dann herausfordernd, wenn ihre Bedürfnisse nicht unmittelbar befriedigt werden. Sie sind jedoch alle kognitiv in der Lage, Kompromisse zu verstehen und diese auch einzugehen, daher versuche ich vor allem auch mit Regeln und Abmachungen zu arbeiten. Diese werden gemeinsam mit den Klientinnen und Klienten erarbeitet und festgehalten.

Welche konkreten herausfordernden Verhaltensweisen zeigen die Klientinnen und Klienten?
Ein Klient beispielsweise beginnt zu jammern, wenn er etwas nicht sogleich bekommt. Er kann sich dann ganz stark in das Jammern hineinsteigen, beginnt lauthals zu schreien und weint. Teilweise kann er sich derart hineinsteigen, bis er sich total verkrampft. Ein anderer Klient, der im Rollstuhl ist, drückt sich mit dem Sprachcomputer aus und kann damit auch Schimpfwörter formulieren. Wenn er wütend ist, beschimpft er die Mitarbeitenden. Dann drückt er aber nicht nur einmal auf die Taste, sondern wiederholt das Fluchwort mehrmals hintereinander, manchmal bis zu fünf Minuten. In solchen Situationen kann der Klient fremdaggressiv gegenüber Fachpersonen und Mitbewohnenden reagieren. Als Fachperson ist es wichtig zu wissen, wie man sich dem Klienten positioniert und welche Nähe man zulässt in diesen Situationen.

Jetzt haben Sie verschiedene herausfordernde Verhaltensweisen genannt, was denken Sie, was sind Gründe, dass sich gewisse Personen derart herausfordernd zeigen in bestimmten Situationen?
Es gibt natürlich verschiedene Gründe, gewiss gibt es auch spezifische Behinderungsbilder, die gewisse herausfordernde Verhaltensweisen mit sich bringen. Aber meine persönliche Erfahrung zeigt mir, dass häufig in Übergangssituationen herausfordernde Verhaltensweisen gezeigt werden. Besonders fällt mir dies beim Übergang vom Schulbereich in den Arbeitsbereich auf. Ich habe festgestellt, dass die Betreuung und Begleitung im Kindes- und Jugendalter im Vergleich zum Erwachsenenalter deutlich besser gewährleistet werden kann. Kommen die Klientinnen und Klienten vom Jugendbereich dann zu uns in den Erwachsenenbereich, reagieren sie manchmal mit herausfordernden Verhaltensweisen, weil sie eine Veränderung in der Begleitung spüren. Weitere Gründe für herausfordernde Verhaltensweisen können auch Personalmangel oder unzureichend ausgebildetes Personal sein. Das merke ich besonders an meiner jetzigen Arbeitsstelle, denn ich arbeite nun ausschliesslich mit ausgebildetem Personal zusammen und das wirkt sich sehr positiv auf die Klientinnen und Klienten aus.

Welches war Ihre bisher schwierigste Situation, in der Sie mit herausfordernden Verhaltensweisen konfrontiert waren?
Für mich persönlich gab es eine wirklich herausfordernde Situation, die sich an einem früheren Arbeitsort abgespielt hat: Ein Klient wurde im Pyjama mit mehreren Mitarbeitenden von der Wohngruppe zu mir ins Atelier gebracht. Der eine Mitarbeiter hat dann zu ihm gesagt, »so jetzt bleibst du hier«. Der Klient war natürlich aufgrund dieser Entwürdigung total wütend und hat die Welt nicht mehr verstanden. Diese Situation war auch für die anderen Klientinnen und Klienten in der Arbeitsgruppe sehr schwierig. Meine eigenen Emotionen zurückzuhalten, bereitete mir grosse Mühe. Am liebsten hätte ich den Mitarbeitenden gesagt, dass ich ihre Vorgehensweise nicht adäquat finde.

Wie gehen Sie persönlich mit herausfordernden Verhaltensweisen um?
Ich finde es wichtig, diese nicht persönlich zu nehmen. Man darf sich dadurch nicht angegriffen fühlen, denn häufig sind herausfordernde Verhaltensweisen ein Ausdruck dafür, dass sich die Klientin oder der Klient nicht wohl fühlt. Gewisse Situationen fordern mich emotional sehr, dann ist es für mich wichtig, dass ich mit mir nahestehenden Personen darüber sprechen und Sport betreiben kann.

Und was machen Sie in akut herausfordernden Situationen?
Ich probiere einfach, ruhig zu bleiben. Je nach Klientin oder Klient gehe ich anders vor, aber ich versuche, ihnen stets Sicherheit zu vermitteln, denn gerade die brauchen sie in solchen Situationen. Ich will ihnen vermitteln, dass ich für sie da bin und sie mir nicht egal sind. Speziell bei einem Klienten ist es auch aufgrund seiner Biografie wichtig, ihn immer wieder wissen zu lassen, dass wir Krisen gemeinsam durchstehen und er sich auf mich verlassen kann.

Was unternimmt die Stiftung Züriwerk, um die Mitarbeitenden für solche Situationen anzuleiten?
Wir haben Erfahrungsgruppen, in denen wir herausfordernde Situationen gemeinsam besprechen und reflektieren. Es gibt interne Weiterbildungen zum Thema Nähe und Distanz sowie Aggression und Gewalt im Alltag. Toll finde ich, dass diese Weiterbildungen nicht nur für die Mitarbeitenden zugänglich sind, sondern auch die Klientinnen und Klienten diese internen Weiterbildungen besuchen dürfen. Diese sind dann auch speziell für die Klientel adaptiert. Weiter gibt es ein Sorgenbüro, das auch interne Fachberatungen für die jeweiligen Teams anbietet.

Was denken Sie, was sind denn die Auswirkungen der herausfordernden Verhaltensweisen für die Klientinnen und Klienten, die sich so zeigen?
Ich denke, dass es für sie auch nicht immer so toll ist, wenn man ihnen dabei nicht adäquat begegnet. So erleiden sie immer wieder eine Art Traumatisierung. Also teilweise muss es für sie sicherlich ganz schlimm sein, wie die Mitarbeitenden darauf reagieren. Gerade an früheren Arbeitsorten sind Situationen vorgefallen, in welchen die Reaktion der Mitarbeitenden auf herausfordernde Verhaltensweisen nichts mehr mit Konsequenzen zu tun hatte, sondern es waren eher Bestrafungen. Für uns Mitarbeitende ist es ganz wichtig, bereits vorgängig zu überlegen, wie möglichst adäquat auf herausfordernde Verhaltensweisen reagiert werden kann, so dass ihre Würde nicht verletzt wird. Wenn jemand sich herausfordernd zeigt, ist es unser Ziel, genau hinzuschauen und zu analysieren, woran dies liegt und was wir unternehmen können, damit es wieder in eine positive Richtung geht.

Gibt es auch Auswirkungen auf Mitarbeitende?
Es kommt ganz stark darauf an, wie die Mitarbeitenden persönlich mit diesen Belastungen umgehen. Wenn man die herausfordernden Verhaltensweisen persönlich nimmt, wenn man nicht für einen Ausgleich sorgt, wenn man nicht mit Freude bei der Sache ist, dann wirkt sich das sicherlich negativ aus.

Und gibt es auch Auswirkungen auf die Institution, dadurch dass sie Klientinnen und Klienten mit herausfordernden Verhaltensweisen aufnimmt?
Wenn die Institution ein gutes Konzept hat oder bereit ist, ein Konzept auszuarbeiten, dann nicht. Das ist eine wichtige Voraussetzung. Ich finde, eine Institution muss sich bewusst für ihre Klientinnen und Klienten entscheiden und kann sie nicht einfach hin- und herschieben.

Was möchten Sie Neueinsteigenden mit auf den Weg geben resp. was ist wichtig, wenn man mit solchen Klientinnen und Klienten arbeitet?
Also, ich möchte ihnen gerne raten, dass sie selbst in schwierigen Zeiten das Positive nicht ausser Acht lassen dürfen. Die positiven Momente, die man mit den Klientinnen und Klienten erlebt, muss man sich immer wieder vor Augen führen. In herausfordernden Situationen ist es wichtig, ihnen Sicherheit und Stabilität zu vermitteln. Wenn die Krisen durchstanden sind, geben einem das die Klientinnen und Klienten auch wieder auf positive Weise zurück. Das ist meine Erfahrung aus dreizehn Jahren Tätigkeit mit dieser Klientel.

Literatur

Bandura, Albert (1979): Sozial-kognitive Lerntheorie. Klett-Cotta: Stuttgart.
Bienstein, Pia (2016): Herausforderndes Verhalten. In: Ingeborg Hedderich et al. (Hrsg.), Handbuch Inklusion und Sonderpädagogik. Bad Heilbrunn: Klinkhardt, S. 359–364.
Bronfenbrenner, Urie (1981): Die Ökologie der menschlichen Entwicklung. Stuttgart: Klett Cotta.
Bundesamt für Statistik, BFS (2014): Gesundheitsstatistik, [online] https://www.bfs.admin.ch/bfs/de/home/statistiken/gesundheit.assetdetail.349483.html [28.03.2016].
Calabrese, Stefania (2017): Herausfordernde Verhaltensweisen – herausfordernde Situationen: Ein Perspektivenwechsel. Eine qualitativ-videoanalytische Studie über die Gestaltung von Arbeitssituationen von Menschen mit schweren Beeinträchtigungen und herausfordernden Verhaltensweisen. Bad Heilbrunn: Klinkhardt.
Day, Kenneth A. (1993): Psychische Störungen und geistige Behinderung – sind spezielle psychiatrische Dienste notwendig? In: Christian Gaedt/Sabine Bothe/Henning Michels (Hrsg.), Psychisch krank und geistig behindert. Regionale Angebote für psychisch kranke Menschen mit geistiger Behinderung. Dortmund: Verlag Modernes Lernen, S. 79–90.
Deutsches Institut für Medizinische Dokumentation und Information (2005): Internationale Klassifikation der Funktionsfähigkeit, Behinderung und Gesundheit. Genf: WHO.
Dieckmann, Friedrich/Haas, Gerhard/Bruck, Brigit (2007): Herausforderndes Verhalten bei geistig behinderten Menschen – zum Stand der Fachdiskussion. In: Friedrich Dieckmann/Gerhard Haas (Hrsg.), Beratende und therapeutische Dienste für Menschen mit geistiger Behinderung und herausforderndem Verhalten. Stuttgart: Kohlhammer, S. 15–40.
Elbing, Ulrich (2003): Nichts passiert aus heiterem Himmel – es sei denn man kennt das Wetter nicht: Transaktionsanalyse, geistige Behinderung und sogenannte Verhaltensstörungen. 3. Auflage. Dortmund: Verlag Modernes Lernen.
Emerson, Eric et al. (2000): Treatment and Management of Challenging Behaviours in Residential Settings. In: Journal of Applied Research in Intellectual Disabilities, Jg. 13, Nr. 4, S. 197–215.
Erdélyi, Andrea/Mischo, Susanne (2011): Da bist du sprachlos …! Theoretische Grundlagen und praktische Perspektiven zur Unterstützten Kommunikation bei geistiger Beeinträchtigung und herausforderndem Verhalten. In: Zeitschrift für Heilpädagogik, Jg. 62, Nr. 4, S. 143–153.
Fischer, Gotfried/Riedesser, Peter (2009): Lehrbuch der Psychotraumatologie. München: Reinhardt.
Gahleitner, Silke Brigitta/Loch, Ulrike/Schulze, Heidrun (2012): Psychosoziale Traumatologie – eine Annäherung. In: Heidrun Schulze/Ulrike Loch/Silke Brigitta Gahleitner (Hrsg.), Soziale Arbeit mit traumatisierten Menschen. Plädoyer für eine Psychosoziale Traumatologie. Baltmannsweiler: Schneider Verlag Hohengehren.
Hejlskov Elvén, Bo (2015): Herausforderndes Verhalten vermeiden: Menschen mit Autismus und psychischen oder geistigen Einschränkungen positives Verhalten ermöglichen. Tübingen: dgvt-Verlag.
Hennicke, Klaus (1999): »Wer ist Täter, wer ist Opfer?«. Spiralen der Gewalt in Einrichtungen der Behindertenhilfe und wie sie zu unterbrechen sind. In: Michael Seidel/Klaus Hennicke (Hrsg.), Gewalt im Leben von Menschen mit geistiger Behinderung. Reutlingen: Diakonie-Verlag, S. 147–187.
Hennig, Birgit (2011): Interaktion und Kommunikation zwischen Menschen mit schwerster Behinderung und ihren Bezugspersonen: Aspekte des Gelingens. In: Fröhlich, Andreas/Heinen, Norbert/Klauß, Theo/Lamers, Wolfgang (Hrsg.), Schwere und mehrfache Behinderung – interdisziplinär. Impulse: Schwere und mehrfache Behinderung. Oberhausen: Athena, S. 273–298.
Kutscher, Joachim (1999): Erfahrungen aus Beratung und Supervision von Helfern und Betreuern, die mit fremd- und selbstverletzenden Menschen mit geistiger Behinderung umgehen. In: Michael Seidel/Klaus Hennicke (Hrsg.), Gewalt im Leben von Menschen mit geistiger Behinderung. Reutlingen: Diakonie-Verlag, S. 131–146.

Luiselli, James K. (2012): High-Risk Challenging Behaviors in People with Intellectual and Developmental Disabilities. Baltimore/London/Sydney: Paul H. Books.
Mevissen, Liesbeth/deJongh, Ad (2010): PTSD and Its Treatment in People with Intellectual Disabilities. A Review of the Literature. In: Clinical Psychology Review, Jg. 30, S. 308–316.
Mühl, Heinz (2001): Zum pädagogischen Umgang mit selbstverletzendem Verhalten bei Menschen mit geistiger Behinderung. In: Ernst Wüllenweber/Georg Theunissen (Hrsg.), Handbuch Krisenintervention, Band 1: Hilfen für Menschen mit geistiger Behinderung. Theorie, Praxis, Vernetzung. Stuttgart: Kohlhammer, S. 163–189.
Palmowski, Winfried (2015): Nichts ist ohne Kontext. Systemische Pädagogik bei »Verhaltensauffälligkeiten«. 3. Auflage. Dortmund: Verlag Modernes Lernen.
Sarimski, Klaus (2013): Psychologische Theorien geistiger Behinderung. In: Gerhard Neuhäuser et al. (Hrsg.), Geistige Behinderung. Grundlagen, Erscheinungsformen und klinische Probleme, Behandlung, Rehabilitation und rechtliche Aspekte. 4. Auflage. Stuttgart: Kohlhammer, S. 44–58.
Sappok, Tanja/Zepperitz, Sabine (2016): Das Alter der Gefühle. Über die Bedeutung der emotionalen Entwicklung bei geistiger Behinderung. Bern: Hogrefe.
Schanze, Christian (2014): Intelligenzminderung und psychische Störung – Grundlagen, Epidemiologie, Erklärungsansätze. In: Christian Schanze (Hrsg.), Psychiatrische Diagnostik und Therapie bei Menschen mit Intelligenzminderung. Ein Arbeits- und Praxisbuch für Ärzte, Psychologen, Heilerziehungspfleger und -pädagogen. Stuttgart: Schattauer, S. 21–29.
Schanze, Christian/Sappok, Tanja/Kehrle, Martina (2014): Verhaltensauffälligkeiten. In: Christian Schanze (Hrsg.), Psychiatrische Diagnostik und Therapie bei Menschen mit Intelligenzminderung. Ein Arbeits- und Praxisbuch für Ärzte, Psychologen, Heilerziehungspfleger und -pädagogen. Stuttgart: Schattauer, S. 233–256.
Sigafoos, Jeff et al. (1994): A Survey of Aggressive Behaviour among a Population of Persons with Intellectual Disability in Queensland. In: Journal of Intellectual Disability Research, Jg. 38., Nr. 4, S. 369–381.
Stein, Roland (2006): Beeinträchtigungen und Behinderungen. In: Gerd Hansen/Roland Stein (Hrsg.), Kompendium Sonderpädagogik. Bad Heilbrunn: Klinkhardt, S. 9–24.
Terfloth, Karin/Lamers, Wolfgang (2013): Inklusion einfach *machen* oder *einfach* machen? Arbeitsweltbezogene Angebote für Menschen mit schwerer geistiger und mehrfacher Behinderung im Spannungsfeld von Inklusion/Exklusion. In: Karl-Ernst Ackermann/Oliver Musenberg/Judith Riegert (Hrsg.), Geistigbehindertenpädagogik? Disziplin – Profession – Inklusion. Oberhausen: Athena.
Theunissen, Georg (2001): Krisenintervention – Herausforderungen für einen interdisziplinären Ansatz. In: Ernst Wüllenweber/Georg Theunissen (Hrsg.), Handbuch Krisenintervention, Band 1: Hilfen für Menschen mit geistiger Behinderung. Theorie, Praxis, Vernetzung. Stuttgart: Kohlhammer, S. 49–75.
Theunissen, Georg (2011a): Geistige Behinderung und Verhaltensauffälligkeiten. Bad Heilbrunn: Klinkhardt.
Theunissen, Georg (2011b): Positive Verhaltensunterstützung: eine Arbeitshilfe für den pädagogischen Umgang mit herausforderndem Verhalten bei Kindern, Jugendlichen und Erwachsenen mit Lernschwierigkeiten, geistiger Behinderung und autistischen Störungen. Marburg: Lebenshilfe-Verlag.
Theunissen, Georg/Lingg, Albert (1999): Wohnen und Leben nach der Enthospitalisierung. Perspektiven für ehemals hospitalisierte und alte Menschen mit geistiger und seelischer Behinderung. Bad Heilbrunn: Klinkhardt.
Tschöpe, Bernd (2011): Studienletter. Aggression und Autoaggression. Grundlagen und Orientierungshilfen für die Begleitung von Menschen mit geistiger Behinderung, die sich und andere verletzen. Freiburg im Breisgau: Lambertus.
UN-Behindertenrechtskonvention (BRK) (2006): Konvention über die Rechte von Menschen mit Behinderungen. New York: UNO Generalversammlung, [online] http://www.edi.admin.ch/ebgb/00564/00566/05493/index.html?lang=de [16.01.2018].

Walter, Gernot/Nau, Johannes/Oud, Nico (2012): Präventiver Umgang mit Aggression und Gewalt im Gesundheitswesen. In: Nico Oud/Johannes Nau/Gernot Walter (Hrsg.), Aggression und Aggressionsmanagement. Bern: Huber, S. 97–122.

Weber, Germain (1999): Entwicklungspsychologische Aspekte zu Fremd- und Autoaggressivem Verhalten. In: Michael Seidel/Klaus Hennicke (Hrsg.), Gewalt im Leben von Menschen mit geistiger Behinderung. Reutlingen: Diakonie-Verlag, S. 25–44.

Weber Long, Stephen (2014): Caring for People with Challenging Behaviors. Essential Skills and Successful Strategies in Long-Term Care. Baltimore/London/Sydney: Health Profession Press.

Wüllenweber, Ernst (2009): Krisen und Behinderung: Entwicklung einer praxisbezogenen Theorie und eines Handlungskonzeptes für die Krisenintervention bei Menschen mit geistiger Behinderung und bei Autismus. Hamburg: Elbewerkstätten.

7 Herausfordernde Verhaltensweisen von Menschen mit psychischen Beeinträchtigungen

Marlis Baumeler & Pablo Philipp

Die folgende Fallvignette wurde gewählt, da sie anschaulich aufzeigt, wie schwierige Lebensereignisse und Umstände die Entstehung von herausfordernden Verhaltensweisen in Verbindung mit einer psychischen Störung fördern können. Anschliessend wird anhand unterschiedlicher Modelle die Entstehung einer psychischen Störung durch Wechselwirkungen zwischen Person und Umwelt erklärt. Dabei liegt der Fokus auf der stationären psychiatrischen Versorgung und der klinischen Sozialen Arbeit.

7.1 Fallvignette

7.1.1 Kindheit/Familie/Berufseinstieg

Frau Kern musste bereits als Kind lernen, Verantwortung zu übernehmen. Aufgrund knapper finanzieller Mittel arbeitete ihre Mutter viel und Frau Kern war für die Erziehung ihrer drei jüngeren Geschwister zuständig. Die Verantwortung nahm nach dem Tod ihres Vaters (als sie zwölf Jahre alt war) noch zu. Eine zusätzliche Belastung stellte die stete Aussage der Mutter dar, dass alle Kinder für sie eine Last seien, was häufig in einem Konflikt endete.

Schon früh wurde Frau Kern mit dem Thema Suizidalität konfrontiert. Die Thematik begleitete sie während ihres ganzen Lebens. Ihre Grossmutter starb durch einen Suizid. Ihre Patin unternahm mehrere Suizidversuche und deren Mann verstarb ebenfalls durch Suizid. Nach Absolvierung der Lehre zur Gärtnerin erlangte Frau Kern aufgrund ihres mathematischen Talents zudem einen Abschluss an der Handelsschule. Im Anschluss fand sie eine Arbeitsstelle in einer international tätigen Handelsgesellschaft. Die Zufriedenheit des Arbeitgebers mit Frau Kerns Arbeitsleistungen war gross, so dass sie bereits im Alter von 27 Jahren zur Abteilungsleiterin im Bereich Einkauf befördert wurde.

7.1.2 Krankheitsausbruch

Die Beförderung und die Übernahme von deutlich mehr Verantwortung lösten bei ihr eine depressive Episode aus. Bis zum ersten stationären Aufenthalt vergingen allerdings drei Jahre. Während dieser drei Jahre arbeitete Frau Kern ohne längere

Unterbrüche als Leiterin im Einkauf, litt aber immer wieder unter depressiven Phasen. Dabei fiel es ihr vermehrt schwer, am Morgen pünktlich bei der Arbeit zu erscheinen und sich bei anspruchsvollen Aufgaben zu konzentrieren. Hin und wieder trank Frau Kern exzessiv Alkohol, um ihre für sie nicht nachvollziehbare innere Leere und Freudlosigkeit zu vergessen. Regelmässige Gespräche mit ihrem Hausarzt halfen ihr, trotz ihrer depressiven Phasen bis zu ihrem ersten stationären Klinikaufenthalt ihrer Arbeit nachzugehen.

Die erste Hospitalisation dauerte mit 113 Tagen aussergewöhnlich lange, da es viel Zeit brauchte, bis die richtige Medikation gefunden wurde. Mittels der Medikamente, regelmässiger Therapien und sozialer Beratung fand eine Stabilisierung des Gesundheitszustandes statt. Sie empfand wieder Freude und fühlte sich belastbar und leistungsfähig. Nach einem gelungenen Arbeitsversuch konnte Frau Kern austreten.

7.1.3 Gesundheitliche Stabilität

Vier Jahre hielt die wieder gewonnene psychische Stabilität an. Dann brach im Alter von 34 Jahren eine erneute schwere, depressive Episode aus, welche zu einem zweiten Klinikaufenthalt führte. Frau Kern fühlte sich freud- und antriebslos. Die Medikamente zeigten keine Wirkung mehr, hinzu kamen verschiedene Ängste. Sie war nicht mehr in der Lage, Bus und Zug zu fahren. Auch Bahnunterführungen und enge Räume lösten in ihr grosse Furcht aus. Den Kontakt zur Mutter hatte sie ganz abgebrochen. Sie empfand ihr gegenüber angesichts der erlebten Abwertungen in ihrer Kindheit eine grosse Wut, für welche sie sich auch schämte. Aufgrund der Schuldgefühle und ihrer subjektiv empfundenen Wertlosigkeit konnte sie sich nichts gönnen.

Der Arbeitgeber zeigte während des zweiten Klinikaufenthalts erneut Verständnis für Frau Kerns Situation. Allerdings brachte er seine Hoffnung zum Ausdruck, dass dieser Klinikaufenthalt kürzer ausfallen würde als der letzte. Infolge des verspürten Drucks, so schnell wie möglich wieder arbeitsfähig zu sein, startete Frau Kern bereits nach vier Wochen Klinikaufenthalt mit einem Arbeitsversuch. Dieser musste nach zwei Tagen abgebrochen werden. Diffuse Ängste auf dem Weg zur Arbeit und fehlendes Selbstvertrauen hinderten sie daran, ihre Arbeit erfolgreich aufzunehmen. Ein weiterer Arbeitsversuch bereitete Frau Kern aufgrund von Schamgefühlen und ihrer langen Absenzen Schwierigkeiten. Sie fühlte sich wertlos und als eine Last für die Gesellschaft, da sie hohe Kosten verursachte. Nach der Zustandsstabilisierung stellte sich erneut die Frage, ob der richtige Zeitpunkt für einen Arbeitsversuch gekommen war. Die Motivation, zum Arbeitsplatz zurückzukehren, war zunächst gering. Engmaschige Bezugspersonenarbeit und wohlwollende Gespräche mit dem Arbeitgeber brachten Frau Kern schliesslich dazu, die Arbeit nach dem 90-tägigen Klinikaufenthalt täglich für zwei bis drei Stunden wiederaufzunehmen und das Pensum sukzessive zu steigern. Obwohl sich ihr Gesundheitszustand wieder stabilisierte, kämpfte sie weiter mit Müdigkeit und Konzentrationsschwierigkeiten.

7.1.4 Der soziale Abstieg

Mit 36 Jahren erfolgte wegen einer depressiven Episode ein erneuter Klinikaufenthalt. Auffallend war, dass die Abstände zwischen den depressiven Phasen in den letzten Jahren immer kürzer geworden waren. Der Auslöser für die Einweisung war der Suizid eines guten Freundes.

Die finanzielle Situation von Frau Kern gestaltete sich zunehmend schwieriger. Ihr Arbeitgeber sprach ihr aufgrund des chronischen Verlaufs und der wiederkehrenden, langen Absenzen die Kündigung aus. Im Verlauf des dritten Klinikaufenthaltes endete Frau Kerns Anspruch auf Krankentaggelder und sie lebte von ihrem Vermögen. Da ihr die Invalidenversicherung (IV) eine volle Rente zusprach, konnte von einer Sozialhilfeanmeldung abgesehen werden.

Frau Kern litt besonders unter persistenten Suizidphantasien. Gefühle der Wertlosigkeit, Einsamkeit und Scham, da sie keinen gesellschaftlichen Beitrag leistete, waren eine stete Belastung. Aufgrund des instabilen Gesundheitszustandes und der Unklarheit betreffend der Wohnfähigkeit von Frau Kern, entschied sie sich auf Anraten des Behandlungsteams für eine betreute Wohnform. Die Suche gestaltete sich infolge der Suizidphantasien schwierig. Nach einem aussergewöhnlich langen Klinikaufenthalt von über 300 Tagen konnte Frau Kern in eine Institution entlassen werden, in der sie 24 Stunden betreut wurde und sich ihr Zustand langsam stabilisierte.

7.1.5 Stabilisierung

Im betreuten Wohnen wurde für Frau Kern eine externe Tagesstruktur in einer Gärtnerei im zweiten Arbeitsmarkt organisiert. Durch die betreute Wohnform und die sinnstiftende Tätigkeit stabilisierte sich ihr Gesundheitszustand. Nach drei Jahren konnte sie wieder selbstständig wohnen und zu 50 % im freien Arbeitsmarkt Büroarbeiten in einer Gärtnerei übernehmen.

7.2 Erklärungsansätze zu psychischen Störungen und herausfordernden Verhaltensweisen

Psychiatrie ist für viele Menschen ein unbekanntes und befremdendes Gebiet. Vorurteile gegenüber Menschen mit einer psychischen Störung sind in unserer Gesellschaft immer noch weit verbreitet. Dies nicht zuletzt aufgrund der herausfordernden, oftmals eigenartigen, nicht nachvollziehbaren Verhaltensweisen. Doch was steckt hinter dem Begriff der Psychiatrie und was ist mit herausfordernden Verhaltensweisen ausgehend von einer psychischen Störung gemäss dem heutigen Verständnis gemeint?

In diesem Kapitel werden aus einer Vielzahl verschiedener Sichtweisen ausgewählte Erklärungsansätze zur Entstehung möglicher herausfordernder Verhaltensweisen von Menschen mit einer psychischen Störung dargestellt. Die Erläuterung erfolgt anhand von Erklärungsmodellen zu psychischer Krankheit und Gesundheit sowie der systemökologischen Perspektive. In zwei Fallbezügen werden die herausfordernden Verhaltensweisen von Frau Kern anhand der vorgestellten Modelle erklärt. Dabei wird je eine krankheits- und eine gesundheitsbedingte Perspektive dargelegt und schliesslich in einer Fallausführung zusammengefasst.

Lewin (1946, zit. in Rheinberg/Vollmeyer 2012: 47) war einer der ersten, der Verhalten als eine Funktion der Person und der Umwelt definierte. Bördlein (2013: 48) versteht unter Verhalten Folgendes: »Alles, was eine Person tut, das man beobachten kann (…), dabei betrachtet man auch innere Vorgänge wie Denken oder Fühlen als Verhalten.«

7.2.1 Krankheitsbezogene Perspektive auf herausfordernde Verhaltensweisen

Frau Kern weist eine Vielzahl von herausfordernden Verhaltensweisen auf, die im Zusammenhang mit ihrer psychischen Störung stehen. Etliche ihrer Verhaltensweisen betreffen innere Prozesse, wie das Denken und das Fühlen. Dazu gehören Emotionen der inneren Leere, Freudlosigkeit, Ängste, Scham- und Schuldgefühle. Frau Kern leidet unter abwertenden Gedanken, erachtet sich als wertlos und als eine Last für die Gesellschaft. Zudem quälen sie immer stärker werdende Suizidphantasien. Sichtbar wird die Problematik vor allem am Arbeitsplatz, wo es ihr nicht mehr möglich ist, die gewünschte Arbeitsleistung zu erbringen. Sie ist in ihrer Belastbarkeit eingeschränkt und das pünktliche Erscheinen am Arbeitsplatz bereitet ihr aufgrund der ausgeprägten Morgentiefs immer wieder Schwierigkeiten. Während der Arbeit wirkt sie müde und unkonzentriert. Aufgrund ihrer Antriebslosigkeit macht es ihr Mühe, ihr soziales Umfeld zu pflegen und am gesellschaftlichen Leben teilzunehmen. Während ihrer depressiven Phasen zieht sie sich immer mehr in ihre Wohnung zurück und verbringt ihre Tage im Bett oder vor dem Fernseher. Sie isoliert sich zunehmend und vereinsamt. Diese oft internalen Verhaltensweisen sind für das Umfeld herausfordernd, da sie meist über mehrere Wochen andauern. In der Familie wie am Arbeitsplatz kann die beschriebene Problematik bei den Beteiligten Hilflosigkeit, Überforderung, Unverständnis wie auch Wut und Ärger auslösen.

Im folgenden Abschnitt wird auf das Thema der psychischen Störungen und die spezifischen Merkmale einer Depression eingegangen. Anhand unterschiedlicher Erklärungsansätze werden die krankheitsbedingten herausfordernden Verhaltensweisen von Frau Kern erklärt.

Definition und Klassifikation psychischer Störungen

> »Psychische Störungen und Krankheiten manifestieren sich in unterschiedlichen Graden von Leidensdruck und Funktionsstörungen und zwar in der Art und Weise, wie Gefühle erlebt und geäussert werden; wie gedacht, geurteilt und gelernt wird; wie man sich verhält und wie das körperliche Erleben und Empfinden beeinflusst werden« (Bosshard/Ebert/Lazarus 2013: 24).

Sie treten auf als Störung der Kognition, der Emotionsregulation oder des Verhaltens einer Person. Sie sind Ausdruck von dysfunktionalen psychologischen, biologischen oder entwicklungsbezogenen Prozessen auf der Grundlage von psychischen und seelischen Funktionen. Damit verbunden sind oft Leiden oder eine Beeinträchtigung beispielsweise im Blick auf soziale und umweltbezogene wichtige Aktivitäten (vgl. Falkai/Wittchen 2015: 26 f.). Symptome werden in der Psychopathologie als Zeichen einer Störung definiert und können objektiv beobachtbar (Fremdbeurteilung) oder subjektiv (Selbstbeurteilung) erlebbar sein (vgl. Wittchen/Hoyer 2011: 37).

Aktuell gibt es für die Klassifizierung von psychischen Störungen zwei international gebräuchliche und kompatible Klassifikationssysteme mit geringem Unterschied im Blick auf diagnostische Kategorien und Definitionen. Dies ist einerseits das weltweit in der Anwendung verbreitete ICD-10 der Weltgesundheitsorganisation (WHO) und das DSM IV der American Psychiatric Association (APA) (vgl. Wittchen/Hoyer 2011: 41).

In diesen deskriptiven Klassifikationssystemen werden bereits erwähnte Beschwerden, Auffälligkeiten, Verhaltensweisen (physiologisch, motorisch, sozial, kognitiv, affektiv) in spezifischen und definierten Symptomen beschrieben, sowie einer Symptomkombination (Syndrom) zugeordnet. Von einer psychischen Störung im Sinne einer Diagnose wird erst dann gesprochen, wenn eine bestimmte Symptomkombination vorliegt und auftretende Symptome entsprechend den Kriterien über eine bestimmte Intensität und einen definierten Zeitraum andauern. Verzichtet wird im diagnostischen Prozess auf Aussagen zur Entstehung von psychischen Störungen (vgl. Auckenthaler 2012: 52; Wittchen/Hoyer 2011: 37).

Normativ erwartete und kulturell anerkannte Reaktionen auf übliche Stressoren wie beispielsweise der Verlust einer nahestehenden Person oder sozial abweichende Verhaltensweisen (z. B. politischer, religiöser, sexueller Art) und Konflikte zwischen Individuum und Gesellschaft werden nicht als psychische Störung angesehen, wenn dahinter keine Dysfunktion liegt (vgl. Falkai/Wittchen 2015: 26).

Die in der Fallvignette vorliegende Diagnose ›Depression‹ gehört zu den affektiven Störungen. Ein Gefühl der Überforderung und Hilflosigkeit kann vorübergehend sein oder andauern und zu einer depressiven Krise oder Störung führen. Nach ICD-10 werden depressive Episoden unterteilt in leichte (F 32.0), mittelgradige (F 32.1) oder schwere Depressionen (F 32.2 und F 32.3). Für alle drei Episoden typische Symptome sind gedrückte Stimmung, Interessenverlust, Freud- und Antriebslosigkeit. Weitere Symptome sind u. a. Konzentrations- und Aufmerksamkeitsschwierigkeiten, vermindertes Selbstwertgefühl und Selbstvertrauen, Schuldgefühle, Gefühle der Wertlosigkeit, Suizidgedanken, erfolgte Selbstverletzungen oder Suizidhandlungen, Schlafstörungen, Appetitverlust. In schweren Episoden können zusätzlich ein somatisches Syndrom (z. B. Früherwachen) und/oder ein psychotisches Syndrom (z. B. mit Wahnvorstellungen, Halluzination oder depressivem Stupor) auftreten. Für die Diagnose aller drei Schweregrade sollten die Symptome mindestens zwei Wochen andauern (vgl. Dilling/Mombour/Schmidt 2011: 169 f.).

Dauer, Schweregrad und Häufigkeit depressiver Episoden sind sehr unterschiedlich. Eine einzelne Episode dauert in der Regel zwischen ca. drei und zwölf

Monaten. Häufig beeinflussen individuelle, soziale und kulturelle Faktoren auch die Beziehung zwischen dem Schweregrad der Symptome und der sozialen Integration (ebd.). Auslöser depressiver Episoden sind oft belastende Lebensereignisse, Stress und Überforderung wie auch genetisch bedingte Veranlagungen. Eine spezifische Verletzlichkeit in Kombination mit Stress führt oft zu depressiven Symptomen (vgl. Vulnerabilitäts-Stress-Modell).

Suizid ist keine psychiatrische Diagnose. Suizidgedanken und/oder -handlungen sind jedoch ein häufiges Merkmal bei einer depressiven Episode. Im »integrativen motivational-volitionalen Modell suizidalen Verhaltens« von O'Conner (2011 zit. in Teismann/Dorrmann 2014: 28 f.) erfolgt eine Unterteilung des Prozesses, bis es zu suizidalem Handeln kommt, in vier Phasen. Am Anfang stehen niederschmetternde Erfahrungen (1), welche dazu führen können, dass sich eine Person hilflos und gefangen erlebt (2). Dies führt zu Suizidgedanken (3), die darin enden können, dass eine Person die suizidalen Gedanken umsetzt (4). Zentral in O'Conners Annahme ist, dass verschiedene Moderatoren die Übergänge zwischen den Phasen hemmen oder fördern. Solche Moderatoren sind von der ersten zur zweiten Phase beispielsweise fehlende Problemlösefertigkeiten, Gedächtnisverzerrungen und Grübeln. Von der zweiten zur dritten Phase zählen der Eindruck, eine Last für andere zu sein, die Wahrnehmung, nicht Teil einer wertgeschätzten Gruppe zu sein, Hoffnungslosigkeit, das Fehlen positiver Gedanken über die Zukunft, fehlende Beschäftigung mit Zielen und mangelnde soziale Unterstützung zu den Moderatoren. Jene für den Übergang von der dritten in die vierte Phase sind das Vorliegen von Furchtlosigkeit vor Schmerz, Sterben und Tod.

In diesem Modell wird somit ein Zusammenhang zwischen personalen und verschiedenen Umweltfaktoren sichtbar.

Das bio-psychosoziale Modell

Das heute anerkannte *bio-psychosoziale Modell zur Erklärung der Entstehung psychischer Störungen* stellt eine Integration zwischen den früher gegensätzlich diskutierten Erklärungsansätzen um das medizinische bzw. psychosoziale Modell dar. Biologische, psychische und soziale Bedingungen sowie Prozesse stehen im bio-psychosozialen Modell in wechselseitiger Beziehung zueinander (vgl. Auckenthaler 2012: 42).

Auf der biologischen Ebene werden beispielsweise genetische Faktoren, strukturelle und funktionelle Veränderungen des Gehirns sowie allgemeine somatische Erkrankungsfaktoren als Ursachen psychischer Störungen untersucht. Im Weiteren haben psychische Prozesse sowie soziale, kulturelle und gesellschaftliche Faktoren eine wesentliche Bedeutung für die Entstehung, Diagnosestellung und den weiteren Krankheitsverlauf von psychischen Störungen (vgl. Grabert 2007: 45 f.; Gaebel 2012: 1).

Das integrative bio-psychosoziale Verständnis würdigt damit die vielfältige und komplexe Wechselwirkung der verschiedenen Prozesse auf die Entstehung und den Verlauf einer psychischen Störung. Damit wurden frühere einseitige Betrachtungsweisen von Ursachen-Wirkungszusammenhängen wie beispielsweise im Sinne einer individuell-organischen Beeinträchtigung oder einer sozial definierten Verhaltensabweichung durch neuere Erkenntnisse ersetzt (vgl. Denner 2008: 19).

Vulnerabilitäts-Stress-Modell

Um die Entstehung und den Verlauf einer psychischen Störung zu erklären, wurden in letzter Zeit zunehmend integrative Modelle entwickelt mit dem Anspruch, verschiedene Perspektiven zusammenzubringen. Die nachfolgende Darstellung eines Vulnerabilitäts-Stress-Modells im Sinne eines multifaktoriellen Störungsmodells entstand primär zur Erklärung für Störungen im schizophrenen Bereich (▶ Abb. 7.1). Heute hat es als Entstehungsmodell zur Erklärung verschiedenster Arten von psychischen Krisen und psychischen Störungen Gültigkeit (vgl. Auckenthaler 2012: 76).

Psychische Störungen sind im vorliegenden integrativen Modell das Ergebnis von komplexen Vulnerabilitäts-Stress-Interaktionen. Biologische, kognitiv-affektive, soziale und umweltbezogene Faktoren sowie Verhaltensaspekte in ihrer entwicklungs- und zeitbezogenen Dynamik stehen in Wechselwirkung zueinander (vgl. Wittchen/Hoyer 2011: 12). Somit greift das Modell die im nachfolgenden Kapitel beschriebene Erkenntnis auf, dass bei der Entstehung und dem weiteren Verlauf einer psychischen Störung das Zusammenspiel der Risiko- und Schutzfaktoren mitentscheidend ist. Überwiegen die Risikofaktoren, weist die Person eine vulnerable Disposition auf. Dies erhöht die Wahrscheinlichkeit für die Entstehung einer psychischen Störung. Das Modell zeigt auf, dass nur dann eine bzw. mehrere psychische Störungen entstehen können, wenn zu einer biologischen Disposition oder zu einer genetischen und/oder biografischen erworbenen Vulnerabilität mindestens einer oder mehrere situative Auslöser kommen, die in Wechselwirkung mit der Verletzbarkeit stehen (vgl. Auckenthaler 2012: 78). D. h., dass

- weder biologische und genetische Faktoren noch Belastungen allein zu einer psychischen Störung führen,
- biologische und genetische Faktoren höchstens anfällig machen für psychische Störungen,
- Belastungen nur dann zu einer psychischen Störung führen können, wenn vorher bereits eine erhöhte Anfälligkeit gegeben ist.

7.2.2 Gesundheitsbezogene Perspektive auf herausfordernde Verhaltensweisen

Während die bisher vorgestellten Erklärungsansätze primär pathogenetisch ausgerichtet sind, befasst sich der nachfolgend dargestellte Ansatz der Salutogenese mit der Entstehung und Erhaltung von Gesundheit. Dabei stellt sich die Frage, was Menschen gesund erhält und wie sie es trotz Belastungen schaffen, gesund zu bleiben (vgl. Homfeldt/Sting 2006: 76). Die WHO definiert in ihrer Verfassung Gesundheit als körperliches, seelisches, geistiges und soziales Wohlbefinden.

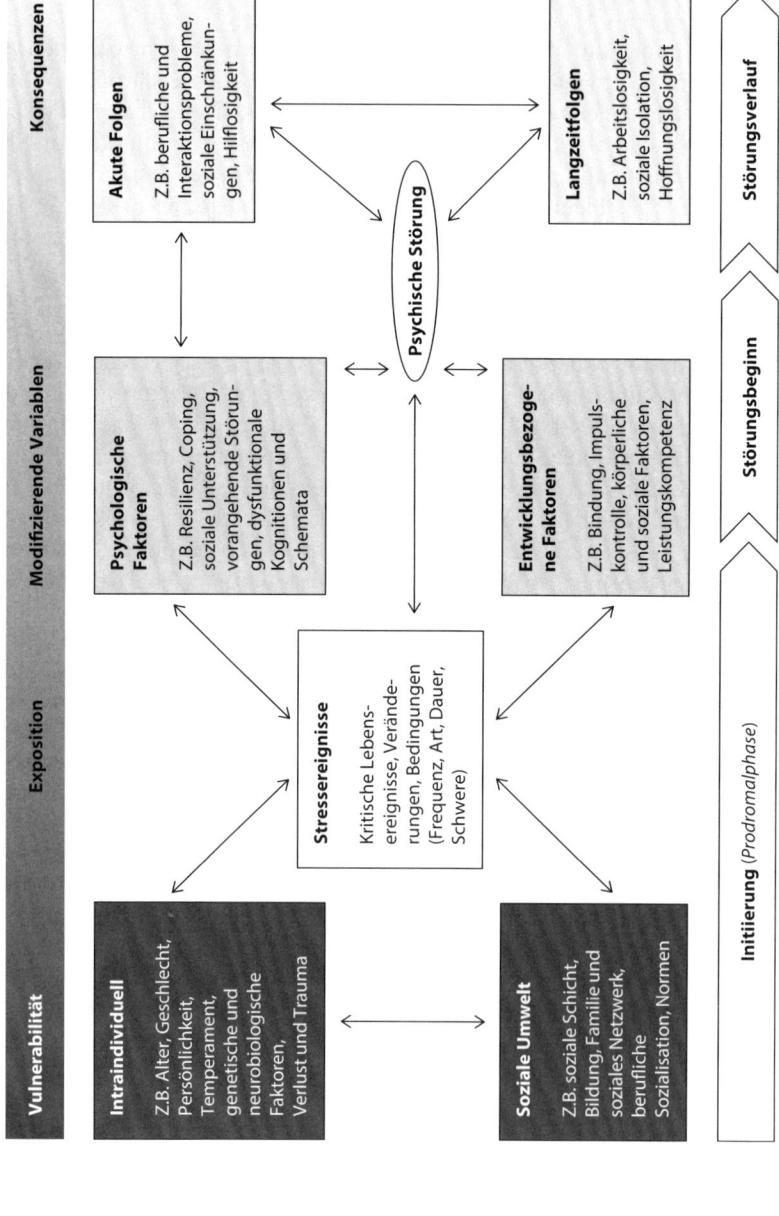

Abb. 7.1: Vulnerabilitäts-Stress-Modell (eigene Darstellung in Anlehnung an Auckenthaler 2012: 76)

Das Gesundheitsmodell der Salutogenese

Antonovsky (1989, zit. in Wälte 2013: 76) geht davon aus, dass Gesundheit und Krankheit ein Kontinuum darstellen und der Mensch immer im Prozess von sowohl gesund als auch krank steht.

Bei der Salutogenese steht die Frage nach Faktoren, welche die körperliche und psychische Gesundheit fördern oder erhalten, im Zentrum. Dabei stehen sich Schutzfaktoren (Ressourcen) und Risikofaktoren (Stressoren) gegenüber. Entscheidend ist, in welchem Verhältnis Risikofaktoren und Schutzfaktoren ausgebildet bzw. situativ zur Verfügung stehen. Je mehr internale und externale Ressourcen dem Individuum zur Verfügung stehen, umso höher ist die Wahrscheinlichkeit, dass Stressoren bewältigt und damit die Gesundheit erhalten werden kann (vgl. Wälte 2013: 77). Verfügt ein Individuum über viele Ressourcen, kann es auf verschiedene Situationen flexibel reagieren, bleibt trotz vieler Stressoren gesund und verfügt über eine hohe psychische Widerstandsfähigkeit (Resilienz). Das Gegenteil zur Resilienz ist die Vulnerabilität (Verletzlichkeit). Eine Person ist eher gefährdet, wenn sie über wenige Schutzfaktoren verfügt und Risikofaktoren dadurch eher eine Chance haben, wirksam zu werden (vgl. Auckenthaler 2012: 79).

Kleiber (2012: 123 f.) nennt folgende Schutz- und Risikofaktoren für psychische Störungen:

Schutzfaktoren

- personale Ressourcen wie Lebenskompetenzen, Selbstwirksamkeit, Kohärenzsinn, Bewältigungskompetenzen, Resilienz, Empowerment,
- soziale Ressourcen wie Aufwachsen in stabilen Beziehungen, Dichte und Qualität sozialer Netzwerke, soziale Unterstützung und soziale Einbindung, Teilhabe und Partizipation,
- materielle Ressourcen wie Wohn- und Lebensraum, Finanzen, Verfügbarkeit einer qualitätsvollen Infrastruktur, gesundheitsförderliche Umwelten,

Risikofaktoren

- ambivalente Bindungen zu den Eltern, Streit und Konflikte in der Familie, aufwachsen unter Bedingungen sozialer Marginalisierung, Armut, häufige Konfrontation mit Gewalt und Straftaten, negative Vorbilder in Peergruppen, Stress am Arbeitsplatz, Arbeitslosigkeit, Isolations- und Entfremdungserfahrungen (ebd.: 127).

Im Modell der Salutogenese nach Antonovsky stellt das Kohärenzgefühl eine zentrale Ressource dar. Es beschreibt die Art und Weise, wie eine Person ihr Leben und Handeln zwischen sich und der Welt als innerlich zusammenhängend erlebt. Von Bedeutung für das Kohärenzgefühl sind nachfolgende drei Aspekte:

- das Gefühl der Verstehbarkeit verbunden mit der Fähigkeit, die Zusammenhänge des Lebens zu verstehen;

- das Gefühl der Handhabbarkeit verbunden mit der Überzeugung, das eigene Leben gestalten zu können;
- das Gefühl der Sinnhaftigkeit verbunden mit dem Glauben an den Sinn des Lebens.

D. h., das Kohärenzgefühl stellt sich da ein, wo ein Mensch das Leben und seine Umwelt als verstehbar, bewältigbar und sinnvoll erlebt. Antonovsky geht von einem starken Zusammenhang zwischen Gesundheit und Kohärenzsinn aus. Ist Letzterer stark ausgeprägt, kann eine Person im Kontext sozialer und individueller Einflüsse besser weitere eigene Ressourcen zur Überwindung von Stressoren aktivieren und gesundheitsfördernde Verhaltensweisen initiieren (vgl. Wälte 2013: 77; Homfeldt/Sting 2006: 76 ff.; Grabert 2007: 85 f.).

7.2.3 Bezug zur Fallvignette im Kontinuum zwischen ›gesund‹ und ›krank‹

In der schweren Depression mit dem ungünstigen Krankheitsverlauf sind bei Frau Kern verschiedene Symptome und Veränderungen analog dem bio-psychosozialen Grundverständnis sichtbar. Dies ist primär im psychischen Erleben der Wahrnehmung, des Denkens und Verhaltens mit Auswirkungen auf soziale Beziehungen und sich damit verändernde Bedingungen der Um- bzw. Lebenswelt festzustellen. Frau Kern weist nachfolgende Leiden auf:

- körperliche Beschwerden wie innere Unruhe, Gefühl der Erschöpfung, Antriebslosigkeit, Konzentrations- und Schlafstörungen,
- negative Symptome im psychischen Erleben zwischen negativen Gefühlen wie Freudlosigkeit, Verlust von Selbstvertrauen, Selbstvorwürfen, Schuldgefühlen, negative, wiederholt suizidale Gedanken und sichtbare Verhaltensweisen wie Ängste im Sozialverhalten, Rückzug, Vermeidung der Nutzung des öffentlichen Verkehrs sowie
- sich verändernde Umweltbedingungen in verschiedenen Lebensbereichen wie Beziehungsabbrüche, Verlust der Arbeitsstelle und der Wohnung, finanzielle Schwierigkeiten.

Erklären lassen sich die Entstehung der ersten depressiven Episode sowie der rezidivierende Störungsverlauf mit ungünstigen Langzeitfolgen durch das erwähnte Vulnerabilitäts-Konzept.

Ein hoher Grad an intraindividueller Verletzlichkeit ist erklärbar aufgrund von Frau Kerns familiär veranlagten, biologischen wie auch erworbenen psychosozialen Entwicklungsbedingungen. Als Beispiele können Konflikte mit der Mutter im Zusammenhang mit der Entwicklung einer negativen Grundüberzeugung von sich selbst, der Welt und der Zukunft genannt werden sowie erlebte belastende Lebensereignisse innerhalb der Familie und Einflüsse aus dem nahen Umfeld in Kombination mit Traumatisierungen und Verlusterfahrungen.

Trotz der verschiedenen schwierigen biografischen Risikofaktoren verfügt Frau Kern vorerst im jungen Erwachsenenalter über genügend personale Schutzfaktoren zur Gestaltung eines gelingenden Alltages. Sie erlebt im beruflichen Werdegang viel Erfolg, Bestätigung und soziale Integration bis hin zur Beförderung als Abteilungsleiterin im Einkauf.

Ein in der Biografie sich wiederholendes Stressereignis zeigt sich in der Anforderung, Verantwortung zu übernehmen. Es führt bei Frau Kern als Kind und später im Beruf als Leiterin im Einkauf zur Überforderung. Trotz der vorhandenen personalen Ressourcen wurde die Grenze der Verletzlichkeit durch den situativen Auslöser »Übernahme von Verantwortung« bei Frau Kern im Zusammenwirken biografisch erworbener Vulnerabilität überschritten. Es fehlten ihr zur Bewältigung von Stressereignissen die notwendigen Schutzfaktoren, was mit 30 Jahren zum ersten Klinikaufenthalt mit Arbeitsausfall führte.

Im Verlauf ihrer ersten und zweiten schweren depressiven Episode gelang es Frau Kern, mithilfe medizinischer und psychotherapeutischer Unterstützung, sozialer Beratung und viel Verständnis seitens des Arbeitgebers, sich im bisherigen Arbeits- und Wohnumfeld zu integrieren.

Mit den wiederkehrenden schweren depressiven Episoden hin zu einem chronischen Verlauf mit vermehrten stationären Klinikaufenthalten, die deutlich länger dauerten als die angestrebten maximalen 60 Tage, erlebte Frau Kern einen sozialen Abstieg. Dieser war verbunden mit dem Verlust des Arbeitsplatzes, später der eigenen Wohnung sowie finanziellen Sorgen. Dadurch verlor sie weiter an Selbstvertrauen und Lebensperspektive. Im erwähnten »Modell Suizidalen Verhaltens« befand sich Frau Kern in der dritten Phase. Nach niederschmetternden Erfahrungen fühlte sie sich hilflos und lebte zunehmend mit wiederkehrenden Suizidgedanken. Allerdings kam es nicht zu Suizidhandlungen, da die im Modell erwähnten Moderatoren Furchtlosigkeit vor Schmerz und Tod nicht vorhanden waren.

Trotz professioneller Unterstützung schaffte sie es nicht – analog dem Konzept der Salutogenese – ein Kohärenzgefühl zu entwickeln. Ihr fehlte die Fähigkeit, die Zusammenhänge ihres Lebens zu verstehen, und die Überzeugung, das eigene Leben gestalten zu können. Frau Kern empfand sich u. a. als Last für die anderen, verlor den Glauben an sich selber und an die Sinnhaftigkeit ihres Lebens. Dadurch fehlte ihr die Erschliessung neuer Ressourcen zur Überwindung von Stressoren im Sinne der Resilienz und der Selbstbefähigung. Dabei verlor sich Frau Kern in ihren destruktiven Erlebens- und Verhaltensweisen, welche von ihrem sozialen Umfeld oft als unangepasst, nicht situationsgerecht und nicht nachvollziehbar empfunden wurden.

7.2.4 Systemökologische Perspektive auf herausfordernde Verhaltensweisen

Die systemökologische Perspektive fokussiert nicht primär mögliche Ursachen für herausfordernde Verhaltensweisen, sondern beleuchtet situative Bedingungen, in denen Wechselbeziehungen zwischen Individuum und Umwelt stattfinden (Calabrese 2017: 32).

Die Umwelt wird meist in verschiedene Systeme eingeteilt. Bronfenbrenner (1981: 38–42) geht u. a. von einem Mikrosystem aus, in dem das Individuum mit verschiedenen Lebensbereichen im Austausch steht, während er unter dem Makrosystem Subkulturen oder die ganze Kultur einschliesslich zugrundeliegender Weltanschauungen und Ideologien versteht. Nachfolgend werden gesellschaftliche Rahmenbedingungen der Makroebene beschrieben, welche die Entstehung von psychischen Störungen fördern.

Gesellschaftliche Rahmenbedingungen

Für Ehrenberg (2015: 247) liegen die Ursachen von Depressionen im gesellschaftlichen Wandel der letzten 50 Jahre. In der Arbeitswelt werden immer mehr unternehmerische Fähigkeiten gefordert. Partizipatives Management und Qualitätszirkel sind u. a. heutige neue Wege, über welche Autorität ausgeübt wird. Gefordert wird auf der einen Seite bei der Arbeit mehr Engagement, Initiative, Verantwortung, Flexibilität etc. Andererseits nehmen Unsicherheiten bezüglich der Arbeitsplatzerhaltung zu.

Sozialisationsaufgaben in der Familie werden vermehrt an die Schule delegiert. Paare und Familien werden autonomer und die Ehe verliert an Bedeutung. In den verschiedenen Lebensbereichen werden neue Regeln entwickelt. Dabei ist jede Person fortlaufend herausgefordert, Optionen zu wählen und Entscheidungen zu treffen. Dies bringt die Befürchtung des Scheiterns und die Angst, nicht damit zurechtzukommen mit sich (ebd.: 248). Die erlangte Freiheit und die Illusion, dass alles möglich ist, führen häufig zu Überforderung, einer inneren Leere bis hin zu einer Depression. Der unaufhörliche Druck führt zur Erschöpfung. Der Mensch wird müde und antriebslos, er selbst zu sein (vgl. Ehrenberg 2004, zit. in Ingenkamp 2012: 42).

Homfeldt und Sting (2006: 106) erwähnen in diesem Zusammenhang den Begriff der ›Demoralisierung‹, der als Gegenstück des Kohärenzgefühls zu verstehen ist. Ähnlich einer Depression beschreibt Demoralisierung eine Grundeinstellung, die durch ein geringes Selbstwertgefühl und durch Hilflosigkeit geprägt ist. Emotional wird sie durch das Gefühl der Ungerechtigkeit, Zukunftsängste und gedrückte Stimmung gekennzeichnet. Lähmende Passivität, Sinnleere und Apathie zeichnen sie aus. Das Kohärenzgefühl wird in einer Gesellschaft, welche durch den Verlust von stabilen Normen und Werten und radikale Enttraditionalisierung gekennzeichnet ist, erschüttert. Die heutige Optionsgesellschaft stellt hohe Anforderungen an Bewältigungsfähigkeiten und bietet gleichzeitig unterprivilegierten gesellschaftlichen Gruppen geringe Bewältigungsressourcen. Dadurch verfügen sie über wenig Gestaltungsspielraum und Souveränität in ihrem Leben, was den Zustand der Demoralisierung und die Entstehung psychischer Störungen fördert. Fatal ist in diesem Zusammenhang auch die Auswirkung längerer Arbeitslosigkeit, da Betroffene das Vertrauen in die eigenen Fähigkeiten verlieren und in der Entwicklung sinnvoller Lebensperspektiven eingeschränkt sind (vgl. Homfeldt/Sting 2006: 106).

Für Hell (2013: 5) ist die Depression ein Aufschrei gegen die Lebensbedingungen, in die der Mensch selbstbestimmt oder unfreiwillig hineinversetzt ist. Der Mensch wird in seinem von der Gesellschaft vorgegebenen leistungs- und anpassungsorientierten Denken ausgebremst und scheitert am Erleben seines Ungenügens (ebd.: 87).

Meyer (2013: 51) weist darauf hin, dass soziologische Theorien sich immer auf eine bestimmte Schicht oder Gruppe beziehen und eine psychische Störung im Einzelfall damit nicht erklärbar ist. Eine umfassende Erklärung benötigt eine biopsychosoziale Analyse, bei der soziologische Ansätze immer nur Teilerklärungen beitragen. Er warnt ebenfalls davor, unreflektiert von einer sozialen Verursachung psychischer Störungen auszugehen. Hingegen kann jede psychische Störung auch soziale Folgen haben (ebd.: 52). Ein sozialer Abstieg infolge Verlusts des Arbeitsplatzes kann somit die Ursache für eine psychische Störung sein. Umgekehrt ist auch denkbar, wie beim Beispiel von Frau Kern, dass aufgrund von Depressionen und damit verbundenen Absenzen oder Einschränkungen in den Arbeitsleistungen die Arbeitsstelle gekündigt und damit der soziale Abstieg initiiert wird.

7.2.5 Klinische Soziale Arbeit und herausfordernde Verhaltensweisen

In der Beratungstätigkeit berücksichtigen Professionelle der klinischen Sozialen Arbeit die gesellschaftlichen Rahmenbedingungen und orientieren sich an einem umfassenden bio-psychosozialen Gesundheitsverständnis.

Gegenstand der Sozialen Arbeit in der Psychiatrie bildet das Lindern und Lösen sozialer Probleme, die in Wechselwirkung zur Krankheit und zu deren Umwelt stehen. Sie versteht sich als auf eine Gesundheitsförderung ausgerichtete Hilfe für Betroffene. Soziale Beratung ist eingebunden in das Gesamtpaket der psychiatrischen Behandlung und ergänzt bzw. unterstützt naturwissenschaftliche, medizinische und psychologische Sichtweisen durch soziale und psychosoziale Aspekte (vgl. AvenirSocial 2010: 6; Maurer/Fux 1999: 4).

Dieses Verständnis legt nahe, dass es nicht nur darum geht, Menschen mit einer psychischen Störung zu verändern. In deren Umfeld müssen Bedingungen geschaffen werden, in denen Betroffene ihr Leben (wieder) möglichst autonom, allenfalls auch mit unterstützenden Hilfssystemen bestreiten können.

Nach Maurer und Fux (1999: 4) zielt die Beratung von Betroffenen auf die Verbesserung konkreter Lebensbedingungen. Sie umfasst schwerpunktmässig folgende Aufgabenbereiche:

- Sozialarbeiterische Hilfe bei der Schaffung eines adäquaten Lebensraumes in und ausserhalb der Klinik in den Bereichen Wohnen, Arbeit, Freizeit, finanzielle Sicherheit und Beziehungen,
- Förderung der sozialen Handlungskompetenz der Klientinnen und Klienten mit dem Ziel, sie unter Berücksichtigung ihrer individuellen Möglichkeiten zu weitgehend selbstbestimmter und selbstverantwortlicher Lebensbewältigung und -gestaltung ausserhalb der psychiatrischen Klinik zu befähigen,
- Vermeidung bzw. Unterbrechung der sozialen Desintegration und der gesellschaftlichen Ausgliederung der Klientinnen und Klienten, um äussere krankheitsfördernde bzw. aufrechterhaltende Faktoren zu mildern.

Dabei orientiert sich die klinische Soziale Arbeit am erweiterten Klassifikations-Konzept der funktionalen Gesundheit, wie es in der »International Classification of Function, Disability and Health« (ICF) der Weltgesundheitsorganisation (WHO) formuliert wurde (Schuntermann 2007: 12). Die defizit-orientierte internationale medizinische Klassifikation psychischer Störungen nach ICD-10 wurde um umwelt- und personenbezogene Faktoren erweitert.

Der Mensch wird im funktionalen Modell der Gesundheit auf der Grundlage des bio-psycho-sozialen Verständnisses definiert als Körper mit seinen Strukturen und Funktionen, als Individuum mit seinen Kompetenzen (Aktivitäten) und als soziales Wesen mit seiner Fähigkeit zur Teilnahme am sozialen und gesellschaftlichen Leben. Die gelingende Integration in verschiedene soziale Systeme und der Aufbau von förderlichen Beziehungen im Sinne der Teilhabe sind für die Befriedigung menschlicher Grundbedürfnisse und damit für die Aufrechterhaltung der psychischen Gesundheit von entscheidender Bedeutung.

Als funktional gesund gilt eine Person,

- wenn deren körperliche, geistige und seelische Funktionen sowie Körperstrukturen denen eines gesunden Menschen entsprechen,
- wenn sie all das tut oder tun kann, was von einem Menschen ohne Gesundheitsprobleme erwartet wird,
- die zu allen ihr wichtigen Lebensbereichen Zugang hat und sich darin entfalten kann, wie es von Menschen ohne Beeinträchtigung erwartet werden kann (vgl. Baudisch 2012: 218).

In der folgenden Abbildung wird das bio-psychosoziale Modell der Komponenten der Gesundheit der ICF dargestellt (▶ Abb. 7.2).

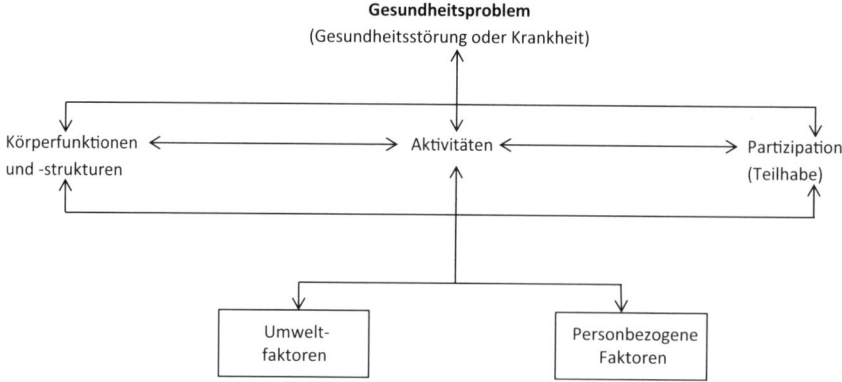

Abb. 7.2: Das bio-psychosoziale Modell der Komponenten der Gesundheit der ICF (eigene Darstellung in Anlehnung an Schuntermann 2007: 30)

Umwelt- und personenbezogene Faktoren werden in den ICF-Kontextfaktoren genannt. Während die Umweltfaktoren die materielle, soziale und einstellungsbezogene Umwelt abbilden, in der die Menschen leben, umfassen die personenbezogenen Faktoren Gegebenheiten des Individuums, die nicht Teil ihres Gesundheitszustandes sind. Dazu gehören Alter, Geschlecht, Beruf, Charakter, genetische Prädisposition etc. (vgl. Schuntermann 2007: 24).

Unter den Körperfunktionen werden physiologische Funktionen von Körpersystemen und unter Körperstrukturen die anatomischen Teile des Körpers wie Organe und Gliedmassen verstanden. Der Begriff Körper umfasst dabei auch das Gehirn und seine Funktionen (ebd.: 40 f.).

Aktivitäten bezeichnet die Durchführung von Aufgaben und Handlungen einer Person. Die Teilhabe bezieht sich auf das Einbezogensein einer Person in eine Lebenssituation oder einen Lebensbereich (ebd.: 51 ff.).

Die Leistung der ICF liegt darin, ein bio-psychosoziales Modell zur Verfügung zu stellen, das der wechselseitigen Beeinflussung von Individuum und seiner Lebensbereiche Rechnung trägt und deren reziproke Auswirkungen auf Aktivitäten, Teilhabe und Gesundheit betont. Die ICF bietet Klassifikationsmöglichkeiten für verschiedenste Beeinträchtigungen an, welche die Folge einer Störung sind.

Durch das erweiterte bio-psychosoziale Krankheitsverständnis wie es die WHO im ICF ausdrückt, wird die klinische Soziale Arbeit unabdingbarer integraler Bestandteil der interprofessionellen Behandlung.

7.2.6 Bezug zur Fallvignette unter Berücksichtigung der Systemökologie und der klinischen Sozialen Arbeit

Aus gesellschaftlicher Perspektive erlebte Frau Kern als Folge der Depression einen sozialen Abstieg. Es folgten ein Rückzug aus dem sozialen Umfeld, das Schwinden der Fähigkeit, Ressourcen zu nutzen, sowie der Verlust der Arbeitsstelle und der Wohnung. Durch die mehrfach gescheiterten Arbeitsversuche verlor sie ihr Vertrauen in die eigenen Fähigkeiten und war nicht mehr in der Lage, eine sinnvolle Lebensperspektive zu entwickeln. Durch die Langzeitarbeitslosigkeit und die ihr zugesprochene Invalidität konnte sie finanziell nicht mehr für sich selbst sorgen, geriet in die finanzielle Abhängigkeit des Systems und nahm nicht mehr am Lebensbereich der Arbeit teil. Sie befand sich in einem Zustand der Demoralisierung, hatte ein geringes Selbstwertgefühl, erlebte Hoffnungs- und Sinnlosigkeit. Die Passivität war sowohl eine Folge der Depression als auch der Demoralisierung. Es ist von einer gegenseitigen zirkulären negativen Beeinflussung auszugehen, die in immer stärker werdenden Suizidgedanken und Phantasien mündete, welche nicht realisiert wurden. Die Depression lähmte Frau Kern. Sie scheiterte am Erleben ihres Ungenügens, indem sie den gesellschaftlichen Forderungen nach Engagement, Initiative und Leistungsorientierung nicht mehr gerecht wurde. Sie konnte dem steten Druck nicht mehr standhalten. Die Depression kann als Aufschrei gegen die Bedingungen verstanden werden, die Frau Kern seit ihrer Kindheit erlebt hatte. Durch die frühe Parentisierung wurden bereits in jungen Jahren hohe Anforderungen an sie gestellt. Trotz finanzieller Schwierigkeiten, der Zugehörigkeit zur unteren gesellschaftlichen Schicht und des frühen Verlusts von nahen Angehörigen durch Suizid war sie in der Lage, diese hohen Anforderungen zu meistern. Erst die Beförderung zur Abteilungsleiterin führte zur Überforderung und zur ersten depressiven Episode.

Im Sinne der ICF kann Frau Kern nicht als funktional gesund betrachtet werden, da ihr aufgrund der Krankheit der Zugang zu wichtigen Lebensbereichen, in denen sie sich entfalten kann, verwehrt wird. Die eingeschränkte Funktionalität ihrer Körperfunktionen (Depression) führte zu mangelnder Aktivität, welche ihr die Teilhabe in verschiedenen Lebensbereichen verunmöglichte. Diese Exklusion hat eine mangelnde Erfüllung menschlicher Grundbedürfnisse zur Folge (Bedürfnis nach Zugehörigkeit und Anerkennung), die sich auf den Gesundheitszustand negativ auswirkt. Auch hier ist wieder von einer Zirkularität auszugehen. Das Ziel von sozialarbeiterischen Interventionen ist, durch Wiederherstellung und Förderung der Teilhabe die konkreten Lebensbedingungen zu verbessern. Das Begleiten und Beraten in Zeiten von biografischen Brüchen, wie dem Ausscheiden aus der Arbeitswelt oder dem Eintritt in ein betreutes Wohnen, gehört zu den anspruchsvollen Tätigkeiten der Sozialen Arbeit. Der Arbeitsverlust und auch der Eintritt in ein betreutes Wohnen bedeuten einen sozialen Abstieg. Aufgrund der chronischen progredienten Störung ist dieser teilweise durch die verschiedenen Hilfssysteme nicht aufzuhalten, und es besteht eine Machtlosigkeit, wenn frühzeitige Interventionen keine Wirkung zeigen. Dies wird am Beispiel von Frau Kern deutlich, in dem bei einem entgegenkommenden Arbeitgeber mehrere Arbeitsversuche und Settingwechsel keine Verbesserung der Situation bewirken konnten. Während die Exklusion aus dem Arbeitsbereich meist passiv erlitten wird, bedeutet der Eintritt in ein betreutes Wohnen Inklusion in ein neues soziales System, das bei Betroffenen häufig auf Widerstand stösst. Die Akzeptanz der Tatsache, auf Betreuung angewiesen zu sein und nicht mehr alleine wohnen zu können, fällt schwer. Ebenso fehlt das Gefühl der Zugehörigkeit am neuen Wohnort – an dem einem andere Bewohnerinnen und Bewohner ›kränker‹ erscheinen, als man sich selbst erlebt. Im Fall von Frau Kern gehört es zur Aufgabe der klinischen Sozialen Arbeit, den sozialen Abstieg zu begleiten, mögliche negative finanzielle Folgen zu verhindern und mit den vorhandenen Ressourcen neue Möglichkeiten der Teilhabe zu schaffen.

7.3 Handlungsempfehlungen im Umgang mit herausfordernden Verhaltensweisen

Die Bewältigung der schweren Depression von Frau Kern und damit verbunden auch der Umgang mit ihren herausfordernden Verhaltensweisen erfordert aus Sicht der Sozialen Arbeit eine intensive Auseinandersetzung mit den erlebten persönlich und sozial schwierigen Folgen ihrer Störung. Gleichzeitig erfolgt ein Prozess, um in Zusammenarbeit mit Frau Kern gemeinsam neue Lebensinhalte zu finden, die mit ihren körperlichen, seelischen und sozialen Beeinträchtigungen im Blick auf eine soziale Integration und gesellschaftliche Teilhabe vereinbar sind.

In der sozialen Beratung gefragt bzw. indiziert sind situativ informierende, rückmeldende, emphatische und ressourcenerschliessende Formen der Unterstützung zur Klärung ihrer lebenspraktischen sozialen Fragestellungen. In einer bewusst gestalteten Beziehung soll Frau Kern durch die Zuwendung der oder des Sozialarbeitenden und durch gezielte Interventionen haltgebende, motivierende und ermutigende Hilfe erleben. Dabei ist es wichtig, handlungsbezogene Reaktionen bei Frau Kern so zu beeinflussen, dass für sie neue Handlungsmöglichkeiten im Sinne der Salutogenese, des Kohärenzsinns und des Empowerments entstehen und ihr weiteres Erleben und Handeln nicht von Resignation und Abwehr bestimmt wird. Analog dem ressourcen- und gesundheitsorientierten Ansatz des Kohärenzgefühls sollen die drei Komponenten der Verstehbarkeit, Handhabbarkeit und Bedeutsamkeit gestärkt werden. Die soziale Beratung in der Psychiatrie ist aufgrund des bio-psychosozialen Krankheitsverständnisses als integraler Bestandteil einer interprofessionellen Behandlung zu verstehen. In einer akuten Krisensituation mit ausgeprägten störungsbedingten auffälligen Verhaltensweisen, wie es häufig bei einem Klinikeintritt der Fall ist, steht eine medizinische Stabilisierung im Vordergrund. Ist diese erfolgt, können weitere interprofessionell aufeinander abgestimmte Interventionen initiiert werden.

7.3.1 Individuumsbezogene Perspektive

Im Hinblick auf den gelungenen Aufbau eines Arbeitsbündnisses sind bei Gesprächen mit Betroffenen im Umgang mit herausfordernden Verhaltensweisen allgemeine Grundsätze zu beachten. Damit sich Betroffene ernst genommen fühlen, ist ein respektvoller und authentischer Umgang wichtig. In der Gesprächsführung hilfreich sind einfach und klar formulierte Sätze sowie eine nachvollziehbare Gesprächsstruktur, damit Betroffene sich nicht überfordert fühlen und sich inhaltlich orientieren können. Dabei wird Verständnis für das momentan erlebte Unvermögen und das aktuelle Leiden ausgedrückt. Vertrauen, Verlässlichkeit und Zuversicht werden vermittelt. Bei der Planung von Interventionen ist ein schrittweises Vorgehen empfehlenswert. Dabei sind bisherige Bemühungen der Betroffenen anzuerkennen, sie für neue kleine Schritte zu ermutigen und zu ermächtigen. Die Selbstständigkeit der Betroffenen soll stets gefördert und vorhandene Ressourcen sollen miteinbezogen werden. Im Allgemeinen ist bei Gesprächen Zeitdruck zu vermeiden. Zudem sind auch die unterschiedlichen Konzentrations- und Aufnahmefähigkeiten zu beachten. Äusserungen Betroffener werden anhand von Fachwissen und Erfahrung geprüft. Dabei ist es wichtig, einerseits bei der eigenen Realität zu bleiben, und andererseits das subjektive Erleben der Betroffenen wertzuschätzen und zu prüfen.

Jegliche Intervention ist im Einverständnis mit den Betroffenen zu planen und umzusetzen. Sind Betroffene nicht in der Lage, dem geplanten Vorgehen zuzustimmen, kann in den meisten Fällen abgewartet werden, ausser wenn dies für die betroffene Person einen erheblichen Schaden bedeuten würde. Bei der Ausführung der Interventionen werden der aktuelle Zustand und die Ressourcen der Betroffenen beachtet. Grundsätzlich sind Betroffene für die Erledigung ihrer Aufgaben zu ermächtigen. Sind sie dazu nicht in der Lage, werden sie dazu angeleitet und begleitet. Als letzte Möglichkeit handelt die oder der Sozialarbeitende stellvertretend im Auftrag für die Betroffenen.

Aufgrund der Fallvignette wurde bisher hauptsächlich die depressive Störung verbunden mit herausfordernden Verhaltensweisen betrachtet. Die klinische Soziale Arbeit ist aber mit vielen unterschiedlichen weiteren Störungsbildern und Verhaltensweisen konfrontiert. Im Rahmen von Schizophrenie treten häufig Wahnvorstellungen und Verfolgungsideen auf. Betroffene mit einer manischen Störung fordern durch angetriebenes und enthemmtes Verhalten heraus, während Menschen mit Persönlichkeitsstörungen Ambivalenz, narzisstische und spaltende Züge aufweisen können. Immer wieder kann es diagnoseunabhängig zu Ängsten, bedrohlichen, fremdgefährdenden Situationen oder selbstverletzendem Handeln kommen. Dies fordert in erster Linie eine vertiefte Auseinandersetzung mit den unterschiedlichen Störungsbildern und den daraus krankheitsbedingt resultierenden Verhaltensweisen der Betroffenen. Die oben erwähnten Haltungs- und Gesprächsgrundsätze sind im Umgang mit den verschiedensten Störungsbildern anzuwenden.

Wie in den Erklärungsansätzen dargestellt wurde, ist die Entstehung jeder psychischen Störung das Resultat einer komplexen zirkulären Wechselwirkung von Umweltfaktoren und intraindividuellen personalen Faktoren. Grundsätzlich ist davon auszugehen, dass jede Störung multifaktoriell verursacht wird. In der Beratung müssen daher kausale Erklärungsmodelle zugunsten integrativer Modelle aufgegeben werden, welche die Interaktion zwischen Betroffenen und deren Umwelt berücksichtigen.

7.3.2 Systemökologische Perspektive

Wie bereits erwähnt, können Bedingungen im Umfeld einer Person zur Entstehung von Gesundheit und Krankheit als auch von herausfordernden Verhaltensweisen beitragen. Zugleich stellt das Umfeld eine unverzichtbare Ressource dar. Die Aufgabe der Sozialen Arbeit ist es, krankmachende Bedingungen zu reduzieren und gesundheitsfördernde Ressourcen im Umfeld zu aktivieren. Dabei ist eine frühzeitige, schrittweise und kontinuierliche Vernetzung mit dem sozialen Umfeld wichtig. Bestehende Systeme werden soweit möglich erhalten oder neue Hilfssysteme rechtzeitig aktiviert. Die Ermöglichung der Teilhabe und Aktivität im Sinne der ICF erfordert eine enge Zusammenarbeit mit den verschiedenen Systemen, wie Familie, Arbeit, Wohnen und den Systemen der materiellen Sicherung, damit die Integration in verschiedene soziale Systeme gewährleistet werden kann. Für eine gelungene Vernetzung mit dem Umfeld ist jeweils das Einverständnis der Betroffenen Voraussetzung.

Hilfreich für die Unterstützung der Angehörigen ist es, einerseits Informationen über die Erkrankung zur Verfügung zu stellen, um damit das Verständnis für die Betroffenen zu fördern. Andererseits braucht es situativ angemessene Hilfestellungen zur Vernetzung mit Hilfesystemen, wie beispielsweise der Vermittlung einer Selbsthilfegruppe für Angehörige.

Häufig sind Arbeitgebende im Umgang mit betroffenen Mitarbeitenden, die an einer psychischen Störung leiden, verunsichert. Unterstützend sind klärende Gespräche über die voraussichtliche Dauer der Abwesenheit und eine konkrete Planung des Wiedereinstieges. Ebenso hilfreich sind Empfehlungen für allfällige Anpassungen der Rahmenbedingungen, beispielsweise situativ flexiblere Arbeitszeiten, inhaltliche Veränderungen. Gegebenenfalls sind externe, durch die IV unterstützte Hilfestellungen für Arbeitgebende aufzuzeigen. Ein Beispiel dafür ist das Supported Employment.

Zur Erhaltung der eigenen Wohnung sowie der Selbstständigkeit sind möglicherweise Angebote der Psychosozialen Spitex (in Deutschland psychosoziale Begleitung) oder punktuelle Unterstützung durch Familienangehörige oder Nachbarn förderlich. Ebenso können tagesstrukturierende Angebote bei fehlender Integration im freien Arbeitsmarkt die Gesundheit stabilisieren. Bei einer Überforderung in der Wohnung alleine empfiehlt sich eine betreute Wohnform.

7.3.3 Fazit

Die Soziale Arbeit ist mit ihren Beiträgen zur Verbesserung der Lebensumstände, zur Förderung von Lebensqualität und zur Bewältigung von Problemen gesundheitsrelevant. Individuelle Lebensweisen und soziale Lebensbedingungen sind bei der Reflexion der Störungsursachen und von Behandlungsmöglichkeiten immer mit einzubeziehen. Die klinische Soziale Arbeit konzentriert sich im Umgang mit Menschen mit einer psychischen Störung auf biografische und lebensweltliche Aspekte sowie auf soziale Umstände und Beziehungen Betroffener.

7.4 Interview mit Fachperson

Anna Matter (1964), Sozialarbeiterin in der Psychiatrischen Universitätsklinik Zürich

Sie arbeiten hier im Kontext einer Psychiatrie mit Menschen mit einer psychischen Beeinträchtigung, die sich wahrscheinlich auch in gewissen Situationen herausfordernd zeigen. Mit welchen herausfordernden Verhaltensweisen sind Sie konfrontiert und wie nehmen Sie diese wahr?
Das ist sehr unterschiedlich und auch abhängig von der Diagnose, dem Verhalten und dem gesundheitlichen Zustand der Patientin oder des Patienten. Es kommt darauf an, was man selber als herausfordernd wahrnimmt und was nicht. Das ist sehr individuell. Für mich ist es beispielsweise besonders fordernd, wenn Patienten und Patientinnen distanzlos sind, kein Gefühl für Nähe und Distanz haben. Als anspruchsvoll empfinde ich es, wenn sie gewalttätig oder aggressiv werden. Schwierig an solchen Situationen ist vor allem, dass sie nicht planbar sind. Die

Stimmung einer Patientin kann von einem Moment auf den nächsten wechseln. Und diese Flexibilität im Umgang aufzuweisen und, wo nötig, Grenzen zu setzen, ist anspruchsvoll. Was ebenso herausfordernd sein kann, ist der Umgang der Patientinnen und Patienten untereinander oder gegenüber dem Behandlungsteam. Bei Patentinnen und Patienten beispielsweise mit einer Borderline-Persönlichkeitsstörung sind die Absprachen im Team besonders wichtig, damit die einzelnen Teammitglieder nicht gegeneinander ausgespielt werden.

Können Sie eine konkrete Situation schildern, die Sie als besonders herausfordernd erlebt haben?
Es gab einmal einen Vorfall, da wollte eine Patientin nach mir treten. Ich konnte einen Stuhl zwischen sie und mich schieben und sie verbal dazu auffordern, den Raum zu verlassen. Dieser Aufforderung konnte sie nachkommen. Wenn ich weiss, dass sich Patienten und Patientinnen bedrohlich oder gefährlich verhalten können, nehme ich einen mobilen Personalnotruf zu den Beratungsgesprächen mit oder führe dieses gemeinsam mit einer weiteren Fachperson.

Wie erklären Sie sich die herausfordernden Verhaltensweisen der Klientinnen und Klienten?
Alle Patientinnen und Patienten bringen ihre Geschichte sowie ihre Erfahrungen mit. Die gezeigten Verhaltensweisen sind ihre Bewältigungsstrategien, teilweise auch ein Schutzmechanismus, und auf dem Hintergrund ihrer Erkrankung zu betrachten. Sehr eindrücklich war für mich, als ein Patient gesagt hat, wir sollen ihm seine Psychose lassen. Wir hatten alle das Gefühl, es ginge ihm besser, wenn man seine Erkrankung behandelt. Er sagte aber, dass er ohne diesen psychischen Zustand eine unglaubliche Leere verspüre, die er nicht aushalte. Es ist also jedes Mal eine Gratwanderung. Das Gleiche gilt auch für Patienten und Patientinnen mit einer Suchterkrankung. Wenn wir ihnen diese Suchtmittel ›wegnehmen‹, dann müssen wir einen Ersatz dafür anbieten bzw. Strategien mit ihnen erarbeiten, wie sie mit den ›leeren Zeiten‹ umgehen können. Herausfordernde Verhaltensweisen können sich auch in ganz bestimmten Situationen zeigen, z. B., wenn sensible Themen angesprochen werden. Nicht zu vergessen ist, dass viele Patientinnen und Patienten einen anderen kulturellen Hintergrund mitbringen und unterschiedliche Auffassungen wie auch Verhaltensweisen gegenseitig zu Missverständnissen führen können.

Wie wird im interprofessionellen Behandlungsteam mit herausfordernden Verhaltensweisen umgegangen?
Das ist sehr unterschiedlich und vielfältig. Jede Station hat eine eigene Teamkultur, und es ist individuell, wie Mitarbeitende auf Verhaltensweisen reagieren oder welche sie als herausfordernd wahrnehmen. Ich finde es wichtig, dass man in einer heiklen oder gefährlichen Situation die eigene Angst wahrnimmt und ernst nimmt. Wichtig ist mir, stetig zu reflektieren, was die Verhaltensweisen für die Patientin oder den Patienten bedeuten, welche Wirkung sie auf uns Beratende und das weitere soziale Umfeld haben und wie wir damit umgehen.

Es kann sein, dass es zum Schutz notwendig ist, dass ein Patient oder eine Patientin vorübergehend isoliert werden muss, wenn sie oder er eine Gefahr für sich selbst oder Dritte darstellt, oder dass eine Patientin bzw. ein Patient in einer extremen Krisensituation eine 1:1-Betreuung benötigt. Solche Situationen sind vor allem für die Pflegefachpersonen, Ärztinnen und Ärzte sowie für die betroffenen Patientinnen und Patienten sehr anspruchsvoll. Eine transparente offene Kommunikation im interprofessionellen Behandlungsteam und zu den Patientinnen und Patienten ist sehr wichtig, um gemeinsam mit den herausfordernden Situationen umgehen zu können.

Was würden Sie sagen, was ist Ihre Haltung in Bezug auf herausfordernde Verhaltensweisen?
Mir ist es wichtig, auch in herausfordernden Situationen respektvoll mit den Patientinnen und Patienten umzugehen, eine sog. Plus-Plus-Haltung einzunehmen. D. h. einander auf Augenhöhe zu begegnen. Ich lege Wert darauf, das Verhalten eines Menschen von seiner Person zu unterscheiden.

Sie haben gesagt, es ist wichtig, die eigene Angst ernst zu nehmen, gibt es noch weitere wichtige und entscheidende Aspekte im Umgang mit herausfordernden Verhaltensweisen?
Ich finde es wichtig, achtsam auf die eigene Intuition zu hören, die von Erfahrungen, Erlerntem und Wissen geprägt ist. Entscheidend ist, den Patientinnen und Patienten aufmerksam zuzuhören, denn sie erzählen einem Wichtiges, was für das Verständnis und den Umgang mit ihnen bedeutsam ist. Zudem ist, wie bereits erwähnt, der Austausch im Team von grosser Bedeutung, beispielsweise im Rahmen von Intervisionen.

Was bietet die Institution den Mitarbeitenden im Umgang mit herausfordernden Verhaltensweisen?
Wir haben interne Weiterbildungen, die einen sind obligatorisch, andere sind zusätzlich freiwillig. So gibt es beispielsweise Veranstaltungen mit Informationen zu verschiedenen Krankheitsbildern mit spezifischen Verhaltensweisen der betroffenen Menschen. Wir haben regelmässig stattfindende Fallsupervisionen im Team der Sozialen Arbeit und in den interprofessionellen Behandlungsteams. Im Weiteren steht ein Care-Team für die Mitarbeitenden zur Verfügung, das bei Bedarf nach belastenden Ereignissen einzeln oder als Team in Anspruch genommen werden kann. Die Klinik hat zu verschiedenen Themen Normen und Richtlinien aufgestellt. Es gibt ein internes Notruf- und Alarmsystem, damit die Sicherheit für die Patientinnen und Patienten, für das Personal und die Besucherinnen und Besucher gewährleistet ist.

Was denken Sie, welche Auswirkungen haben die herausfordernden Verhaltensweisen für die Patientinnen, Patienten selber?
Einige können in ihren und durch ihre komplexen Verhaltensweisen in der Interaktion mit anderen heilsame, korrigierende Erfahrungen machen, und andere machen immer wieder dieselben negativen Erfahrungen, welche wiederum durch ihre Verhaltensweisen begünstigt werden können. Wir haben auch Patientinnen und Patienten, die durch die Reaktion auf ihre Verhaltensweisen Traumatisierun-

gen oder Retraumatisierungen erleben, z. B., wenn zu ihrem Schutz oder zum Schutz von anderen Zwangsmassnahmen ergriffen werden müssen.

Was sind Auswirkungen für Sozialarbeitende, die häufig mit solchen herausfordernden Verhaltensweisen konfrontiert sind?
Das sind vielfältige Herausforderungen und Belastungen, die vor allem durch die Arbeitsmenge und das Tempo sowie das gleichzeitige Zusammentreffen von verschiedenen Menschen mit unterschiedlichen Verhaltensweisen hervorgerufen werden. Es ist ein hektisches und zugleich abwechslungsreiches Arbeitsumfeld. In der Sozialen Arbeit führen wir vor allem Einzelgespräche mit den Patientinnen und Patienten, nebst interprofessionellen Absprachen sowie Gesprächen mit Angehörigen, Arbeitgebern, Aussenstellen und Institutionen.

Wir wirken sich herausfordernde Verhaltensweisen auf institutioneller Ebene aus?
Die Institution ist gefordert, sich mit den verschiedensten Themen stetig auseinanderzusetzen und entsprechend institutionelle Massnahmen abzuleiten. D. h. z. B. einen sehr bewussten, reflektierten Umgang mit Zwangsmassnahmen zu fördern, Supervisionsangebote im (inter-)professionellen Team zu schaffen zur Reflektion der eigenen Haltung als Fachperson sowie Schulungsangebote für das Personal, z. B. in verbaler Deeskalation.

Was möchten Sie beruflich Neueinsteigenden im Kontext der Psychiatrie gerne mit auf den Weg geben?
Es ist wichtig, achtsam mit sich selber zu sein. So können das Wissen und die Erfahrungen den Patientinnen und Patienten langfristig zur Verfügung gestellt werden, ohne dabei selber auszubrennen. Weiter finde ich wichtig, sich im Arbeitsalltag zwischendurch kurz Zeit zu nehmen, um durchzuatmen, und nicht vom einen Beratungsgespräch ins nächste zu hasten. Ich versuche, die Übergänge nach Möglichkeit sorgfältig zu gestalten, für die Patienten und Patientinnen und für mich.

Literatur

Auckenthaler, Anna (2012): Definitionen und Modelle psychischer Störungen. In: Anna Auckenthaler (Hrsg.), Kurzlehrbuch Klinische Psychologie und Psychotherapie, Stuttgart: Thieme, S. 34–49.
AvenirSocial. (2010): Berufskodex Soziale Arbeit Schweiz. Ein Argumentarium für die Praxis der Professionellen, Bern: AvenirSocial.
Baudisch, Franka (2012): Rehabilitation. In: Anna Auckenthaler (Hrsg.), Kurzlehrbuch Klinische Psychologie und Psychotherapie, Stuttgart: Thieme, S. 216–225.
Bördlein, Christoph (2013): Wissenschaftstheoretisch und verhaltenswissenschaftliche Grundlagen der Verhaltensorientierten Sozialen Arbeit. In: Mathias Blanz/Frank Como-Zipfel/Franz J. Schermer (Hrsg.), Verhaltensorientierte Soziale Arbeit, Stuttgart: Kohlhammer, S. 36–60.
Bosshard, Marianne, Ebert, Ursula/Lazarus, Horst (2013): Soziale Arbeit in der Psychiatrie. Lehrbuch, 5. Auflage, Köln: Psychiatrie-Verlag.
Brofenbrenner, Urie (1981): Die Ökologie der menschlichen Entwicklung, Stuttgart: Verlagsgemeinschaft Ernst Klett.

Calabrese, Stefania (2017): Herausfordernde Verhaltensweisen – herausfordernde Situationen: Ein Perspektivenwechsel. Eine qualitativ-videoanalytische Studie über die Gestaltung von Arbeitssituationen von Menschen mit schweren Beeinträchtigungen und herausfordernden Verhaltensweisen, Bad Heilbrunn: Klinkhardt.

Denner, Silvia (2008): Soziale Arbeit mit psychisch kranken Kindern und Jugendlichen, Stuttgart: Kohlhammer.

Dilling, Horst, Mombour, Werner/Schmidt, Martin H. (2011): Internationale Klassifikation psychischer Störungen, 8. Auflage, Bern: Huber.

Ehrenberg, Alain (2004): Das erschöpfte Selbst, Frankfurt a. M.: Campus Verlag.

Ehrenberg, Alain (2015): Das erschöpfte Selbst, 2. Auflage, Frankfurt a. M.: Campus Verlag.

Falkai, Peter/Wittchen, Hans-Ulrich (2015): Diagnostisches und Statistisches Manual Psychischer Störungen – DSM-5, Göttingen: Hoegrefe Psychologie.

Gaebel, Wolfgang (2012): Psychische Erkrankungen – Ursachen, Prävalenz und Auswirkungen auf die Arbeitsfähigkeit. In: ASUpraxis, Jg. 47, Nr. 12, S. 163–165.

Grabert, Andrea (2007): Salutogenese und Bewältigung psychischer Erkrankung. Einsatz des Kohärenzgefühls in der Sozialen Arbeit, Lage: Jacobs Verlag.

Hell, Daniel (2013): Krankheitsverständnis und Kultur, [online] http://www.daniel-hell.com/index_html_files/Krankheitsverstaendnis_und_Kultur.pdf [12.10.2017].

Hell, Daniel (2015): Über Depression, [online] http://www.daniel-hell.com/index_html_files/Ueber_Depression.pdf [12.10.2017].

Homfeldt, Hans G./Sting, Stephan (2006): Soziale Arbeit und Gesundheit – Eine Einführung, München: Reinhardt.

Ingenkamp, Konstantin (2012): Depression und Gesellschaft, Bielefeld: transcript Verlag.

Kleiber, Dieter (2012): Prävention und Gesundheitsförderung. In: Anna Auckenthaler (Hrsg.), Kurzlehrbuch Klinische Psychologie und Psychotherapie, Stuttgart: Thieme, S. 120–145.

Lewin, Kurt (1946): Action Research and Minority Problems. In: Journal of Social Issues, Jg. 2, Nr. 4, S. 34–46.

Maurer, L./Fux, A. (1999): Sozialarbeit in der stationären Psychiatrie. In: Sozial Aktuell. Fachzeitschrift des Schweizerischen Berufsverbandes Soziale Arbeit SBS, Jg. 1, Nr. 1.

Merton, Robert K. (1949): Social Theory and Social Structure. New York: Free Press.

Meyer, Peter C. (2013): Soziologische Aspekte. In: Wulf Rössler/Wolfram Kawohl (Hrsg.), Soziale Psychiatrie, Stuttgart: Kohlhammer, S. 49–59.

O'Connor, Rony C. (2011): Towards an Integrated Motivational-Volitional Model of Suicide Behavior. In: Rony O'Connor/Stephen Platt/Jackie Gordon (Hrsg.), International Handbook of Suicide Prevention: Research Policy and Practice, Oxford: Wiley, S. 181–198.

Rahn, Ewald/Mahnkopf, Angela (2000): Lehrbuch Psychiatrie, 2. Auflage, Bonn: Psychiatrie-Verlag.

Rheinberg, Falko/Vollmeyer, Regina (2012): Motivation, 8. Auflage, Stuttgart: Kohlhammer.

Schuntermann, Michael F. (2007): Einführung in die ICF, 2. Auflage, Landsberg/Lech: ecomed Medizin.

Teismann, Tobias/Dorrmann, Wolfram (2014): Suizidalität, Göttingen: Hogrefe.

Wälte, Dieter (2013): Salutogenese, Pathogenese und subjektive Krankheitskonzepte. In: Wulf Rössler/Wolfram Kawohl (Hrsg.), Soziale Psychiatrie, Stuttgart: Kohlhammer, S. 73–82.

Wittchen, Hans-Ulrich/Hoyer, Jürgen (2011): Klinische Psychologie & Psychotherapie, 2. Auflage, Heidelberg: Springer-Verlag.

8 Herausfordernde Verhaltensweisen von Menschen mit Demenz

Nicole Gadient, Ingrid Cretegny, Regina Fischlin & Stefanie Becker

8.1 Fallvignette

Nach mehreren Telefonberatungen kommt Herr Heiniger zum ersten Mal in die Beratungsstelle. Er ist ziemlich überfordert mit der Situation seiner Tante und sucht um Rat.

Seiner Tante, Frau Marty, die knapp über 75 Jahre alt ist, wurde vor einigen Monaten in der Memory Clinic die Diagnose Alzheimer-Demenz gestellt.

Sie war eine sehr engagierte Managerin in einem Grosskonzern und hatte bis ins Alter von 67 Jahren Vollzeit gearbeitet. Sie lebte die meiste Zeit alleine und seit ungefähr 20 Jahren in ihrem eigenen Mehrfamilienhaus. Die ersten Jahre ihrer Pensionierung reiste sie oft ins Ausland, besuchte kulturelle Veranstaltungen und kümmerte sich um ihre Immobilien und Geldanlagen. Sie arbeitet seit jeher mit dem gleichen Treuhandbüro. Vor ungefähr fünf Jahren übergab sie die meisten Aufträge, die sie vorher noch selbst erledigte, ihrem Treuhänder.

Frau Marty war eine vorausschauend planende Frau und vor drei Jahren wollte sie ihre Angelegenheiten regeln und erstellte einen Vorsorgeauftrag. Für die persönlichen Anliegen und die Patientenverfügung hat sie Herrn Heiniger, ihren Neffen, angefragt. Für die finanziellen Angelegenheiten wurde das Treuhandbüro bevollmächtigt.

Ausser Herrn Heiniger und einer Nichte, die im Ausland lebt und immer weniger in Kontakt mit Frau Marty ist, hat sie keine Familie mehr. Herr Heiniger ist die einzige Person, wie er sagt, zu der Frau Marty eine engere Beziehung hat und ein Vertrauensverhältnis pflegt. In regelmässigen Abständen besucht er seine Tante, um ihre Fragen zu klären und alles Nötige in die Wege zu leiten.

Er begleitet seine Tante auch zum Arzt. Sie vergütet ihm das Bahnticket, da er vom Tessin anreist. Er ist berufstätig und muss daher für diese Begleitungen manchmal freinehmen.

Im Verlauf dieses Jahres hat sich ihre Persönlichkeit stark verändert, wie auch ihr Verhalten. Frau Marty war schon immer eine selbstbewusste und eigenwillige Dame. Doch jetzt wird sie grob in ihrem Reden und mischt sich in Sachen ein, die sie vorher kaum interessierten. Als Besitzerin des Mehrfamilienhauses blieb sie bisher relativ diskret und pflegte einen eher nüchternen Kontakt mit den Mieterinnen und Mietern. Nun aber beklagt sie sich, dass sie beobachtet werde, wenn sie ausgehe, und Nachbarn in ihre Wohnung eindringen. So war sie beispielsweise davon überzeugt, dass eine Mieterin ihre goldene Halskette gestohlen und diese dann an der Feier ihres 85. Geburtstags getragen habe. In der Folge hat sie dieser Mieterin gekündigt. Sie ist sehr misstrauisch geworden, dies besonders gegenüber einer Familie und einem älteren Ehepaar. Sie sagt, dass diese von ihr profitieren wollten, sie hintergingen und ihr Geld und ihre Wertsachen stehlen würden.

Sie geht nun selten aus der Wohnung. Auch eine langjährige, treue Reinigungsfachkraft wurde von ihr beschuldigt zu stehlen. Diese hat sich danach von Frau Marty zurückgezogen.

Frau Marty schuldigt auch das Treuhandbüro massiv für diverse Sachen an. Unter anderem liessen diese Arbeiten ausführen, die gar nicht nötig seien, wie z. B. das Renovieren der Wohnungen: »Sie stecken sich nur das Geld in die eigenen Säcke und bereichern mit *meinem* Geld Freunde, die ein Malergeschäft haben.« Sie ist überzeugt, dass das Treuhandbüro die Ausgaben verfälscht.

Der Neffe wurde vom Treuhandbüro informiert, dass Frau Marty ohne sich anzumelden ins Büro komme. Ihr bestimmtes und überzeugendes Reden verursache Verlegenheit beim Personal, besonders, wenn andere Klientinnen und Klienten im Raum seien. In diesen Momenten bemerke man ihre Krankheit kaum.

Letzthin wollte der Neffe ein mitgebrachtes Dessert in den Kühlschrank stellen. Er war ganz betroffen beim Anblick eines verschimmelten Käses und von verdorbenem Gemüse. Auf die Frage, wie es mit ihrem Appetit gehe, antwortete sie resolut, sie esse jeweils im Restaurant. Tatsächlich ass Frau Marty, während sie noch arbeitete, fast ausschliesslich auswärts. Doch Herr Heininger bezweifelt, dass sie dies heute noch tut, denn er hat an ihren Kleidern gesehen, dass sie abgenommen hat. Ausser dem festgesetzten, wöchentlichen Besuch bei ihrem Coiffeur vernachlässigt sie auch ihre Hygiene. Sie trägt oft die gleichen Kleider und hat Mühe, sich wettergerecht zu kleiden. Aus diesen und anderen Gründen haben der Neffe und der Arzt mit ihr vereinbart, dass ein privater Spitexdienst (in Deutschland vergleichbar mit einem ambulanten Pflegedienst) regelmässig zu ihr kommt. Doch mit dem Spitexdienst klappte es nicht lange. Obwohl die Pflegerinnen sehr freundlich mit ihr waren, öffnete sie die Tür nach den ersten wenigen Kontakten nicht mehr. Auch am Telefon bestellte sie diese vehement wieder ab. Der Versuch wurde mit mehreren Organisationen gemacht und blieb ohne Erfolg. Es ist vorgekommen, dass Frau Marty nicht nur alle Hilfe verweigerte, sondern auch verbal aggressiv wurde. »Sie haben bei mir nichts zu suchen, ich kann noch alles alleine machen« ist eine Aussage, die sie nun systematisch bei jedem neuen Versuch mit Spitexdiensten macht.

Beim letzten Arztbesuch suchte Herr Heiniger in der Wohnung einen verlorenen Schlüssel. Doch statt den Schlüssel fand er an unerwarteten Orten mehrere Tausendernoten. Er traute sich nicht, sie zu fragen, warum diese in ihrer Wohnung seien – zu sehr fürchtete er sich vor ihrer Reaktion.

Auch das Misstrauen zu ihrem Neffen und eine abwehrende Haltung zu ihm nahmen in der letzten Zeit stark zu. Wenn er ihr erklärt, warum es wichtig sei, die Spitexdienste zu akzeptieren, droht sie ihm mit Enterbung.

8.2 Was ist Demenz?

Demenz ist ein Krankheitsbild, das in den meisten Fällen als Folge einer chronisch-fortschreitenden Erkrankung des Gehirns auftritt. Mehrere (mindestens zwei) Fähigkeiten sind durch diese Erkrankungen beeinträchtigt: »Aufmerksamkeit, Sprache, Lernen und Gedächtnis, sog. Exekutivfunktionen (Planen, abstraktes Denken, Einsatz von Strategien, Problemlösung), Wahrnehmungsleistungen und Fähigkeiten der sozialen Interaktion« (Schweizerische Alzheimervereinigung 2014a: 4). Weitere Symptome sind Erkennungsstörungen, d. h. Mühe, Dinge und Personen zu erkennen (Agnosie), sowie Störungen in der zeitlichen und örtlichen Orientierung. Weiter gehören auch die Anosognosie, d. h. das Nichterkennen der eigenen Krankheit, zu den Symptomen der Demenz, sowie Persönlichkeitsveränderungen. All dies beeinträchtigt die betroffenen Personen im Vergleich zu früher in ihren täglichen Aktivitäten (vgl. ebd.).

Es gibt ca. 120 verschiedene Demenzformen (Georgescu 2016): reversible Demenzformen, die, wenn sie frühzeitig erkannt und behandelt werden, teilweise oder vollständig geheilt werden können, und irreversible Demenzformen, die man (bis heute) nicht heilen kann und bei denen das Gehirn direkt betroffen ist (vgl. Schweizerische Alzheimervereinigung 2014a: 5). Zu den häufigsten irreversiblen Demenzformen gehören die Alzheimer-Demenz und die vaskuläre Demenz. Weniger häufig kommen die Lewy-Körper-Demenz und die frontotemporale Demenz vor. Im Verlauf einer Demenz nimmt die Selbstständigkeit der betroffenen Personen stetig ab, und sie sind zunehmend auf Begleitung, Betreuung und Pflege von ihren Angehörigen und/oder Fachpersonen angewiesen. Im fortgeschrittenen Stadium einer Demenz kann auch die Mobilität stark beeinträchtigt sein. Inkontinenz und Schluckstörungen sind weitere häufige Symptome. Bis heute ist nicht vollständig geklärt, was Ursachen einer Demenzerkrankung sind. Sicher ist, dass das Alter einen wichtigen Risikofaktor darstellt: Mit zunehmendem Alter steigt das Risiko, an einer Demenz zu erkranken. 2017 lebten in der Schweiz schätzungsweise rund 150.000 Menschen mit Demenz (Alzheimer Schweiz 2018: 1). Ungefähr 60 % der Betroffenen leben alleine oder mit Angehörigen zu Hause.

8.3 Verhaltens- und psychische Begleitsymptome bei Demenz

Im Verlauf einer Demenzerkrankung treten bei rund 90 % der Patienten Verhaltens- und psychische Begleitsymptome auf, die in der Fachliteratur als BPSD, Behavioural and Psychological Symptoms of Dementia, bezeichnet werden (vgl. Radman 2015: 34). Zu den behavioralen, also das Verhalten betreffenden Begleitsymptomen gehören u. a. »Reizbarkeit, Aggressivität, Agitiertheit (krankhafte

Unruhe), Manie, Enthemmung, Distanzlosigkeit, Wahnvorstellungen, Halluzinationen (Sinnestäuschungen)« (Schweizerische Alzheimervereinigung 2011a: 1), falsche Anschuldigungen, Herumwandern und Weglaufen. Unter psychischen Symptomen werden Angst, Niedergeschlagenheit, Apathie (Antriebslosigkeit), Schlaf- und Appetitstörungen etc. verstanden. Die behavioralen und psychischen Begleitsymptome sind vorübergehend. Dies bedeutet, dass sie in verschiedenen Phasen der Krankheit auftreten und zu einem späteren Zeitpunkt wieder verschwinden können. Depressivität und Apathie sind diejenigen Symptome, die am häufigsten vorkommen (vgl. Savaskan et al. 2014: 1). Gewisse Begleitsymptome können mit bestimmten Demenzformen in Verbindung gebracht werden. Visuelle Halluzinationen sind häufig bei Lewy-Körper-Demenz, während beeinträchtigtes Sozialverhalten häufig bei Menschen mit frontotemporaler Demenz beobachtet wird. Menschen mit einer Alzheimer-Demenz im Anfangsstadium sind häufig von depressiven Symptomen betroffen (vgl. Schweizerische Alzheimervereinigung 2011a: 1). Viele dieser Symptome sind jedoch behandelbar.

Menschen mit Demenz leben auch mit ihrer Erkrankung viele Jahre zu Hause. Die verschiedenen krankheitsbedingten Verhaltensweisen haben einen erheblichen Einfluss auf die Lebensqualität der Menschen mit Demenz selbst, aber auch auf diejenige der pflegenden Angehörigen oder Nahestehenden. Keine Hilfe annehmen wollen, sich bedroht fühlen oder sich selbst und andere in Gefahr bringen sind Verhaltensweisen, die eine zusätzliche Belastung und Herausforderung für Menschen mit Demenz und ihre Angehörigen darstellen. Nicht selten trägt diese zusätzliche Beanspruchung zu einem Eintritt in die Institution bei.

8.4 Ursachen herausfordernder Verhaltensweisen bei Demenz

Um krankheitsbedingten herausfordernden Verhaltensweisen adäquat begegnen zu können, ist es wichtig, die Entstehung der Symptome zu verstehen. Diese ist sehr komplex und individuell, verschiedene Faktoren müssen dabei einbezogen werden.

Einerseits spielen biologische Aspekte eine Rolle. Die Art der Demenz und das geschädigte Gehirnareal sowie der allgemeine Gesundheitszustand, allfällige weitere Beeinträchtigungen, wie Hör-, Seh- und Sehhörstörungen, Medikamente und genetische Komponenten können einen Einfluss auf spezifische krankheitsbedingte Verhaltensweisen haben. Auch medizinische Probleme wie Verwirrtheitszustände (Delir) durch Infektionen, Schmerzen, Flüssigkeitsmangel können Ursachen sein. Sehr häufig tragen auch grundlegende unbefriedigte, unerkannte Bedürfnisse, wie Hunger, Harn- oder Stuhldrang, sowie zusätzliche körperliche und geistige Einschränkungen zur Entwicklung jeweils sehr individueller herausfordernder Verhaltensweisen bei.

Darüber hinaus haben auch soziale Faktoren einen wesentlichen Einfluss: Das räumliche und soziale Umfeld, die Betreuungsart, zwischenmenschliche Beziehungen und die Art und Weise der Kommunikation können Begleitsymptome einer Demenz fördern oder minimieren. Denn auch Verständigungsprobleme, Missverständnisse, Überlastung der Betreuungsperson etc. können Ursache eines behavioralen oder psychischen Begleitsymptoms einer Demenz sein (vgl. Schweizerische Alzheimervereinigung 2011a: 1).

Weiter können Veränderungen im Alltag herausfordernde Verhaltensweisen auslösen: Ein Wohnungswechsel z. B., ein Spitalaufenthalt, oder auch die Abwesenheit eines betreuenden Angehörigen. Nicht zuletzt dürfen psychologische Faktoren, wie z. B. die Persönlichkeit der betroffenen Person, ihre Lebensgeschichte, ihre verschiedenen Bewältigungsstrategien sowie die Einsichtsfähigkeit in die Entstehung der Symptome, nicht ausser Acht gelassen werden (vgl. ebd.).

All diese verschiedenen Faktoren stehen in einem komplexen Zusammenspiel und können zur Entstehung von krankheitsbedingten Verhaltensweisen beitragen.

Das Zusammenspiel resp. die Wechselwirkung der verschiedenen Faktoren kann wie folgt dargestellt werden (▶ Abb. 8.1):

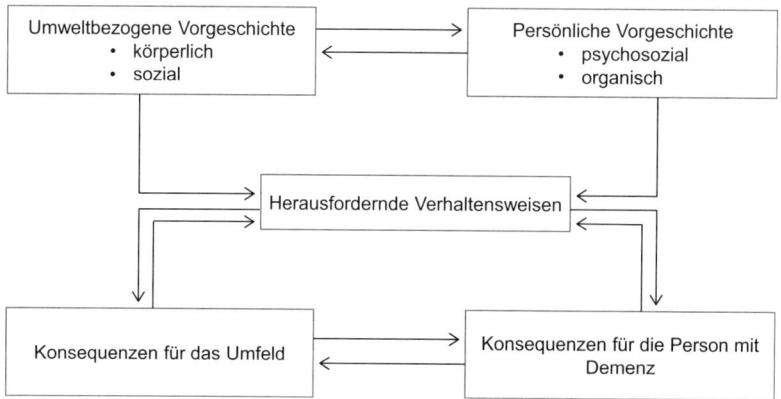

Abb. 8.1: Wechselwirkung von Faktoren bei herausfordernden Verhaltensweisen bei Demenz (eigene Darstellung in Anlehnung an Lévesque et al. 1990: 103)

Im Folgenden werden diejenigen krankheitsspezifischen Verhaltensweisen, die eine Demenzerkrankung am häufigsten begleiten, vertieft erläutert sowie die Umgangsweisen damit aufgezeigt.

8.4.1 Aggressives Verhalten als Reaktion auf Überforderung

Personen mit Demenz reagieren für ihr Umfeld manchmal unerwartet, unverständlich und sehr heftig. Oft sind es Kleinigkeiten, die verbale (z. B. Beschimpfungen, Schreie, Bemerkungen) oder physische (z. B. Schlagen, Beissen, Spucken, Werfen von Gegenständen) Reaktionen auslösen. Nicht alle Menschen mit Demenz entwickeln solche Verhaltensweisen, aber es ist möglich, dass bislang friedliche Menschen plötzlich solch aggressives Verhalten zeigen. Generell ist es für die Personen im Umfeld (Angehörige, Freundinnen und Freunde, Fachpersonen) schwierig, mit solchen Situationen umzugehen. Daher ist es wichtig, die Entstehung dieser Verhaltensweisen zu verstehen.

Menschen mit Demenz können im Verlauf ihrer Erkrankung immer weniger verbal ausdrücken, was sie fühlen, was sie möchten oder auch nicht möchten. Alltagssituationen, die für sie aufgrund ihrer Krankheit unverständlich geworden sind (z. B. wenn sie nicht verstehen, was man von ihnen möchte), können bedrohlich wirken und Angst auslösen. In solchen Situationen verhalten sie sich dann so, wie es wahrscheinlich die meisten Menschen tun würden – sie wehren sich. Und zwar in derjenigen Weise, mit der sie ihrem Gefühl am besten Ausdruck verleihen können, beispielsweise in dem sie die Person schubsen oder anschreien. Von aussen betrachtet ist dieses (aus der Perspektive des Erkrankten verteidigende, defensive) Verhalten jedoch nicht nachvollziehbar und wird häufig als Aggression interpretiert. Solche Abwehrreaktionen von Menschen mit Demenz haben jedoch immer eine spezifische Ursache, auch wenn diese von ihrem Umfeld nicht immer direkt ersichtlich ist oder erkannt werden kann. Sie entsteht häufig bei Überforderung, wenn das Gefühl der Bedrohung oder Angst erlebt wird.

Im Sinne eines Beitrags zum besseren Verständnis solcher Verhaltensweisen wird empfohlen, für seine Beschreibung auch einen Begriff zu wählen, der deutlich macht, dass dieses als eine *Reaktion* (wenngleich auch eine für das Umfeld unangepasst erscheinende) auf einen konkreten Auslöser zu verstehen ist und daher eher von »defensivem Verhalten« zu sprechen. So kann auch unter Fachpersonen eine allein durch den Sprachgebrauch provozierte Voreingenommenheit (»Frau Marty ist eine aggressive Person!«) vermieden werden (vgl. Schneberger/Jann/Marino 2014; Becker 2011). Die auslösenden Faktoren für defensive Verhaltensweisen sind vielseitig:

Auslösende Faktoren für defensive Verhaltensweisen

Auslösender Faktor	Beispiel
Frustration	Abhängigkeit von anderen Personen bei alltäglichen Aktivitäten
Scham	Toilettengang, Intimpflege
Ärger, Wut	Lebensgewohnheiten werden nicht respektiert, z. B. Dusche immer morgens
Gefühl, selbst aggressiv behandelt zu werden	durch Gesten, die als brüsk, überraschend wahrgenommen und nicht verstanden werden, mangels visuellem Kontakt
Angst	Gefühle von Alleine-Sein, Angst vor dem Sterben
Unwohlsein in einem nicht angepassten Umfeld	Lärm/Stille, Wärme/Kälte, unangenehmes Licht
Physisches Unwohlsein	volle Blase, unbequeme Position, Hunger, Durst, Fieber

Um die Auslöser solcher defensiven Verhaltensweisen zu verstehen, hilft es herauszufinden, worauf das jeweilige Verhalten zurückzuführen ist: In welchen Situationen reagiert die Person mit Demenz auf diese Weise? Was ist kurz zuvor passiert? Wer war dabei? Wenn das Verhalten erklärt werden kann, besteht die Chance, es zukünftig eher vermeiden zu können – ein wichtiger Beitrag zum Erhalt des Wohlbefindens aller Beteiligten! Zurechtweisungen, Rechtfertigungen oder Argumentieren und Diskutieren bewirken wenig, im Gegenteil, sie können die Überforderung der erkrankten Person und damit ihr defensives Verhalten noch verstärken. Generell gilt es, ruhig zu bleiben, die Stimme nicht zu erheben und zu versuchen, beruhigend zu wirken. Falls das defensive Verhalten gegen Betreuende körperlich und gefährlich werden sollte, ist es ratsam, sich einen Moment zurückzuziehen, indem man beispielsweise das Zimmer für einen Moment verlässt.

8.4.2 Umherwandern und Weglaufen

Eine andere häufige Verhaltensweise von Menschen mit Demenz ist das (scheinbar ziel- und sinnlose) Umherwandern. Für Menschen mit Demenz stellt dies jedoch eine Aktivität dar, die sie (noch) selbstständig ausführen können. Es ermöglicht ihnen das Gefühl von Selbstwirksamkeit und Selbstbestimmtheit und trägt zu ihrem Wohlbefinden bei. Im häuslichen Umfeld, aber auch im Kontext einer Langzeitpflegeeinrichtung, kann das gemeinsame Spazierengehen dazu helfen, dass die erkrankte Person ihren Bewegungsdrang (unabhängig davon, ob er durch die Krankheit hervorgerufen worden ist oder schon immer Teil der Person war) ausleben kann. Es kann durchaus auch eine Spazierbegleitung organisiert werden, die, sobald sie die erkrankte Person gut genug kennengelernt hat, mit ihr spazieren gehen kann. Dies kann auch eine kurze Auszeit für Angehörige sein.

Ein anderer Grund für das Umherwandern ist häufig, dass die Person etwas sucht. Hier kann es nützlich sein, ihr beim Suchen zu helfen. Man sollte auch hier darauf achten, in welchen Situationen dies geschieht, um einen möglichen Auslöser zu identifizieren. Weitere Ursachen sind oft unerkannte körperliche Schmerzen, psychische Begleitsymptome wie Depressionen, oder auch Medikamente, die den Bewegungsdrang verstärken. In diesen Fällen sollte ein Arzt konsultiert werden, um die Ursache abzuklären.

Langeweile kann ebenfalls Auslöser des Bewegungsdrangs sein. In diesem Fall lohnt es sich, die Person zu beschäftigen, sie anzuregen mit Tätigkeiten, die sie ausführen kann und ihr Freude bereiten (wie z. B. zusammen Musizieren). Auch Reizüberflutung (z. B. zu viel Lärm, zu viele Personen im Raum etc.) können die Person beunruhigen und Bewegungsdrang auslösen. In solchen Situationen hilft es, die Person aus dieser Situation in eine ruhigere Umgebung herauszuführen.

In jedem Fall gilt es, mögliche Gefahrenquellen so weit wie möglich zu beseitigen. So könnten innerhalb der Wohnung z. B. übereinanderliegende Teppiche oder Kabel Stolperfallen sein und zu Stürzen führen. Besonders wichtig ist, dass die umherwandernde Person nicht weglaufen kann. Dies kann gefährlich werden, wenn sie sich verirrt, allfällige Gefahren nicht richtig einschätzen kann oder unangemessen darauf reagiert. Eine einfache Schutzmassnahme kann es daher sein,

Gegenstände mit einem gewissen Aufforderungscharakter zum Verlassen des Hauses, wie z. B. Schirm, Mantel oder Schlüssel, ausser Sichtweite aufzubewahren, die Haustüre mit einem Bild oder Vorhang zu verdecken, oder auch ein Klangspiel an der Türe anzubringen, so dass Angehörige gewarnt werden, wenn die erkrankte Person die Wohnung verlassen würde. Bei weglaufgefährdeten Personen ist es darüber hinaus sehr hilfreich, Nachbarn oder andere Personen im Quartier zu informieren, so dass sie adäquat reagieren können, wenn sie die Person alleine ausser Haus antreffen. Die betroffene Person kann in ihrem Portemonnaie eine Alzheimer-Karte für Menschen mit Demenz mittragen. Diese kann notfalls wichtige Informationen an Aussenstehende geben (vgl. Schweizerische Alzheimervereinigung 2009: 1–4 und ▶ Abb. 8.2) für den Fall, dass sie sich tatsächlich einmal verläuft.

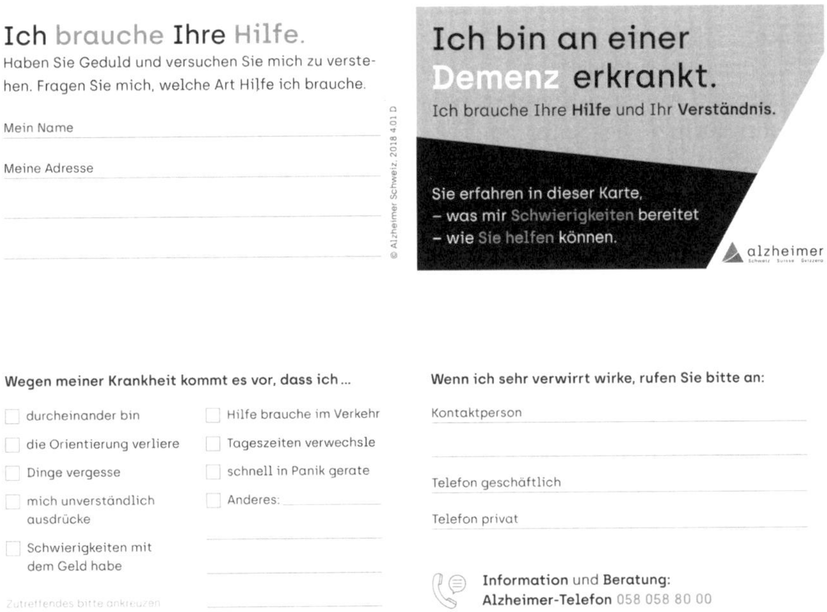

Abb. 8.2: Alzheimer-Karte für Menschen mit Demenz (© Alzheimer Schweiz, [online]: https://www.alzheimer-schweiz.ch/publikationen-produkte/[13.12.18])

Die Alzheimer-Karte für Menschen mit Demenz kann bei Alzheimer Schweiz kostenlos bezogen werden. Nicht zuletzt gibt es auch (kostengünstige) technische Hilfsmittel, wie z. B. Ortungsgeräte (GPS), die helfen können, Personen mit Demenz ihre Freiheit zu lassen, aber gleichzeitig als Angehörige die Sicherheit zu haben, sie nicht zu verlieren. Eine entsprechende Liste ist bei Alzheimer Schweiz ebenfalls erhältlich.

8.4.3 Schlafstörungen

Eine Folge von Demenz kann die Störung der ›inneren Uhr‹ sein, so dass die Personen mit Demenz Mühe haben, Tag und Nacht auseinander- oder einen geregelten Schlaf-Wach-Rhythmus einzuhalten. Auch können Depressionen, die Demenzerkrankungen häufig begleiten und ihnen teilweise sogar symptomatisch gleichen, ebenfalls Schlafstörungen auslösen. Rund 40 % der Menschen mit Demenz sind zeitweise von Schlafstörungen betroffen. Diese können sich vielfältig äussern: Die Person kann nicht einschlafen, erwacht morgens viel zu früh bzw. mehrmals in der Nacht oder hat während der Nacht eine lange Wachphase, während der sie auch entsprechend aktiv wird.

Schlafstörungen sind aber nicht nur für die Erkrankten ein Problem, sondern auch für ihre Angehörigen, deren Schlaf ebenfalls in Mitleidenschaft gezogen wird. Daher sollten Schlafstörungen möglichst schnell eruiert und behandelt werden.

Die Ursachen sind vielfältig: Zu wenig körperliche Bewegung oder auch zu viel Aktivität und Anregung tagsüber, welche die Person nicht zur Ruhe kommen lassen; aber auch zu viel Schlaf am Tag, so dass das Schlafpensum bereits vor der Nacht erfüllt ist.

Wichtig ist, dass Menschen mit Demenz sich tagsüber möglichst viel bewegen, so dass sie abends müde sind. Durch ausreichend Tageslicht wird zudem die Bildung des Hormons Melatonin angeregt, das einen regulierenden Einfluss auf den Schlaf hat.

Gegen Abend, bei Dämmerung, erleben Menschen mit Demenz häufig das sog. »Sundowning-Phänomen«, d. h., sie werden unruhiger, aktiver und verwirrter. Als Ursache wird vermutet, dass das Gehirn gegen Abend Reize weniger gut verarbeiten und so Unruhe ausgelöst werden kann. Abends ist daher zu empfehlen, die verschiedenen Reizquellen zu dämpfen und allgemein An- und Aufregung zu vermeiden. Es hilft, die Abendgestaltung und den Ablauf des Zubettgehens immer ähnlich und ritualisiert zu gestalten.

Schlafmittel sind wo immer möglich zu vermeiden, da sie bei Menschen mit Demenz erhebliche Nebenwirkungen auslösen können. Sollte es doch nicht anders möglich sein, darf dies nur nach Absprache mit der Ärztin/dem Arzt und über einen begrenzten Zeitraum mit jeweiliger Neubeurteilung nach einigen Wochen erfolgen (vgl. Schweizerische Alzheimervereinigung 2012: 1–4).

8.4.4 Apathie, Antriebslosigkeit

Apathie oder Antriebslosigkeit ist eines der häufigsten Begleitsymptome von Demenz, dem in der täglichen Begleitung, Betreuung und Pflege fälschlicherweise häufig weniger Beachtung geschenkt wird (Seidl et al. 2007). Einerseits ist Apathie eine Folge der Gehirnerkrankung. Andererseits ist sie auch ein Abwehrmechanismus, denn wer nichts tut, kann auch nicht scheitern (vgl. Derouesné et al. 2005: 54). Es ist nicht leicht für das Umfeld, mit Apathie umzugehen. Die betroffenen Personen erscheinen gleichgültig, sind in ihren Emotionen sehr gedämpft und zeigen auch auf Versuche der Motivation und Ansprache keine Reaktionen. Durch die Apathie nehmen die Mobilität und damit auch die körperliche Konstitution der Erkrankten ab – ein Risikofaktor für Stürze.

Menschen mit Demenz brauchen gewiss ruhige Phasen. Dies muss man akzeptieren, und sie sollen natürlich auch zu nichts gezwungen werden, was sie nicht wollen. Man darf jedoch durchaus versuchen, sie zu einer Aktivität zu ermutigen, und sie Schritt für Schritt miteinbeziehen. Besonders erfolgversprechend sind dabei Aktivitäten, die die Person selbst ansprechen, vielleicht Dinge, die sie früher auch gerne gemacht hat (vgl. Derouesné et al. 2005: 57). Auch wenn die ersten Versuche nicht den erhofften Erfolg bringen, ist das kein Grund, entmutigt zu sein. Vielmehr gilt es, kreativ zu sein und verschiedene Aktivitäten auszuprobieren: zusammen kochen, etwas vorlesen, mit Tieren arbeiten, an die frische Luft gehen, einen Ausflug machen etc. Die Palette der Aktivierungsmöglichkeiten ist breit, und was das jeweils Passende ist, zeigt sich bald an einer positiven Reaktion der erkrankten Person. Ein professioneller Betreuungsdienst für Menschen mit Demenz kann in solchen Fällen ebenfalls Unterstützung bieten.

8.4.5 Verändertes Sozialverhalten, Persönlichkeitsveränderung

Es gibt bestimmte Formen von Demenz, insbesondere die frontotemporale Demenz (FTD), von der auch Menschen unter 65 Jahren betroffen sein können und die zu Verhaltensauffälligkeiten (z. B. verminderte Selbstkontrolle, Enthemmung) und Veränderungen des Charakters führen. Bei FTD ist insbesondere das Sozialverhalten betroffen (vgl. Schweizerische Alzheimervereinigung 2013: 1; Benke/Donnemiller 2002). Die Erkrankten erscheinen taktlos und uneinsichtig. Dies umso mehr, wenn die Erkrankung, wie meist bei Jungerkrankten, (noch) nicht diagnostiziert worden ist. In diesen Fällen ist das veränderte Sozialverhalten nicht verständlich und nicht nachvollziehbar. Oft haben die Angehörigen das Gefühl, dass das in ihren Augen rücksichtslose Verhalten absichtlich erfolgt. In diesen Fällen sind Wissen zu Demenz sowie professionelle Unterstützung der Angehörigen extrem wichtig.

8.4.6 Sinnestäuschungen (Halluzinationen, Illusionen)

Halluzinationen sind eine Form von Sinnestäuschungen, bei denen die betroffene Person Dinge sieht, hört, fühlt oder riecht, die nicht vorhanden sind. Dennoch hält sie sie für real. Am häufigsten sind dabei optische (das Sehen betreffende) oder akustische (das Hören betreffende) Halluzinationen. Sie haben hirnorganische Ursachen, können als Nebenwirkungen von Medikamenten auftreten und werden in manchen Fällen selbst medikamentös behandelt. Dies allerdings nur, wenn die Halluzinationen den betroffenen Personen Angst machen.

Andere Sinnestäuschungen hingegen, sog. Illusionen, sind Fehlinterpretationen von Dingen, die man sieht. So kann beispielsweise ein Muster im Vorhang als Person oder als Gegenstand wahrgenommen werden. Bei Lewy-Körper-Demenz treten in 70–90 % der Fälle, oft schon im Anfangsstadium, optische Halluzinationen auf und können Angst oder Unruhe auslösen (vgl. Schweizerische Alzheimervereinigung 2013: 1). Sinnestäuschungen sollten vom Umfeld nicht hinterfragt werden, denn sie lassen sich nicht beeinflussen, und das Hinterfragen verunsichert oder verärgert die Betroffenen. Man sollte versuchen, Verständnis zu zeigen und die betroffene Person zu beruhigen, abzulenken oder auch den Ort zu wechseln.

Eine ganz andere Ursache kann auch bei den nachlassenden Sinneswahrnehmungen älterer Menschen generell liegen. Wer schlecht hört oder sieht, interpretiert manche Geräusche oder Schatten als Flüstern der Angehörigen oder als dunkles Loch. Die Prüfung der Hör- und Sehfähigkeit sowie eine entsprechende Anpassung der Hilfsmittel (Hörgerät oder Brille) können dann unter Umständen dazu beitragen, solche Probleme zu verringern.

8.4.7 Angst, Furcht

Menschen mit Demenz können vor vielem Angst haben, was für Aussenstehende vielleicht nicht nachvollziehbar ist. Angst kann entstehen, wenn Ereignisse aus der Vergangenheit mit der Gegenwart vermischt oder assoziiert werden (z. B. die Sorge um ihre Kinder, die nicht von der Schule nach Hause kommen). Angst und Ängstlichkeit können auch mit depressiven Verstimmungen im Zusammenhang stehen, welche häufig bei Demenz vorkommen. Weiter können die oben beschriebenen Sinnestäuschungen und Wahrnehmungsstörungen Ängste auslösen (vgl. Richards 2010). Aus diesem Grund kann es auch vorkommen, dass Menschen mit Demenz plötzlich Angst vor alltäglichen Dingen, wie beispielsweise der Dusche, vor Wasser, oder dem Wasserstrahl, haben. Falls die Angst durch einen spezifischen Gegenstand (z. B. Muster eines Vorhangs) ausgelöst wird, sollte dieser entfernt werden. Es ist wichtig, die Gefühle der Person ernst zu nehmen, auf die Person einzugehen und sie zu beruhigen. Bei ausgeprägten und andauernden Angstzuständen sollte ein Arzt hinzugezogen werden.

8.5 Behandlungsmöglichkeiten

Auch wenn es aktuell keine Heilung für Demenzerkrankungen gibt, so gibt es doch ganz verschiedene Behandlungsmöglichkeiten, die zur Verbesserung der Lebensqualität der Erkrankten beitragen. Die Voraussetzung jedoch dafür, dass eine demenzkranke Person Zugang zu Behandlung und Unterstützungsangeboten hat, ist eine ärztliche Diagnose. Daher ist es ausgesprochen wichtig, diese möglichst frühzeitig zu stellen.

8.5.1 Nichtmedikamentöse Therapien

Nichtmedikamentöse Therapien, insbesondere wenn verschiedene miteinander kombiniert werden, sind nachweislich besonders wirkungsvoll im Umgang mit herausfordernden Verhaltensweisen. Da viele einfach auch im häuslichen Umfeld anwendbar sind und dazu kaum (bis keine) Nebenwirkungen haben, sollten sie immer zuerst zum Einsatz kommen, bevor mit Medikamenten behandelt wird. Je nach Lebensgeschichte gilt es, die individuell am besten geeignete(n) zu finden. Manche sind eher für eine spezifische Phase der Erkrankung geeignet, während andere durch den ganzen Krankheitsverlauf begleiten können. Die Interventionen betreffen die alltäglichen Aktivitäten, die Gestaltung des Umfeldes (Milieu), Kognition, Psyche oder Körper und umfassen Begleitung und Betreuung, oder auch musische und kreative Aktivitäten. Aktivierungs-, Musik-, Ergo-, Licht- und Farbtherapie, Tier-, Garten- oder Maltherapie, demenzgerechte Psychotherapie (bei Menschen mit leichter Demenz und Depression), Biografiearbeit, Gedächtnistraining, Validation, Kinästhetik, basale Stimulation sind nur einige Beispiele des breiten Angebots an nichtmedikamentösen Behandlungsansätzen. Insbesondere die Ergotherapie trägt dazu bei, die Selbstständigkeit zu erhalten. Wenn hier Fortschritte erzielt werden können, können krankheitsspezifische Verhaltensweisen reduziert und die Lebensqualität gefördert werden (vgl. Schweizerische Alzheimervereinigung 2011b: 1–4).

8.5.2 Medikamentöse Therapien

Sind die nichtmedikamentösen Therapien nicht ausreichend, kann eine ergänzende medikamentöse Therapie in Betracht gezogen werden. Diese muss jedoch von einer Spezialistin/einem Spezialisten verschrieben sein und unbedingt auf die bereits verschriebenen Medikamente abgestimmt werden. Der sog. Polypharmazie, d. h. der Einnahme verschiedener Medikamente, gilt es bei Menschen mit Demenz ganz besondere Beachtung zu schenken, und sie muss immer kritisch geprüft werden. Gerade bei vulnerablen, älteren Personen ist die Wechselwirkung der verschiedenen Medikamente, die wiederum zur Verschlechterung der Symptome beitragen können, nicht zu unterschätzen. Gewisse Medikamente sollten im Falle von herausfordernden Verhaltensweisen sogar vermieden werden. Um die Wirkung eines Medikaments direkt ableiten zu können, empfiehlt es sich, nur eines auf einmal neu zu verabreichen oder abzusetzen. Weiter sollten die Medikamente anfangs in einer niedrigen Dosis eingenommen und erst langsam hochdosiert werden. Die medikamentöse Behandlung sollte zeitlich begrenzt sein und mindestens alle sechs Wochen auf ihre Notwendigkeit überprüft werden. Spezialistinnen und Spezialisten der ambulanten Alterspsychiatrie oder einer Memory Clinic können diesbezüglich konsultiert werden. Die Kombination von medikamentöser und nichtmedikamentöser Behandlung kann dazu beitragen, dass die betroffene Person länger zu Hause leben und der Eintritt in eine Institution verzögert werden kann.

8.6 Hilfe für Betreuende

Wie im Fallbeispiel gezeigt wird, sind es bei krankheitsbedingten herausfordernden Verhaltensweisen oft die Angehörigen, die um Unterstützung bitten. Einer der Hauptgründe dafür liegt in der fehlenden Krankheitseinsicht der Erkrankten. Diese besteht manchmal bereits am Anfang einer Demenz und kann sich im Verlauf der Erkrankung verstärken. Die fehlende Krankheitseinsicht und die Vergesslichkeit verhindern, dass die betroffene Person selbst um Hilfe fragt. Dies erschwert massgeblich, dass sie anschliessend in die Überlegungen zur Problematik miteinbezogen werden kann.

Informationen zum Krankheitsbild sind für Angehörige zentral für ein besseres Verständnis. Im Fallbeispiel benötigt der Neffe dringend Wissen über die Erkrankung und möglichen Ursachen für die Verhaltensveränderungen seiner Tante. Er braucht Fachpersonen im Bereich Demenz und eine enge Zusammenarbeit mit der Hausärztin/dem Hausarzt, denen er Fragen stellen, seine Befürchtungen mitteilen und mit denen er gemeinsame Lösungen finden kann. Damit ist er besser in der Lage, seine Tante zu verstehen und ihr die adäquate, an ihren Bedürfnissen ausgerichtete Unterstützung zu bieten.

Auch könnten weitere psychosoziale Angebote (z. B. die Teilnahme an einer Selbsthilfegruppe für Angehörige) Herrn Heiniger helfen, Verständnis für seine eigene Situation und Unterstützungsmöglichkeiten zu finden.

8.6.1 Schutzbedürftigkeit – Die Rolle von Behörden

Frau Martys Krankheitsentwicklung bewirkt, dass ihr Verhalten ihr selbst (und auch anderen) immer mehr schadet (z. B. ungenügende Ernährung, Kündigung der Mieter, Anschuldigungen an das Treuhandbüro). Dies legt nahe, dass sie zunehmend schutzbedürftig wird. In einer solchen Situation kann eine Gefährdungsmeldung bei der Kindes- und Erwachsenenschutzbehörde (KESB) eingereicht werden. Die KESB wird das Nötige veranlassen und z. B. untersuchen lassen, ob Frau Marty sich oder andere gefährdet oder ob ein Missbrauch besteht. Die KESB kann u. a. zum Schutz einen Beistand ernennen.

Menschen mit Demenz sind häufig Opfer von Missbrauch (Cooper et al. 2009; Smith 2015; Vollenwyder 2017). Dieser kann finanzieller Natur sein. Es kann aber auch zu verbalen und körperlichen Aggressionen oder zu Vernachlässigung seitens der Angehörigen oder Betreuenden kommen. Diese sind oft Zeichen ihrer Überforderung. Die Situation kann schrittweise durch Familiengespräche mit einer fachgerechten Beratung zu Themen wie Kommunikation, Betreuung, Entlastung und Erwachsenenschutz verbessert werden (Baumeister/Beck 2017). Mögliche Anlaufstellen sind u. a. die kantonalen Beratungsstellen von Alzheimer Schweiz, die Hausärzte, die UBA (Unabhängige Beratungsstelle für das Alter), Mediatorinnen und Mediatoren und wenn nötig die KESB.

8.6.2 Ressourcen nutzen

Wie eingangs beschrieben hat Frau Marty ein Auftreten, das kaum erahnen lässt, dass sie an Alzheimer erkrankt ist. Sie verfügt über einen reichen Wortschatz und kann sich gut ausdrücken. Es lohnt sich, diese Ressource für eine psychologische Unterstützung zu nutzen und für Aktivitäten, die ihr Freude machen. Der Neffe, die Ärztin/der Arzt oder andere (Fach-)Personen können sie in eine neue Lebensphase begleiten, in der sie sich nicht mehr um Finanzielles und Administratives kümmern muss, jedoch vermehrt Zeit für Künstlerisches, Musisches und soziale Kontakte hat.

Um herauszufinden, welche der möglichen Aktivitäten für Frau Marty die passendsten sein könnten, ist biografische Information (z. B. über Vorlieben, Abneigungen, Hobbies) wertvoll. Dies kann von den Erkrankten selbst (in früheren Stadien der Demenz) und/oder von den Angehörigen erfragt werden.

8.6.3 Strukturiertes Vorgehen

Es gibt viele verschiedene Möglichkeiten der Begleitung, Betreuung und Behandlung von Menschen mit Demenz mit krankheitsbedingten herausfordernden Verhaltensweisen. Um die jeweils individuell hilfreichste zu finden und dabei die Erkrankten nicht zu überfordern, empfiehlt sich ein strukturiertes, schrittweises Vorgehen wie beispielsweise die »Serial Trial Intervention« (STI)-Methode (Fischer 2007: 370–373 und ▶ Abb. 8.3). Dabei handelt es sich um »ein strukturiertes Verfahren, das nach der Ursache des Verhaltens sucht, die Abfolge der Verhaltensänderungen untersucht und Interventionen plant« (Savaskan et al. 2014: 5). Der mögliche Einbezug von Erkrankten und Angehörigen ist dabei ein wichtiger Erfolgsfaktor.

1. Schritt: körperliches Assessment

Der Gewichtsverlust könnte für Herrn Heiniger ein Vorwand sein, Frau Marty zu einem Arztbesuch zu überzeugen. Dies ermöglicht eine Überprüfung des Gesundheitszustands. Mögliche Krankheiten oder Schmerzen können ausgeschlossen oder behandelt werden.

2. Schritt: affektives Assessment

Frau Marty hatte ein erfülltes Berufsleben. Als Managerin in einem Grosskonzern war sie von vielen Menschen umgeben, hatte Entscheidungen zu treffen, Verantwortung zu tragen. Noch ist sie involviert in die Geschäfte ihres Mehrfamilienhauses. Vielleicht spürt sie, dass sie die Übersicht verliert? Wie erlebt sie das Pensionsalter? Fühlt sie sich einsam, traurig? Menschen, die alleine leben, entwickeln vermehrt Depressionen oder Wahnideen. Hier lohnt es sich, die Möglichkeit einer psychotherapeutischen Unterstützung zu prüfen. Hatte Frau Marty schon früher in

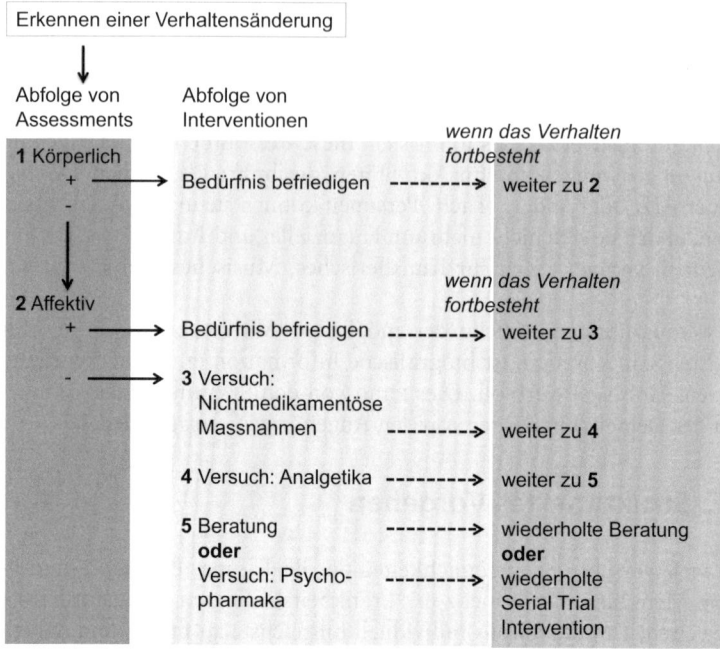

Abb. 8.3: Fünf Schritte der Serial Trial Intervention (eigene Darstellung in Anlehnung an Fischer 2011)

ihrem Leben einen Bezug zu einer Therapeutin oder einem Therapeuten? Gibt es Kontakte zu Freunden, Bekannten, die wiederaufgebaut werden könnten? Gibt es eine Möglichkeit, dass der Kontakt mit der langjährigen Reinigungsfachkraft wieder aufgenommen werden könnte? Könnte Frau Marty von der Reinigungsfachkraft eher die Körper- und Kleiderpflege akzeptieren?

3. Schritt: nichtmedikamentöse Massnahmen

Durch die Biografiearbeit lassen sich Vorlieben und Abneigungen von Menschen mit Demenz ableiten. Dies hilft abzuschätzen, welche individuelle Therapieform indiziert sein könnte. Aus der Biografie ist zu erfahren, dass Frau Marty gerne gereist ist, kulturelle Anlässe besucht hat. Welche Möglichkeiten bestehen jetzt? Könnte eine Bekannte oder eine Person vom Entlastungsdienst sie zu regelmässigen Museums- oder Konzertbesuchen ermuntern? Könnte sie in eine Musik- oder Maltherapie eingeführt werden? Hatte Frau Marty Kontakt mit einer Kosmetikerin? Ist für sie der körperliche Kontakt wichtig? Könnte sie einen Bezug zu Massage, Physiotherapie haben? Hatte sie Bezug zu Tieren? Es gibt Angebote, bei denen Personen mit ›Therapiehunden‹ Hausbesuche machen. Hatte sie selbst eine Katze? Könnte sie motiviert werden für eine regelmässige Teilnahme an einem Mittagstisch oder zu gemeinsamen Essen im Restaurant?

4. Schritt: versuchsweise Gabe eines Schmerzmittels (Analgetika)

Schmerzen können Ursachen von herausfordernden Verhaltensweisen sein. Daher lohnt es sich, wenn die Massnahmen der drei ersten Schritte zu keiner Milderung der Verhaltensauffälligkeiten geführt haben, mit der Ärztin/dem Arzt versuchsweise die Gabe eines Schmerzmittels regelmässig und über mehrere Tage anzuordnen. Nur so kann eine Bilanz gezogen werden.

5. Schritt: Beratung mit der Ärztin/dem Arzt und/oder versuchsweise Gabe von Psychopharmaka

Sollten die vorherigen Schritte keine oder zu wenig Besserung gebracht haben, ist es wichtig, die Frage mit der Ärztin/dem Arzt bezüglich einer medikamentösen Behandlung mit Psychopharmaka zu besprechen. Bei starken Wahnvorstellungen, Depressionen und andauernder Verweigerung von Arztbesuchen und Therapien ist ein Aufenthalt in der Psychogeriatrie sinnvoll. Manche Untersuchungen und medikamentösen Behandlungen können nur unter Beobachtung (z. B. wegen möglicher Nebenwirkungen) stationär durchgeführt werden.

8.7 Konkrete Überlegungen und Empfehlungen für die Praxis der Sozialen Arbeit

Die Demenz gibt es nicht. Ihre Erscheinungsformen sind so vielseitig wie die Menschen, die an Demenz erkranken. Auch bleiben die eine Demenz begleitenden herausfordernden Verhaltensweisen nicht über Jahre bestehen, das ist insbesondere für Angehörige wichtig zu wissen. Es gibt kein klares Richtig oder Falsch im Umgang mit behavioralen und psychischen Begleitsymptomen der Demenz, da die Ursachen vielseitig sind und in Wechselwirkung zueinander stehen. Entsprechend gibt es nicht die einzig richtige Antwort auf ein bestimmtes Verhalten. Im Gegenteil, Kreativität und Flexibilität sind gefragt. Verschiedene Lösungen sind möglich, deren Eignung für die jeweilige Person und Situation sich an der Reaktion der betroffenen Person ablesen lässt: Lässt sie sich ablenken oder beruhigen, war der gewählte Lösungsansatz der richtige.

Krankheitsbedingte herausfordernde Verhaltensweisen sind meistens Versuche der Erkrankten, zu kommunizieren oder sich an ein Umfeld anzupassen, das sie nicht verstehen oder sogar als feindlich empfinden. Sie sind eine Reaktion auf die Umwelt, auf eine Geste, auf ein Wort. Die Reaktion kann jedoch durch die Krankheit verformt und verzerrt werden und ist manchmal schwer zu verstehen. Die grosse Herausforderung besteht darin, das Verhalten richtig zu entschlüsseln. Nur so kann man die herausfordernden Verhaltensweisen verhindern oder zumindest adäquat darauf reagieren.

8.7.1 Ressourcenorientierte Förderung

Menschen mit Demenz müssen ausreichend gefördert werden. Bei allen Aktivitäten muss darauf geachtet werden, dass sie an die Bedürfnisse und Möglichkeiten der Menschen mit Demenz angepasst sind und ressourcenorientiert dazu beitragen, ihre noch bestehenden Fähigkeiten zu fördern. Es sollten diejenigen (Alltags-)Aktivitäten im Fokus sein, die die Person noch ausüben kann und die ihr Freude bereiten. Dies fördert ihr Selbstvertrauen und Wohlbefinden.

8.7.2 Wissen, verstehen und angemessen handeln

Psychoedukation ist ein von Expertinnen und Experten geleitetes Verfahren, mittels dessen komplexe wissenschaftliche Fakten zu einer Erkrankung für die jeweilige Zielgruppe, also Menschen mit Demenz und ihre Angehörigen, vermittelt werden. Dadurch erhalten sie zusätzliche Informationen über die Krankheit, notwendige Therapien und Behandlungsmassnahmen. Die Psychoedukation wird durch eine Therapeutin/einen Therapeuten im Einzel- oder Gruppengespräch durchgeführt und hat zur Folge, dass die Betroffenen durch die strukturierte Vermittlung der Information die persönlichen Erfahrungen und Erlebnisse besser einordnen und verarbeiten können. Dies reduziert die psychische Belastung. Zudem werden die Betroffenen ermutigt, notwendige Therapien anzunehmen und auszuprobieren, was zu einer Reduktion der psychopathologischen Symptome beitragen kann (vgl. Savaskan et al. 2014: 4).

8.7.3 Kollegiale Unterstützung

Nicht zuletzt ist es eine wichtige Ressource, wenn sich Fachpersonen untereinander austauschen, Standpunktgespräche führen und gemeinsam versuchen, Situationen zu verstehen. Meist gibt es eine oder zwei Fachpersonen, die zur betroffenen Person einen guten Zugang haben und mit weniger herausfordernden Verhaltensweisen konfrontiert sind. Hier gilt es, den anderen zu beschreiben, wie dies erreicht wurde, was gemacht wurde (z. B. beim Zähne-Putzen). Nur so kann man voneinander lernen und einen Zugang zur betroffenen Person finden. Es gibt keine einzig richtige Art und Weise, wie man etwas machen kann, aber man kann aus verschiedenen Situationen und von anderen Personen lernen, indem man den Austausch sucht und positive, wie auch negative Gefühle im Team teilt.

8.8 Schlusswort

Auch wenn die kognitiven Fähigkeiten im Verlauf einer Demenzerkrankung abnehmen, bleibt die Fähigkeit der Erkrankten, Gefühle zu empfinden und auszudrücken, bis an ihr Lebensende erhalten. Möglicherweise können sie nicht immer kontrollieren, auf welche Art und Weise sie ihre Gefühle ausdrücken. Menschen mit Demenz reagieren sehr sensibel auf nonverbale Kommunikation und spiegeln den Gemütszustand ihres Gegenübers. Sie reagieren entsprechend positiv auf Freundlichkeit, Zuwendung, ehrliche und einfache Kommunikation von Mensch zu Mensch. Mit entsprechenden Betreuungs- und Therapieformen kann dazu beigetragen werden, die Lebensqualität der Erkrankten, aber auch die ihrer Angehörigen zu erhalten und zu fördern.

Während des gesamten Krankheitsverlaufs einer Demenz bieten sich hierfür viele verschiedene Therapieformen an. Sei es durch Bewegung, Kommunikation oder ganzheitliche Ansätze, der Kreativität sind keine Grenzen gesetzt, um zu einer Verbesserung der Lebensqualität der Menschen mit Demenz und ihrer Angehörigen beizutragen. Wichtig ist, in jeder Situation einen wertschätzenden Umgang mit den Menschen mit Demenz zu behalten. Respekt sowie die Erhaltung und Förderung der Autonomie der Erkrankten müssen dabei immer handlungsleitend sein. Auch Angehörige müssen ernst genommen, als gleichwertige Partnerinnen und Partner gesehen und (vorausgesetzt, dass sie damit einverstanden sind) aktiv in die gemeinsame Lösungssuche involviert werden.

Verständnis für Menschen mit Demenz ist dabei der Schlüssel für eine erfolgreiche Beeinflussung krankheitsbedingter Verhaltensweisen. Den Grundstein hierfür stellt eine respekt- und vertrauensvolle Beziehung auf Augenhöhe aller in den Betreuungsprozess einbezogenen Personen dar. Dann kann eine angemessene Betreuung, Begleitung und die Erhaltung von Lebensqualität erfolgreich erreicht werden.

8.9 Interview mit Fachperson

Amela Kovacic (1986), Sozialarbeiterin in der Alterspsychiatrie des Felix Platter-Spitals

Können Sie mir erzählen, was Ihre Tätigkeit beinhaltet?
Ich arbeite seit acht Jahren in der Alterspsychiatrie im Felix Platter-Spital. Meine Hauptaufgabe besteht darin, soziale Situationen vor dem Spitaleintritt von Patientinnen und Patienten mit Demenz abzuklären. Je nachdem, was die Situationserfassung ergibt, werden erste Interventionen eingeleitet, wie z.B. erwachsenenschutzrechtliche Massnahmen. Eine weitere wichtige Aufgabe besteht darin abzuklären, wie es nach dem Spitalaufenthalt weitergehen könnte. Hier gibt es zwei Möglichkeiten: eine ambulante Versorgung oder ein stationärer Aufenthalt. Wir probieren, dies gemeinsam mit den Patientinnen und Patienten zu vereinbaren, sofern dies möglich ist. Anderenfalls ist auch der Einbezug von Angehörigen notwendig und wichtig. Die Abteilung Alterspsychiatrie ist ein geschützter Bereich, da die meisten Patientinnen und Patienten in ihrer Orientierung eingeschränkt sind und einige auch weglaufgefährdet sind.

Welche Form von herausfordernden Verhaltensweisen nehmen Sie bei den Patientinnen und Patienten wahr?
Die grösste Herausforderung für mich ist, dass die Patientinnen und Patienten aufgrund ihrer Erkrankung nicht einsichtig sind. Sie sind vielfach überzeugt, dass sie gesund sind, ihnen nichts fehlt. Sie sagen oft auch, dass sie ihren Haushalt bestens im Griff haben. Wenn wir sie dann mit anderen Tatsachen konfrontieren, beispielsweise wenn sich der Verdacht auf Verwahrlosung erhärtet, stellt es für sie eine grosse Schwierigkeit dar, damit umzugehen. Sie haben keine Einsicht für die aktuelle Situation, wie sie tatsächlich ist. Das führt dann häufig dazu, dass sie eine Verweigerungshaltung zeigen. Diese Resistenz ist die grösste Herausforderung. Es gibt auch Patientinnen und Patienten, die sich aufgrund ihrer Erkrankung in Gesprächen aggressiv verhalten.

Gab es spezifische Situationen, in welchen Sie Aggressionen von Patientinnen und Patienten erlebt haben?
Es gab verschiedene Situationen, aber man merkt es den Personen ziemlich schnell an, ob sie aggressiv sind oder nicht. Einige Patientinnen und Patienten sagen immer wieder, Sie brauchen die Sozialarbeiterin nicht, bei ihnen sei alles in Ordnung. Wenn ich merke, dass ich nicht erwünscht bin, dann weiss ich, dass die Situation jetzt schwierig werden könnte. Das erlebe ich im Alltag manchmal, aber dann sage ich einfach, ich wollte mich nur kurz vorstellen und verabschiede mich sofort wieder. Ich probiere es dann lieber am nächsten Tag wieder. Oft ist es so, dass ich am nächsten Tag mehr Glück habe. Im Rahmen der Behandlung werden auch Medikamente eingesetzt, und häufig ist es so, dass nach einer Weile, wenn die Medikamente wirken, die Personen zugänglicher werden.

Gibt es besonders herausfordernde Erlebnisse, die Ihnen begegnet sind?
Jede fürsorgerische Unterbringung ist eine grosse Herausforderung, sowohl für uns Sozialarbeitende als auch für die Patientinnen und Patienten und die Angehörigen. Es sind häufig sehr komplexe Situationen, in denen etwas gegen den Willen der Patientin oder des Patienten gemacht wird. Das ist dann immer schwierig. Wir versuchen vielfach, die Betroffenen zu überzeugen, aber man stösst oftmals auf Ablehnung. Wenn die Angehörigen unterstützend mitarbeiten, ist es um ein Vielfaches einfacher. Aber auch das Gegenteil kann der Fall sein. Z. B., wenn ein Ehepartner nicht hinter der Entscheidung des interdisziplinären Teams steht und der Überzeugung ist, dass er seine Ehefrau betreuen kann, obschon er selber überfordert ist oder Verwahrlosungserscheinungen aufweist.

Sie haben gesagt, dass vor allem die fehlende Einsicht eine besondere Herausforderung im Umgang mit Menschen mit Demenzerkrankungen ist. Wie erklären Sie sich die herausfordernden Verhaltensweisen von Menschen mit Demenzerkrankungen?
Ich denke, dass das krankheitsbedingt aufgrund des Hirnabbaus ist. Sie haben diese Einsicht nicht, weil die dafür verantwortlichen Hirnareale geschädigt sind.

Gibt es auch Umweltfaktoren, die dazu führen, dass sich die Klientel herausfordernd verhält?
Die Biografie der Person muss natürlich beachtet werden, man kann nicht einfach alles auf die Erkrankung schieben. Man muss versuchen, die Person in ihrer jetzigen oder ehemaligen Umwelt zu verstehen und sie somit als Ganzes zu erfassen.

Wie gehen Sie persönlich mit herausfordernden Verhaltensweisen um?
Ich versuche in den Gesprächen mit den Patientinnen und Patienten, mich in ihre Welt zu begeben. Wenn beispielsweise jemand meint, dass er auf dem Kreuzfahrtschiff ist und ich die Serviertochter bin, dann widerspreche ich nicht und versuche, mit der Person ins Gespräch zu kommen. Ich schenke ihnen in den Gesprächen viel Wertschätzung. Ich führe kurze Gespräche mit den Patientinnen und Patienten, weil lange Gespräche einfach schnell zu einer Überforderung führen können. Wenn ich merke, dass es zu viel ist oder jemand unterschwellig aggressiv oder unruhig wird, dann verabschiede ich mich ziemlich schnell und sage, dass ich morgen wiederkomme.

Was bietet die Organisation den Mitarbeitenden, um mit herausfordernden Verhaltensweisen professionell umzugehen?
Wir haben Pflegepersonal, das in diesem Bereich ausgebildet ist. Wir haben immer wieder interne Weiterbildungen zu diesem Thema. In ganz schwierigen Situationen können wir ethische Fallbesprechungen in Anspruch nehmen. Zudem haben wir wöchentliche interdisziplinäre Sitzungen, in denen wir schwierige Situationen besprechen können. Wir haben auch regelmässige Supervisionen und Intervisionen.

Arbeiten Sie auch mit spezifischen Sicherheitssystemen, beispielweise wenn in einer Situation fremdverletzende Verhaltensweisen gezeigt werden?
Auf Verordnung des ärztlichen Dienstes hat das Pflegepersonal in der Schweiz die Möglichkeit, freiheitseinschränkende Massnahmen anzuwenden, z. B. jemanden in einem Pflegestuhl zu fixieren, in einem separaten Raum zu isolieren oder verdeckt Medikamente abzugeben. Für die Anwendung von freiheitseinschränkenden Massnahmen gibt es im Spital einen Leitfaden, und die Angehörigen werden darüber informiert. Alles wird dokumentiert und im Nachhinein besprochen. Das ist ein Schutz für uns Mitarbeitende, aber auch für die Patientinnen und Patienten. Das sind aber Massnahmen, die nur im Notfall angewendet werden, um eine Selbst- und Fremdgefährdung abzuwenden.

Was denken Sie, welche Auswirkungen haben die herausfordernden Verhaltensweisen für die Klientel?
Sie ziehen die Konsequenz nach sich, dass darauf manchmal freiheitseinschränkende Massnahmen angeordnet werden, damit der Selbst- und Fremdschutz gewährleistet ist. Dies kann sich bei manchen Patientinnen und Patienten als traumatische Erfahrung manifestieren, wovon sie auch in vielen Gesprächen immer wieder berichten. Da sie ja keine Einsicht haben, ist es für sie nicht nachvollziehbar, wenn die Türe plötzlich geschlossen ist und sie sie nicht aufkriegen, weil sie auf einer geschützten Abteilung sind.

Gibt es auch Auswirkungen der herausfordernden Verhaltensweisen auf die Mitarbeitenden?
Ja, der Umgang mit herausfordernden Verhaltensweisen ist ein grosser zeitlicher Aufwand. Es gibt keine Standards im Umgang mit herausfordernden Verhaltensweisen, man muss individuell darauf eingehen können.

Können auch Auswirkungen auf die Institution ausgemacht werden?
Gleich zu Beginn eines Eintritts kann es sein, dass die Angehörigen ein negatives Bild vom Felix Platter-Spital bekommen, weil die Patientinnen und Patienten eingeschlossen sind. Mit der Zeit gibt es aber oft einen Perspektivenwechsel, viele Angehörigen bedanken sich und sagen, dass es keinen besseren Ort gebe. Sie sehen dann, dass die Patientinnen und Patienten dank des geschützten Rahmens im Spital mehr Freiheiten haben. Sie können sich wirklich frei bewegen, wir haben z. B. eine geschützte Terrasse.

Was raten Sie beruflich Neueinsteigenden, die im Handlungsfeld Menschen mit einer Demenzerkrankung arbeiten?
Ich finde es wichtig, dass man auf jede Patientin und jeden Patienten offen zugeht und keine vorschnellen Urteile aufgrund einer Diagnose fällt. Man muss einen Zugang zu ihnen finden. Trotz der Demenzerkrankung muss man in gewissen Situationen den Willen der Klientel respektieren. In Bezug auf herausfordernde Verhaltensweisen ist es besonders wichtig, dass man den Leuten Zeit gewährt, dass man nichts forcieren will und ggf. mehrere Anläufe für ein Gespräch nehmen muss. Man sollte sich jeweils fragen, aus welchen Gründen eine Person so reagiert, und oft kann eine Person in gewissen Situationen nicht anders, als mit herausfordernden Verhaltensweisen reagieren. Solche Situationen muss man differenziert betrachten und versuchen zu verstehen. Das hilft, weitere Begegnungen mit der Person zu gestalten. Wichtig ist auch der Austausch im interdisziplinären Team. Ein Wechsel der Zuständigkeiten ist manchmal auch hilfreich, so habe ich selber gerade vor kurzem den Zugang zu einem Patienten mit Demenzerkrankung auch nach mehreren Versuchen nicht gefunden. Ich habe daraufhin meine Kollegin gefragt, ob sie ein Gespräch mit dem Patienten führen kann. Sie selber hat dann den Zugang zum Patienten sofort gefunden. Also auch ein Wechsel im Team kann dienlich sein.

Literatur

Alzheimer Schweiz (2018): Demenz: Zahlen und Prognosen, [online] http://www.alzheimer-synapsis.ch/index-de.php?frameset=21 [11.03.2018].
Baumeister, Barbara/Beck, Trudi (2017): Schutz in der häuslichen Betreuung alter Menschen. Misshandlungssituationen vorbeugen und erkennen – Betreute und Betreuende unterstützen, Bern: Hogrefe.
Becker, Stefanie (2011): Der Einfluss (unbewusster) Altersbilder in der Mediation auf die Kommunikation. In: Perspektive Mediation, Jg. o. A., Nr. 4, S. 185–18.
Benke, Thomas/Donnemiller, Thomas (2002): Diagnose der Frontotemporal Demenz. In: Fortschritte der Neurologie, Jg. 70, Nr. 5, S. 243–251.
Cooper, Claudia et al. (2009): Abuse of People with Dementia by Family Carers: Representative Cross Sectional Survey. In: BMJ, Jg. o. A., o. S.

Derouesné, Christian/Selmès, Jacques (2005): La maladie d'Alzheimer. Comportement et humeur, Éditions John Libbey Eurotext: Paris.
Fischer, Thomas/Spahn, Claudia/Kovach, Christine (2007): Die »Serial Trial Intervention« (STI), [online] https://www.kinaesthetics-trainer.de/download/Fischer_Pflegezeitschrift_07_07.pdf [11.03.2018].
Georgescu, Dan (2016): Präsentation an der Weiterbildungstagung von Alzheimer Schweiz. Unveröffentlichtes Manuskript.
Lévesque, Louise/Roux, Carole/Lauzon, Sylvie (1990): Alzheimer, comprendre pour mieux aider, Éditions du Renouveau Pédagogique Inc., Ottawa, Canada.
Radman, Ivanka (2015): Verhaltensstörungen bei der Demenz – Wie weiter? In: Hausarzt Praxis, Jg. 10, Nr. 8, S. 34–38.
Richards, Nicole (2010): »Sie sind sehr in Sorge«: Die Innenwelt von Menschen mit Demenz gelten lassen. In: CURAVIVA, Jg. 10, Nr. 2, S. 4–9.
Savaskan, Egemen et al. (2014): Empfehlungen zur Diagnostik und Therapie der behavioralen und psychologischen Symptome der Demenz (BPSD): In: Praxis, Jg. 103, Nr. 3, S. 135–148.
Schneberger, Margarete/Jahn, Sonja/Marino, Elfriede (2014): »Mutti lässt grüssen…« Biographiearbeit und Schlüsselwörter in der Pflege von Menschen mit Demenz. Hannover: Schlütersche Verlagsgesellschaft.
Schweizerische Alzheimervereinigung (2009): Herumwandern und Weglaufen, [online] http://www.alzbb.ch/pdf/ALZCH-Broschueren/Herumwandern-und-Weglaufen.pdf [11.03.2018].
Schweizerische Alzheimervereinigung (2011a): Behandlung von Stimmungs- und Verhaltensstörungen, [online] http://www.alzbb.ch/pdf/ALZCH-Broschueren/Behandlung-von-Stimmungs-und-Verhaltensstoerungen.pdf [11.03.2018].
Schweizerische Alzheimervereinigung (2011b): Mit nichtmedikamentösen Therapien Lebensqualität fördern, [online] http://www.alzbb.ch/pdf/ALZCH-Broschueren/Nichtmedikamentoese-Therapien.pdf [11.03.2018].
Schweizerische Alzheimervereinigung (2012): Wenn der Schlaf gestört ist, [online] http://www.alzbb.ch/pdf/ALZCH-Broschueren/Wenn-der-Schlaf-gestoert-ist.pdf [11.03.2018].
Schweizerische Alzheimervereinigung (2013): Frontotemporale Demenz, [online] http://www.alzbb.ch/pdf/ALZCH-Broschueren/Frontotemporale-Demenz.pdf [11.03.2018].
Schweizerische Alzheimervereinigung (2014a): Demenz – Diagnose, Behandlung und Betreuung, [online] https://www.alzheimerurischwyz.ch/pdf/demenz_diagnose_behandlung_betreuung.pdf [11.03.2018].
Schweizerische Alzheimervereinigung (2014b): Lewy-Körper-Demenz, [online] http://www.alzbb.ch/pdf/ALZCH-Broschueren/Lewy-Koerper-Demenz.pdf [11.03.2018].
Schweizerische Alzheimervereinigung (2014c): Mit Aggressionen umgehen, Yverdon-les-Bains.
Schweizerische Alzheimervereinigung (2016): Leben mit Demenz – Tipps für Angehörige und Betreuende, [online] https://gesundheit-heute.ch/wp-content/uploads/2016/12/tipps-fuer angehoerige.pdf [11.03.2018].
Seidl, Ulrich et al. (2007): Nicht-kognitive Symptome und psychopharmakologische Behandlung bei demenzkranken Heimbewohnern. In: Fortschritte der Neurologie-Psychiatrie, Jg. 75, Nr. 12, S. 1–8.
Smith, Cindi/Nakamura, Christophe/Büla, Christophe (2015): La maltraitance de la personne âgée: une revue de littérature. In: Forum médical Suisse, Jg. 15, Nr. 12, S. 271–276.
Vollenwyder, Usch (2017): Gewalt hat viele Facetten. In: Zeitlupe, Jg. o. A., Nr. 3, S. 12–17.

Autorinnen- und Autorenverzeichnis

Baumeler, Marlis, Leiterin der Abteilung Soziale Arbeit in der Psychiatrischen Universitätsklinik (PUK) in Zürich. Ausbildung zur Pflegefachfrau, mit anschliessendem Studium der Sozialen Arbeit FH, MAS in Psychosozialer Beratung, diverse Weiterbildungen in Fach-, Führungs- und Organisationsmanagement. Langjährige Berufserfahrung in verschiedenen Institutionen im Sozial- und Gesundheitswesen als Pflegefachfrau, Sozialpädagogin und Sozialarbeiterin in der Begleitung und Beratung von Menschen mit psychischen Störungen, punktuelle Tätigkeit als Dozentin sowie Projekt- und Leitungsaufgaben.

Becker, Stefanie, Dr., ist Psychologin und Gerontologin und seit 2016 Geschäftsleiterin von Alzheimer Schweiz. Davor leitete sie das interdisziplinäre Institut Alter an der Berner Fachhochschule. Sie ist Vorstandsmitglied von Alzheimer Europe sowie Redaktionsleiterin der Zeitschrift »Angewandte Gerontologie« der Schweizerischen Gesellschaft für Gerontologie (SGG).

Büschi, Eva, Prof. Dr., Dozentin an der Hochschule für Soziale Arbeit der Fachhochschule Nordwestschweiz (FHNW). Thematischer Schwerpunkt in Forschung und Lehre: herausfordernde Verhaltensweisen von Menschen mit Beeinträchtigungen, Gewalt, Trauma, Kooperative Prozessgestaltung und Projektmanagement.

Calabrese, Stefania, Dr., Dozentin und Projektleiterin an der Hochschule Luzern – Soziale Arbeit. Thematische Schwerpunkte in Forschung und Lehre liegen in den Bereichen herausfordernde Verhaltensweisen von Menschen mit Beeinträchtigungen, Lebensqualität und Bildung im Kontext von Behinderung und agogische Aspekte bei schwerer Beeinträchtigung.

Cretegny, Ingrid, ist seit 2005 Beraterin am Alzheimer-Telefon von Alzheimer Schweiz. Sie ist Pflegefachfrau und hat ein Diploma of Advanced Studies (DAS) in Geriatrie und Gerontologie.

Fischlin, Regina, arbeitet als Pflegefachfrau Koordination bei Alzheimer Waadt. Sie war 13 Jahre lang Beraterin am nationalen Alzheimer-Telefon. Sie hat langjährige und solide Berufserfahrung in der Psychiatrie und Psychogeriatrie wie auch als Supervisorin.

Good, Martina, Sozialarbeiterin FH MSc, Wissenschaftliche Mitarbeiterin, Fachbereich Lehre Soziale Arbeit, FHS St. Gallen. Studium BSc und MSc in Sozialer

Arbeit mit Schwerpunkt Professions- und Methodenentwicklung. Externe Lehraufträge an Hochschulen zu Themen der Sozialen Arbeit in der Schule. Berufliche Erfahrungen in der stationären Sozialpädagogik in Heimsettings, Jugendarbeit, Bewährungshilfe und Schulsozialarbeit. Vorstandsmitglied des Schulsozialarbeitsverbandes SSAV. Thematische Schwerpunkte: Soziale Arbeit in der Schule – Praxis und Profession, Kommunikation und Konflikttraining, Soziale Gruppenarbeit, Recht und Gerechtigkeit, Sozialpolitik, Studentische Begleitaufgaben.

Gadient, Nicole, ist als Projektkoordinatorin bei Alzheimer Waadt tätig. Von 2011 bis 2018 arbeitete sie als wissenschaftliche Mitarbeiterin bei Alzheimer Schweiz. Sie verfügt über ein erfolgreich abgeschlossenes Studium der Sozialwissenschaften an der Universität Lausanne (Faculté des sciences sociales et politiques).

Güdel, Heike, Studium Fachbereich Sozialwesen, Fachhochschule Braunschweig-Wolffenbüttel (Deutschland), Abschluss als Diplom-Sozialpädagogin/Diplom-Sozialarbeiterin FH. Master in Sozialer Arbeit (MSc FH), Berner Fachhochschule, Vertiefungsschwerpunkt Professions- und Methodenentwicklung, St. Gallen. Seit 2001 Sozialarbeiterin der Fachstelle Suchthilfe des Sozialdienstes der Stadt Bern. Seit 2008 Lehrbeauftragte an der Fachhochschule Nordwestschweiz (FHNW), Hochschule für Soziale Arbeit, mit den Schwerpunkten Sucht, Kasuistik, Integration und Lebensführung, Methoden.

Huber, Sven, Dr., Hauptamtlicher Dozent am Institut für Sozialpädagogik und Bildung der Hochschule Luzern – Soziale Arbeit (HSLU), zuvor u. a. wissenschaftlicher Assistent und Oberassistent am Pädagogischen Institut der Universität Zürich. Thematische Schwerpunkte in Lehre und Forschung liegen in den Bereichen abweichendes Verhalten und soziale Kontrolle und in der Sozialpädagogik des Jugendalters.

Jurt, Luzia, Prof. Dr., studierte Ethnologie, Geschichte und Völkerrecht und arbeitet als Professorin an der Hochschule für Soziale Arbeit, FHNW. Thematische Schwerpunkte liegen in der Migrations- und Fluchtforschung, insbesondere von Familien, Kindern und älteren Menschen. Praxiserfahrung im Asylbereich. Neben Forschung und Lehre auch in der Weiterbildung tätig, u. a. als Leiterin des CAS (Certificate of Advanced Studies) Migrationssensibles Handeln.

Philipp, Pablo, Stellvertretender Leiter der Abteilung Soziale Arbeit in der Psychiatrischen Universitätsklinik (PUK) in Zürich. Lehre als Bankkaufmann mit anschliessendem Studium der Sozialen Arbeit FH. Verschiedene Weiterbildungen im Bereich Beratung und Recht, im Studiengang MAS Soziale Arbeit und Recht. Mehrjährige Berufserfahrung auf verschiedenen Akut- und Spezialstationen in der Psychiatrie sowie Mitarbeit im Kompetenzzentrum für Kindes- und Erwachsenenschutz der PUK.

Schmid, Peter A., Prof. Dr., Hauptamtlicher Dozent am Zentrum für Lehre und Professionsentwicklung der Hochschule Luzern Soziale Arbeit (HSLU) und Leiter

Master in Sozialer Arbeit an der HSLU. Studium der Philosophie und MAS Supervison. Thematische Schwerpunkte in Lehre und Forschung liegen im Bereich der Ethik der Sozialen Arbeit und der Erkenntnis- und Wissenstheorie. Daneben ist er freiberuflich als Supervisor und Ethiker im Sozial- und Gesundheitsbereich tätig.

Ziegele, Uri, Dozent und Projektleiter Hochschule Luzern – Soziale Arbeit. Fähigkeitszeugnis als Primarlehrer Kt. Zürich und Diplom für Soziale Arbeit FH/Studiengang Soziokulturelle Animation Hochschule Luzern – Soziale Arbeit. Berufliche Erfahrungen in (reform-)pädagogischen Handlungsfeldern und Handlungsfeldern der Soziokulturellen Animation sowie der Sozialen Arbeit in der Schule. Vorstandsarbeit in unterschiedlichen Verbänden der Sozialen Arbeit. Co-Leitung Institut für Integrative Konfliktbearbeitung und Friedensentwicklung Schweiz IICP (heute ICP) sowie Co-Leitung bg25 – raum für soziokultur in Bern. Thematische Schwerpunkte: Soziale Arbeit in der Schule, Lernen und Bildung, Kommunikation und Interaktion, Arbeiten in und mit Gruppen, Projektmethodik, Konfliktbearbeitung und Friedensentwicklung.

Zobrist, Patrick, Studium der Sozialen Arbeit in Zürich (Dipl.) und Olten (MA), Nachdiplomweiterbildungen in den Themen Dissozialität/Delinquenz/Kriminalität, Organisationsentwicklung und Betriebswirtschaft, ehemaliger Abteilungsleiter im Amt für Justizvollzug Zürich, seit 2009: Dozent und Projektleiter an der Hochschule Luzern – Soziale Arbeit. Arbeitsschwerpunkte: Methoden in Zwangskontexten, Jugendstrafverfolgung, psychisch erkrankte Menschen.

Harald Ansen

Soziale Schuldnerberatung

Prävention und Intervention

2019. 143 Seiten, 4 Abb., 5 Tab. Kart. € 24,–
ISBN 978-3-17-031711-6

Grundwissen Soziale Arbeit

Soziale Schuldnerberatung wird in diesem Buch als Handlungsfeld der Sozialen Arbeit mit Blick auf das soziale Problem Überschuldung einschließlich zentraler Schuldenarten und präventiver sowie schuldenregulierungsbezogener Handlungsansätze dargestellt. Ein weiterer Schwerpunkt sind beratungsmethodische Fragen in Bezug auf Erstgespräche, Wissensvermittlung, Ressourcenaktivierung, Konfliktlösungen und Krisenintervention im Beratungsprozess. Die Inhalte vermitteln sowohl Wissen für die spezialisierte Schuldner- und Insolvenzberatung als auch für integrierte Ansätze der Schuldnerberatung, beispielsweise in der Wohnungslosenberatung. Das Buch eignet sich für Studierende und für Fachkräfte, die ihr Wissen auffrischen wollen und neue Impulse für die tägliche Beratungsarbeit suchen.

Prof. Dr. Harald Ansen lehrt an der Hochschule für Angewandte Wissenschaften Hamburg mit den Schwerpunkten Armut und soziale Teilhabe sowie Beratung in der Sozialen Arbeit.

Leseproben und weitere Informationen unter www.kohlhammer.de

Mona-Sabine Meis/
Georg-Achim Mies (Hrsg.)

Künstlerisch-ästhetische Methoden in der Sozialen Arbeit

Kunst, Musik, Theater, Tanz und digitale Medien

2., aktualisierte Auflage
2018. 232 Seiten, 9 Abb.,
10 Tab. Kart. € 26,-
ISBN 978-3-17-033419-9

auch als EBOOK

Grundwissen Soziale Arbeit

Die künstlerisch-ästhetische Praxis hat in der Sozialen Arbeit eine lange Tradition und gewinnt in der Gegenwart zunehmend an Bedeutung. Ihre Methoden spielen in der Arbeit mit präventiver und kompensatorischer Ausrichtung sowie in der sozialen Bildungsarbeit und der Sozial- bzw. Kulturpädagogik eine große Rolle. Orientiert an den Bedürfnissen der Praxis vermitteln die Autorinnen und Autoren handlungsorientiert und anschaulich die theoretischen und praktischen Grundlagen für die künstlerisch-ästhetische Arbeit mit Kindern, Jugendlichen, Erwachsenen sowie Seniorinnen und Senioren. Die vorgestellten Verfahren aus den Bereichen Kunst, Musik, Tanz, dem Theater und den digitalen Medien sind leicht zu variieren und auf die jeweilige Situation in der Sozialen Arbeit anzupassen.

Prof. Dr. Mona-Sabine Meis lehrt an der Hochschule Niederrhein im Fachbereich Sozialwesen mit den Schwerpunkten Kunst- und Kulturpädagogik. **Prof. em. Dr. Georg-Achim Mies** lehrte dort mit den Schwerpunkten Interaktions- und Theaterpädagogik.

Leseproben und weitere Informationen unter www.kohlhammer.de

W. Kohlhammer GmbH
70549 Stuttgart

Kohlhammer